E ASSIM FOI A VIDA

Editora Appris Ltda.
2.ª Edição - Copyright© 2024 da autora
Direitos de Edição Reservados à Editora Appris Ltda.

Nenhuma parte desta obra poderá ser utilizada indevidamente, sem estar de acordo com a Lei nº 9.610/98. Se incorreções forem encontradas, serão de exclusiva responsabilidade de seus organizadores. Foi realizado o Depósito Legal na Fundação Biblioteca Nacional, de acordo com as Leis nos 10.994, de 14/12/2004, e 12.192, de 14/01/2010.

Catalogação na Fonte
Elaborado por: Dayanne Leal Souza
Bibliotecária CRB 9/2162

B877a 2024	Browning, Elilde E assim foi a vida / Elilde Browning. – 2. ed. – Curitiba: Appris, 2024. 331 p. ; 23 cm. ISBN 978-65-250-6240-2 1. Literatura brasileira - Romance. 2. Autoajuda. 3. Escolhas. I. Browning, Elilde. II. Título. III. Série. CDD – B869.93

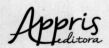

Editora e Livraria Appris Ltda.
Av. Manoel Ribas, 2265 – Mercês
Curitiba/PR – CEP: 80810-002
Tel. (41) 3156 - 4731
www.editoraappris.com.br

Printed in Brazil
Impresso no Brasil

Elilde Browning

E ASSIM FOI A VIDA

Appris
editora

Curitiba, PR
2024

FICHA TÉCNICA

EDITORIAL	Augusto Coelho
	Sara C. de Andrade Coelho
COMITÊ EDITORIAL	Ana El Achkar (UNIVERSO/RJ)
	Andréa Barbosa Gouveia (UFPR)
	Conrado Moreira Mendes (PUC-MG)
	Eliete Correia dos Santos (UEPB)
	Fabiano Santos (UERJ/IESP)
	Francinete Fernandes de Sousa (UEPB)
	Francisco Carlos Duarte (PUCPR)
	Francisco de Assis (Fiam-Faam, SP, Brasil)
	Jacques de Lima Ferreira (UP)
	Juliana Reichert Assunção Tonelli (UEL)
	Maria Aparecida Barbosa (USP)
	Maria Helena Zamora (PUC-Rio)
	Maria Margarida de Andrade (Umack)
	Marilda Aparecida Behrens (PUCPR)
	Marli Caetano
	Roque Ismael da Costa Güllich (UFFS)
	Toni Reis (UFPR)
	Valdomiro de Oliveira (UFPR)
	Valério Brusamolin (IFPR)
SUPERVISOR DA PRODUÇÃO	Renata Cristina Lopes Miccelli
REVISÃO	Ariadne Martins
DIAGRAMAÇÃO	Giuliano Ferraz
CAPA	Eneo Lage
REVISÃO DE PROVA	Renata Cristina Lopes Miccelli

*Dedico este livro a toda a minha família, aos amigos
e também a todos aqueles que colocaram pedras no meu caminho,
porque elas foram importantes para a minha trajetória.*

Agradecimentos

Externo os meus mais sinceros agradecimentos ao meu filho, Paulo Cesar Duarte Costa, à minha nora, Martha Costa, aos meus netos, Christopher, Stephanie, Jonathan e André Costa, pelo apoio que a mim dispensaram para que este livro se tornasse realidade.

Agradeço aos meus amigos Fabio Junior Richieri e Franciele Soares Richieri, pela colaboração e pelo apoio na parte digital durante todo o tempo em que este romance foi escrito.

E assim foi a vida é um romance de ficção, e qualquer semelhança com pessoas vivas ou mortas é mera coincidência.

Apresentação

E assim foi a vida é um romance de ficção com características filosóficas e existenciais e nuances de autoajuda. É a história de Lenira, menina de origem humilde, que ainda no final da adolescência teve um casamento frustrante e aos dezessete anos põe no mundo o seu único filho.

A determinação, a coragem e a fé fizeram-na acreditar que poderia realizar todos os seus sonhos, não importando as dificuldades que poderia passar. Venceu todas as barreiras da incompreensão humana e pautou a sua estrada dentro dos seus valores éticos.

Sempre acreditou em Deus. Amou o próximo e até mesmo aqueles que colocaram empecilhos em sua jornada. Viveu grandes emoções e profundas tristezas. Foi amada por uns e odiada por outros. Todavia, nunca, em todos os lugares onde viveu e conviveu com seres humanos de todas as estirpes, passou despercebida. Havia uma luminosidade de esperança em sua trajetória que era vista e sentida por todos.

Conviveu com pessoas do mais alto nível intelectual, financeiro e político. Nunca abriu mão de seus princípios. Ser independente foi a meta que norteou todo o seu viver, porque somente assim ela poderia seguir a sua estrada e fazer as suas próprias escolhas.

Todos os demais personagens deste livro tiveram uma real importância na vida da Lenira. Eles foram os sustentáculos dos seus devaneios. Como cada ser humano é único no mundo, isso contribuiu para que ela acumulasse experiências vivenciando situações em diversos aspectos.

Nunca se sentiu dona do mundo, nem mesmo no auge de seus momentos de glória, porque sabia que tudo neste mundo é efêmero. A humildade caminhou ao seu lado de forma permanente.

Seus amores e desamores foram vivenciados com paixão e grandes emoções. Ela usava o seu subconsciente para trazer soluções para o seu consciente de forma absolutamente acertada. Era o poder da mente sobrepujando as emoções do coração.

A força e a coragem para transpor todos os obstáculos encontrados em seu caminhar contribuíram para que ela se saísse vitoriosa em muitas batalhas. Foi um exemplo de luta e perseverança. Cumpriu a sua missão no mundo.

Finalmente, Lenira realizou todos os seus sonhos e todos aqueles que nem lhe era dado o direito de sonhar.

As proveitosas lições contidas neste romance vão lhe mostrar que embora Lenira tenha nascido mulher, pobre, órfã de pai e com mais 12 irmãos, numa pequena cidade do interior da Bahia, foi possível galgar e realizar todos os seus sonhos, ser respeitada e feliz. Certamente a sua vida, a partir de agora, será mais leve e confiante. Acredite!

Prefácio

Bem-vindos, caros leitores, caras leitoras. A partir de agora, vocês irão conhecer a trajetória de uma menina humilde, nascida numa família pobre do interior baiano. Sua história está aqui, inteira, de corpo e alma, nas páginas a seguir. Quando incumbido de prefaciar esta obra, senti-me duplamente feliz, como leitor que sempre fui, desde criança, daqueles que devoram tudo que está ao seu alcance e como amigo da autora, a quem sempre admirei como pessoa e, agora, também como escritora.

O Brasil que emerge desta leitura é aquele país promissor, que inicia seu lento movimento na tentativa de deixar para trás sua inércia social, cultural e econômica, do final dos anos 1950 até a década de 90 do século passado. Nesse cenário e nesse tempo, uma menina de origem simples e com poucos recursos vai à busca da realização de seus sonhos na capital paulista. Lembra a história de milhares de migrantes que vieram do Norte e do Nordeste tentar a vida em São Paulo? Não lembra. A narrativa da autora, em primeira pessoa, é muito mais que isso e prende o leitor por meio do envolvimento crescente e emotivo com sua luta, com seus descaminhos, seus desejos, anseios e até mesmo com seus (poucos) fracassos. Mais poderosa do que a narrativa sutil, é a percepção sobre a postura da autora frente aos desafios e percalços que a vida lhe entregou. Mãe aos dezessete anos, abandonada grávida pelo marido, órfã de pai na infância mais tenra, foi educada pela mãe, juntamente com mais 12 irmãos, e impôs a si mesma, desde cedo, a determinação de enganar esse destino, que se descortinava sombrio e sem perspectivas.

Assim, no desenrolar da trama, ficamos do seu lado, torcemos por ela, nas pelejas contra o preconceito, o assédio descarado, as atitudes machistas, a arrogância e o egoísmo dos ricos e poderosos. E, principalmente, nos surpreendemos com sua determinação férrea em não se afastar dos valores pessoais: trabalho, dignidade, progresso profissional e ética. Conhecemos também, além de suas virtudes, seus defeitos, suas fraquezas e aquilo que marcaria sua vida para sempre, seus amores e suas paixões. Dos primeiros empregos, no setor bancário, passando pelo aprendizado constante, com garra e disciplina, até a graduação na universidade e a consolidação da carreira como secretária executiva de sucesso, os fatos nos vão sendo contados e criam laços indissociáveis de emoção e envolvimento. Suas lições de vida, como mãe, como filha e como irmã, ao longo da narrativa nos trazem exemplos sublimes sobre o papel da maternidade e paternidade e nossos compromissos constantes com os filhos e com a família. Como pessoa, sua maneira de encarar a vida, as opções que assumiu, com coragem e risco, recheados de força interior, de perseverança e fé em Deus, são belas lições em que podemos nos espelhar. *E assim foi a vida* é uma obra fascinante, que nos faz pensar, que nos deixa em silêncio, que nos remete à reflexão e à busca de respostas para esta maravilhosa experiência que é viver, estar vivo, e estar juntos, mergulhados nessa imensa energia que emana da Terra e de todos os seres. Boa leitura!

Prof. Dr. Marcelo Maia Cirino
Professor adjunto – Departamento de Química
Universidade Estadual de Londrina (UEL)
18 de março de 2018

Sumário

Capítulo 1
A MORTE 21

Capítulo 2
ORIGEM - NOVA CRENÇA 23

Capítulo 3
NOVO CASAMENTO DA MINHA MÃE 25

Capítulo 4
O PRIMEIRO AMOR E UMA SITUAÇÃO CONSTRANGEDORA 27

Capítulo 5
AS TRÊS AMIGAS E O DESTINO DE CADA UMA DELAS 30

Capítulo 6
OS PRIMEIROS DESAFIOS 35

Capítulo 7
O RESTAURANTE E UM GRANDE AMOR 39

Capítulo 8
A TRAGÉDIA E O REENCONTRO DO AMADO 43

Capítulo 9
O ACIDENTE E A MUDANÇA PARA SÃO PAULO 45

Capítulo 10
O PRIMEIRO TRABALHO EM SÃO PAULO 49

Capítulo 11
A PRIMEIRA DECEPÇÃO DE TRABALHO EM SÃO PAULO 52

Capítulo 12
O SEGUNDO TRABALHO E A SURPRESA 57

Capítulo 13
O TERCEIRO TRABALHO E MUDANÇA 61

Capítulo 14
A MUDANÇA PARA O INTERIOR DO ESTADO 65

Capítulo 15
A CHEGADA À CIDADE DO INTERIOR E O NOVO
LOCAL DE TRABALHO 68

Capítulo 16
O CAMINHO PARA O VESTIBULAR..71

Capítulo 17
O SR. JUTAIR – SUAS MAZELAS – HUGO WEISS 74

Capítulo 18
O INTERVENTOR DA FACULDADE E A COMPRA DO APARTAMENTO 81

Capítulo 19
O DESFECHO COM O SR. JUTAIR 85

Capítulo 20
A AUDITORIA NA INSTITUIÇÃO E A ARMADILHA...88

Capítulo 21
OS FUNCIONÁRIOS DA INSTITUIÇÃO..91

Capítulo 22
O PROFESSOR VINGATIVO E O DESAFIO..93

Capítulo 23
OS COLEGAS DE CLASSE 95

Capítulo 24
O PROFESSOR DE LITERATURA INGLESA - ROMANCE 96

Capítulo 25
A PRIMEIRA INVESTIDA DE ALBERTINO E O PEDIDO
DE CASAMENTO...103

Capítulo 26
O JANTAR COM A MINHA FAMÍLIA..112

Capítulo 27
ORADORA DA TURMA..114

Capítulo 28
A PRIMEIRA VIAGEM COM ALBERTINO 116

Capítulo 29
A FESTA DE GRADUAÇÃO 122

Capítulo 30
AS DECISÕES SOBRE O ALBERTINO E A SUA SAÍDA DA INSTITUIÇÃO..........125

Capítulo 31
O NOVO DIRIGENTE DA FACULDADE E O TRABALHO
DE PROFESSORA 128

Capítulo 32
O PERFIL DE ALBERTINO E A DECISÃO DE NÃO CASAR 133

Capítulo 33
A COMPRA DA CASA NA PRAIA 138

Capítulo 34
A SAÍDA DA FACULDADE 142

Capítulo 35
O NOVO TRABALHO EM SÃO PAULO 144

Capítulo 36
O REENCONTRO COM O ALBERTINO EM SÃO PAULO 149

Capítulo 37
A PROPOSTA DOS DIRETORES DA FACULDADE ONDE FUI DEMITIDA 152

Capítulo 38
O INGRESSO DO MEU FILHO NA FACULDADE 155

Capítulo 39
A VOLTA DO HUGO WEISS, O SUECO 157

Capítulo 40
REFORMA DA CASA NA PRAIA E O APARTAMENTO DO ALBERTINO 162

Capítulo 41
A MORTE DE MINHA MÃE 167

Capítulo 42
A NOVA PAIXÃO DO MEU FILHO 169

Capítulo 43
LAURA EM MINHA CASA 171

Capítulo 44
A VOLTA DA LAURA PARA MIAMI
E A IDA DO MEU FILHO 174

Capítulo 45
A MINHA PRIMEIRA VIAGEM A MIAMI 176

Capítulo 46
A CHEGADA A MIAMI 179

Capítulo 47
A FAMÍLIA DE LAURA E OS PASSEIOS 181

Capítulo 48
A VOLTA AO BRASIL E A FAZENDA DO ALBERTINO 183

Capítulo 49
A VOLTA AO TRABALHO 189

Capítulo 50
A VOLTA DO FILHO DE MIAMI E AS COMPLICAÇÕES 191

Capítulo 51
IDEIAS PARA CONVENCER O MEU FILHO 195

Capítulo 52
AS DECISÕES DO MEU FILHO 197

Capítulo 53
MUDANÇA PARA A CASA DA PRAIA 199

Capítulo 54
A SEMANA COM ALBERTINO EM MINHA CASA 201

Capítulo 55
O NÃO PARA O ALBERTINO 206

Capítulo 56
GRADUAÇÃO DO MEU FILHO E A SUA MUDANÇA PARA MIAMI 208

Capítulo 57
A MUDANÇA PARA MIAMI E O PRIMEIRO TRABALHO 211

Capítulo 58
A NOVA MULHER DO ALBERTINO E MORTE DE ANTONIO DUARTE 214

Capítulo 59
O ENCONTRO COM HARRY NA PRAIA 217

Capítulo 60
A PRIMEIRA VIAGEM COM HARRY 221

Capítulo 61
O PRIMEIRO JANTAR COM HARRY 224

Capítulo 62
O SEGUNDO CASAMENTO DO MEU FILHO E O PEDIDO DE
CASAMENTO DO HARRY 226

Capítulo 63
O ENCONTRO COM O MEU FILHO SOBRE O NOSSO CASAMENTO 230

Capítulo 64
A SAÍDA DO TRABALHO E O CASAMENTO COM HARRY 232

Capítulo 65
A VIAGEM PARA NEW JERSEY 234

Capítulo 66
A NOVA VIDA EM NEW JERSEY 237

Capítulo 67
NOVOS AMIGOS EM NEW JERSEY 240

Capítulo 68
PRIMEIRA VIAGEM COM HARRY AO BRASIL E O ENCONTRO COM
O ALBERTINO 242

Capítulo 69
O HARRY EM MINHA CASA 248

Capítulo 70
O ENCONTRO COM AMIGOS 251

Capítulo 71
A VOLTA A NEW JERSEY 254

Capítulo 72
A VIAGEM À FRANÇA 257

Capítulo 73
O RETORNO A NEW JERSEY 262

Capítulo 74
A NOTÍCIA DA MORTE DO ALBERTINO 265

Capítulo 75
A VISITA DA AMANTE DO HARRY. A VIAGEM AO CANADÁ 268

Capítulo 76
O BARCO NA ÁGUA E A PARTIDA 272

Capítulo 77
A VIAGEM DO BARCO ATÉ MIAMI 276

Capítulo 78
A SEGUNDA VIAGEM DO HARRY AO BRASIL. A DECISÃO DA CASA 280

Capítulo 79
VIAGEM AO CARIBE 284

Capítulo 80
IMPRESSÕES DA VIAGEM – REPÚBLICA DOMINICANA 287

Capítulo 81
A ILHA DE PORTO RICO 290

Capítulo 82
A ILHA DE JAMAICA E A VOLTA A MIAMI..292

Capítulo 83
A TERCEIRA VIAGEM AO BRASIL DO HARRY..................................295

Capítulo 84
COMPRA DE TERRENO NO BRASIL..298

Capítulo 85
INÍCIO DA CONSTRUÇÃO 300

Capítulo 86
A CASA DE HÓSPEDES 302

Capítulo 87
A DOENÇA DO HARRY E A MINHA VOLTA A MIAMI......................304

Capítulo 88
A VOLTA AO BRASIL E A CASA PRONTA 307

Capítulo 89
A VOLTA A MIAMI E O FALECIMENTO DO HARRY.........................310

Capítulo 90
OUTRAS PROVIDÊNCIAS E A VOLTA AO BRASIL 313

Capítulo 91
OUTRAS ATIVIDADES PROFISSIONAIS. A ACADEMIA 315

Capítulo 92
O SONHO COM HUGO, O SUECO...320

Capítulo 93
MOSAICOS 323

Capítulo 94
A VISITA DA FAMÍLIA DO VIVALDO O PRIMEIRO MARIDO 325

Capítulo 95
CONSIDERAÇÕES SOBRE A FAMÍLIA 329

Capítulo 96
FINAL..330

E ASSIM FOI A VIDA

Capítulo 1

A MORTE

    Morreu. Por toda a casa ecoavam os sons marcantes do *Bolero de Ravel*. Aquela continuidade de acordes assemelhava-se ao compasso da vida numa sequência contínua e vigorosa, do ápice do desfecho do viver até a morte. Não houve qualquer cerimônia ou velório. O corpo gelado dentro do caixão era indiferente à família e aos amigos que chegavam. Seguiria para a cremação no horário exato, determinado por alguém. E lá se foi aquele corpo pelo caminho que muitas vezes passara em vida. Agora, não haveria retorno. Viagem definitiva.

    Após esse ritual, as cinzas foram entregues a quem de direito, e num retorno em direção ao mar foram espalhadas sobre as águas do oceano. A natureza recebeu-as sem nenhuma anormalidade. O mar continuou o seu percurso, embalando as ondas e derramando-as na areia. Era como se nada tivesse acontecido. Assim é a natureza. Ela segue o seu curso sem se importar com os acontecimentos da gente. É bem provável que aquelas cinzas se misturassem à água e à areia, formando uma simbiose perfeita. Com certeza, também se juntariam às de tantas outras que pelo mundo afora tiveram o mesmo destino. É como já fora dito, "na natureza nada se perde, tudo se transforma".

    Mas como entender esse acontecimento de todos os seres vivos da terra? Acredito que nunca chegaremos a um entendimento ou a uma compreensão dessa mudança. A morte, para quase todos, é um acontecimento absurdo. Dependendo de suas crenças, ela apresenta nuances diferentes. Todavia o ato de morrer é definitivo.

    A dor e o sofrimento de quem assiste à morte são transcendentes, incomuns e inconformados. Vive-se a cada dia a caminho da morte. Todos os sonhos e projetos que arquitetamos durante a vida acabam com a morte. Todo o viver, feliz ou infeliz, acaba com a morte. Não importa se o sujeito é rico, famoso, belo, poderoso, bom, mau, se viveu dessa ou daquela maneira neste mundo: tudo acaba com a morte.

    Assim, faço uma pergunta: já que tudo acaba com a morte, por que tanto esforço para sobreviver? É da condição humana não se preocupar com ela. Normalmente, vivemos como se fôssemos eternos. Há muitos humanos eternos. Aqueles que são lembrados e festejados a cada ano de seu nascimento ou de sua morte. Aqueles que fizeram enaltecer a nossa vida. Aqueles que contribuíram para uma humanidade mais feliz. Aqueles que deram muito de suas vidas, visando ao bem-estar alheio. Aqueles que se doaram em benefício do próximo.

Estamos até agora tecendo comentários sobre a morte física. Existe, ao meu ver, a sobrevivência da alma. Segundo tudo que se entende, ela não morre. O nosso espírito, ao sair da matéria, irá para um lugar que, ainda, não sabemos para onde. Cada crença tem suas conjecturas. Todavia tudo é mistério, incertezas e especulação. Mas é perfeito que seja assim, porque a vida adquire um mistério incomparável. O não saber verdadeiro transporta-nos para o desconhecido, levando-nos a formar ideias exatas e inexatas.

Há também os mortos-vivos. Aqueles que vivem por viver. Aqueles que perderam o interesse pela vida. Aqueles que não sonham. Aqueles que vivem de forma automática: levantam-se ao amanhecer, fazem tudo que é necessário ao ser humano, mas não sentem o prazer de cada minuto vivido. Cada segundo da vida deveria ser eterno e sorvido com sofreguidão e prazer. Somente assim a vida merece ser vivida.

Muitos vivem uma vida infeliz e cercada de graves problemas. Suas vidas foram transformadas em infernos diuturnos. Aqui, nos referimos aos indivíduos que por diversas circunstâncias adentraram no submundo dos crimes, das drogas e da desesperança. Para esses, a recuperação torna-se uma situação remota e inatingível. Ninguém perdoa ninguém. Ninguém esquece o lamaçal da vida dos outros. É difícil estender a mão aos que sofrem. Talvez lembrando os velhos ditados: "Uma ovelha ruim põe um rebanho a perder" ou "Diga-me com quem tu andas, e eu te direi quem és".

É necessária a orientação dos pais ainda na tenra infância. O sábio Salomão escreveu: "Cria o menino no caminho em que deve andar, pois até quando envelhecer, dele não se desviará". Agora, fico a pensar: E quando essa criança se torna adulto e vai enfrentar o mundo, como deverão ser feitas as suas escolhas e companhias? É paradoxal ter uma resposta. Muitas vezes, diversos filhos têm os mesmos pais e vivem no mesmo ambiente, e alguns são felizes e têm uma vida normal, e outros não. É difícil ter uma resposta. Talvez algumas crenças tenham uma resolução para esse problema. Durante a vida tive muita dificuldade de entender esse assunto e apenas tentei observar o que acontece ao meu redor.

Capítulo 2

ORIGEM - NOVA CRENÇA

Foi em uma tarde de final de primavera que cheguei ao mundo, numa casa humilde, quando a cidade tinha pouco mais de 20 mil habitantes. Minha mãe não sofreu com o meu nascimento. Foi tudo muito rápido. Havia mais dez irmãos para me acolher. Formávamos uma família simples. O pouco espaço da casa contribuía para se viver uns apegados aos outros. O dinheiro que pagava as nossas despesas provinha do trabalho duro da minha mãe. Éramos unidos e vivíamos felizes, embora tudo fosse difícil.

Minha mãe, senhora Constância da Silveira, tinha em suas veias sangue de negro, índio e português. Aquela típica mistura de muitos brasileiros. Meu pai, segundo me fora dito, nasceu na Alemanha e muito cedo veio com a família morar no Brasil. Meu avô era um homem inteligente e em algum momento sentiu que algo muito tenebroso iria acontecer no seu país. Instalaram-se no sul da Bahia. Ele era marceneiro, sabia como poucos fazer móveis de alta qualidade. Ele sempre repetia que "a vida é uma viagem de três estações: ação, experiência e recordação". Essas três palavrinhas mágicas impulsionavam-no em seu labor diário. Havia naquela região uma madeira que se chamava Jacarandá da Bahia. Com ela, ele fazia móveis fantásticos, e aos poucos foi amealhando recursos para se tornar em futuro, não muito distante, um comerciante bem-sucedido. Meu pai acompanhava-o nesse comércio.

Meu pai já era viúvo quando conheceu minha mãe. Uma morena alta, formosa e muito sábia. Eles se apaixonaram instantaneamente. Eu fui o resultado desse encontro de alma e de corpos. Ele morreu em um acidente automobilístico quando eu tinha apenas algumas semanas de vida. Dele, nada herdara, nem mesmo fui reconhecida como sua filha. Não havia, ainda, os recursos atuais da ciência. Minha mãe sofreu muito com esse acontecido, mas ela lembrava, sempre, que: "Era preciso dar força ao espírito para que o corpo se recupere". E, assim, continuou a sua vida na certeza de que um dia encontraria, novamente, a felicidade.

Aos três anos, eu fazia companhia para a minha mãe, no rio, lavando roupa. Pegava peças miúdas e fazia de conta que ajudava. O sol escaldante deixava a minha pele avermelhada e o meu cabelo com um colorido incomum. Eu tinha mais doze irmãos, e nunca os vi ajudando a minha progenitora nessa empreitada. Desde cedo, descobri que eu era a sua filha preferida, talvez porque eu estivesse sempre pronta para ajudá-la em todos os momentos, bons e difíceis.

Tive uma educação diferenciada dos demais. Eu tinha horário para tudo e muita disciplina na execução de minhas tarefas em casa ou na escola. Recebia sempre muitos conselhos de como deveria viver e as possíveis dificuldades que a vida poderia me reservar, todavia, repetia ela, eu deveria sempre ter muita coragem e determinação, porque o mundo pertence aos que lutam e confiam no sucesso. E assim a vida ia passando, sem grandes acontecimentos.

Numa noite, ouviam-se cânticos estranhos na vizinhança. Corremos para ver o que acontecia. Era um culto evangélico que se fazia ouvir discursos e cantorias. Naquela noite a nossa vida mudou, e mudou para sempre.

Com uma decisão extrema minha mãe nos avisou que, a partir daquela data, iríamos frequentar uma igreja, e lá fomos nós, sem saber ao certo o que estava acontecendo. Algumas vezes não é necessário saber os ocorridos com precisão. O tempo se encarregará de nos mostrar o caminho que iremos seguir.

Tudo naquela igreja era novidade para nós. Passamos a ter amigos e a participar de todos os eventos que lá aconteciam.

Eu gostava de ver a postura e o comportamento das pessoas. Era curiosa! Havia os pobres e os ricos. Admirava as roupas caras de alguns e a humildade de outros. Encantei-me com os cânticos e comecei a ler a Bíblia. A cada sermão do dirigente da igreja, extasiava-me com aquelas palavras sábias e contundentes. Era um mundo novo e cheio de mistério. Todo sábado cuidava do meu vestido simples, e saía de casa toda durinha para não amassar a minha vestimenta. Era um prazer ir à igreja e compartilhar dos trabalhos ali desenvolvidos.

Em pouco tempo eu já era uma líder da sociedade juvenil. O mesmo aconteceu com os intermediários. A minha presença era aceita pelos meus colegas, e logo comecei a dirigir alguns trabalhos da igreja. Sentia-me feliz e útil. Era uma sensação de profundo bem-estar. Durante a semana sempre decorava um poema que recitava durante o culto. Quando o tinha por inteiro em minha mente, a minha mãe pedia-se para declamar o texto lembrando-me de que eu estava diante da plateia, e assim ela me orientava sobre os gestos que deveria fazer durante aquela apresentação. Lembro-me que dava ênfase às palavras na tentativa de convencê-los da mensagem ali contida. Não havia palmas no final, mas havia nas fisionomias de todos uma alegria imensurável.

Um estranho acontecimento começou a mudar a minha vida para sempre.

Capítulo 3

NOVO CASAMENTO DA MINHA MÃE

Minha mãe perdera a companhia do meu pai. Embora não morassem sob o mesmo teto, ele dava-lhe toda a atenção física e financeira. Agora, com mais uma filha, recém-nascida desse relacionamento, ela precisava sobreviver, sozinha, para criar também os filhos dos outros casamentos.

Em uma tarde de verão presenciei minha mãe conversando com um senhor que era membro de nossa igreja que se chamava Malaquias. Ele era alto, esguio, inteligente e solteiro. Um homem pronto para ser marido. Ele cantava no coral e aparentava ser uma pessoa confiável. Em qualquer situação da vida, não devemos nunca julgar um ser humano pela sua aparência, porque, depois de alguma convivência, o tempo poderá nos trazer surpresas desagradáveis.

Os dois iniciaram um relacionamento de maneira discreta, e de repente, num dia qualquer, minha mãe comunicou-nos que iria se casar com esse senhor. Ela não tinha o hábito de ouvir opiniões da família ou amigos. Ela decidia tudo sozinha. Também assumia a vida de forma total com os acertos e desacertos. Conhecia a sua estrada mesmo sem nunca antes ter caminhado por ela. Confiava que, no final, tudo chegaria a um bom termo. É bem provável que ela tivesse em sua mente que: "a luta pela vida nem sempre é vantajosa aos fortes nem aos espertos, e que mais cedo ou mais tarde, quem cativa a vitória é aquele que crê plenamente que conseguirá vencer as dificuldades da vida".

O casamento foi uma festa pomposa, dentro dos limites das possibilidades dos noivos. Os amigos fizeram-se presentes àquele evento, com presentes e votos de muitas felicidades. Já era madrugada quando os últimos convidados se foram.

Minha mãe segurando o braço do meu padrasto andava pelas ruas, como que exibindo um troféu que julgava ser de grande valia para a sua vida e de sua família. Agora ela tinha um companheiro presente em todos os momentos. E talvez, pensasse que: "um marido é um mal necessário para as mulheres honestas". Dessa união nasceram três filhos. Todos robustos e sadios.

A vida caminhava lentamente, com muitas nuances de segurança e fartura. Tínhamos alimentos de boa qualidade, um homem a nos proteger, e tudo parecia perfeito. Eu o considerava o meu pai verdadeiro porque aquele me trouxe ao mundo eu conhecia apenas pela fotografia.

Capítulo 4

O PRIMEIRO AMOR E UMA SITUAÇÃO CONSTRANGEDORA

Saímos da igreja após o culto de todos os domingos e percebemos que um homem nos acompanhava. Não identificamos quem era aquele senhor, baixinho, de ombros encurvados e de passos lentos, que caminhava na mesma velocidade do nosso andar. Não demos muita importância. Ao chegar em casa, toda a família acomodou-se em seus lugares, onde costumeiramente dormíamos. De repente, ouvimos alguém bater palmas, insistentemente, na entrada de nossa casa. A minha mãe levantou-se e foi atender àquele chamado. Ela descobriu que, quem estava à porta, era aquele senhor que nos acompanhara.

— O que deseja o senhor a esta hora em minha casa?

— Eu quero a minha mulher de volta. Ela entrou aqui e eu a quero de volta.

Rispidamente, a minha mãe falou que a mulher dele não estava em nossa casa, e nesse momento todos saímos até a porta movidos pela curiosidade. O homem pegou o meu braço e falou:

— Você é minha mulher, e precisa voltar para nossa casa. Fiquei assustada e perplexa. Eu tinha apenas catorze anos de idade.

A minha mãe ordenou que todos voltassem para dentro de casa, e assim obedecemos. Por um longo tempo ela tentava convencer aquele senhor de que a sua filha não era a mulher dele. Ele decidiu ir embora, mas afirmou que voltaria.

Estávamos no culto da igreja, e aquele homem sentou-se ao meu lado, e começou a implorar para que eu "voltasse para casa". Houve um pequeno pânico das pessoas que estavam mais próximas. Surge um casal que também era de membros da igreja, pega o homem pelo braço e afasta-o de mim. O culto foi interrompido pelos gritos desesperados dele.

— Eu quero a minha mulher! Eu quero a minha mulher!

Os dirigentes da igreja reuniram-se para solucionar aquele inusitado acontecido, e fomos informados de que aquele homem era filho de uma família de nossa igreja e que recentemente havia saído de um sanatório por ter desequilíbrio mental. Dias depois ele voltou ao hospital, e eu pensava que estaria livre, por toda a vida, daquele problema tão chocante.

A vida me reservaria outro pior: Numa noite, após o culto da igreja, aproximou-se um jovem belo, de falar pausado e manso e ofereceu-se para nos acompanhar até a nossa casa, pois ele soube que havia um senhor que estava pensando que eu fosse a esposa dele. Ele pediu permissão para a minha mãe, e assim, durante algum tempo, ao sairmos da igreja estava aquele moço pronto a nos acompanhar. Durante o trajeto ele sempre estava ao meu lado e trocávamos palavras sobre tudo o que sabíamos da igreja e do mundo. Ele se chamava Vivaldo Silva.

Não sei precisar quanto tempo se passou, só me lembro de que, em uma noite de luar intenso havíamos diminuído os passos dos demais membros da família, e ao nos aproximar da nossa casa ele me agarrou pela cintura e me beijou. Senti uma sensação estranha que tomou conta de todo o meu corpo. Era algo que nunca acontecera antes. Não sei qual o calor de um vulcão, mas com certeza estive dentro de um. Transformei-me em cinzas.

Não foi possível dormir. Rolei-me na cama a noite toda, e ao levantar pela manhã senti cheiro de algo queimado. Aquele calor iria me seguir, ainda, por muitos anos.

Aquele homem passou a fazer parte do meu cotidiano. Eu sentia a sua presença em minha vida nas vinte e quatro horas do dia. Por vezes, eu me sentia feliz, em outros momentos, nem tanto.

Sentia-o como uma sombra, sempre a me acompanhar.

Ainda criança eu queria aprender tocar piano. Éramos muito pobres para me dar a esse luxo destinado às meninas ricas da minha cidade. Mas a minha vontade de tocar um instrumento estava acima das possibilidades que tinha. Havia em nossa igreja um órgão, e um dia, enquanto minha mãe trabalhava na limpeza, sentei-me em frente a esse instrumento e comecei a tocar de forma incerta, mas com muita coragem de me tornar a organista da igreja.

Com apenas algumas aulas que me foram dadas, eu aprendi a tocar. Em pouco tempo eu realizei esse sonho: ser a organista oficial da igreja. Era prazeroso tocar aqueles hinos fazendo-se acompanhar dos cânticos das pessoas.

Somente assim eu conseguia esquecer aquele homem que me incendiou. Um dia, eu disse para ele que só quando tocava o órgão da nossa igreja sentia-o fora de minha cabeça e do meu coração. Ele não queria isso e proibiu-me dessa função. Eu deveria ainda andar na rua com a cabeça baixa, olhando sempre para o chão. Eu o obedecia cegamente. Era como se o mundo se resumisse àquele ser humano autoritário de mente forte, e que a cada dia exercia o seu controle em todos os aspectos de minha vida. Essa situação durou algum tempo. Um dia eu acordei desse pesadelo e comecei a reagir de forma inesperada. Na vida, é necessário viver momentos cruéis para ser possível avaliar o quanto é fantástico ser livre para pensar, agir e tropeçar, sozinha. Viva a liberdade!

Capítulo 5

AS TRÊS AMIGAS E O DESTINO DE CADA UMA DELAS

Éramos três amigas unidas e inseparáveis. Cada uma tinha o seu tipo físico e o seu próprio pensar. Edite era filha de uma família pobre e de bom caráter. Gildete tinha um pai desastrado e "machão". E eu, Lenira, que também embora pobre tinha uma formação estrutural sólida comandada pela sabedoria de minha mãe. Ela era analfabeta, mas tinha uma visão do mundo como poucas pessoas têm.

Edite namorava um jovem alto, musculoso, de classe média. Os dois formavam um par perfeito. Ela era bela, de andar altivo, e se formara na melhor escola de nossa cidade. Era professora. Gildete era baixinha e gorda, mas muito interessante com as conclusões que fazia da vida. Ela sempre dizia: "A vida só vale a pena viver se formos felizes". Mas o que seria para ela a felicidade? Eu sempre ficava a pensar! O que é ser feliz? Depois de viver mais de cinquenta anos, descobri o que significa ser feliz. Voltarei ao assunto oportunamente.

Todas tivemos destinos diferentes.

Encomendei o melhor vestido para o casamento da Edite. Ela fora abandonada pelo seu primeiro namorado e, às pressas, conseguiu um outro e se casou. A cerimônia foi simples. Havia um misto de alegria e tristeza em seu olhar e em sua postura vestida de noiva. Os presentes, alguns muitos simples, espalhavam-se pela casa. Cada amigo fazia questão de cumprimentar os noivos e desejar-lhes felicidade eterna. A festa durou algumas horas.

Os convidados foram saindo devagarzinho até que os dois ficaram sozinhos. Enfim sós. As luzes foram se apagando e fez-se silêncio absoluto.

— Eu não quero dormir com você — falava ela bem baixinho, com receio de ser ouvida por algum vizinho.

A luta se travou até o amanhecer. O dia se fazia claro, quando os dois se encontraram na cozinha.

— Por que você se casou comigo? Agora você é minha mulher e eu tenho o direito de ter relações sexuais com você. Vamos para o quarto.

Ele a pegou pelos cabelos e obrigou-a a se deitar, naquela cama, onde sempre esteve solitária. Agora ele cobria-a de beijos e carícias, e ela desesperada tentava livrar-se do seu corpo, e apenas dizia que não queria nada. Ela também era forte e conseguia desvencilhar-se de seus braços. Os dias foram se passando sem que nenhum acontecimento esperado fosse vivido pelos recém-casados.

Existe o sonho e a realidade, os quais, às vezes, por não termos condições de vivenciá-los, em separado, surpreendemo-nos quando nos deparamos com eles, ao mesmo tempo, numa situação de extremo desconforto.

Para Edite, aquele não era o homem que ela amou por muitos anos, portanto não fazia sentido ela se entregar de corpo e alma a um desconhecido. Mas de fato e de direito ele era o seu marido.

Os meses se passaram, e após muitos conselhos das famílias e os impactos que aconteceriam naquela pequena cidade, e como os irmãos da igreja tomaram conhecimento do que estava acontecendo entre eles, ela resolveu tornar-se sua esposa.

A vida deles foi caminhando sem grandes acontecimentos ou prazeres. Ela estava sempre mal-humorada, e a cada dia o seu corpo ia murchando, como se a vida tivesse se tornado um grande pesadelo. Ela caminhava pelas ruas com um olhar fixo no chão, como se quisesse encontrar um buraco profundo, em que pudesse se esconder ou, talvez, querendo descobrir onde a vida se perdera.

Diante de tanta magreza, uma amiga sugeriu-lhe que tomasse um medicamento que poderia ajudá-la a voltar a viver. As duas foram à farmácia e compraram o tal remédio. Naquele mesmo dia a sua alma voltou a ter esperanças. Talvez aquela esperança de muitos anos atrás, quando era feliz com o antigo namorado.

"Nunca se sabe o que o futuro nos reserva", pensava ela. Mas as complicações daquele remédio iriam colocá-la em uma situação ainda pior. Ela começou a engordar de forma veloz e desequilibrada, mas mesmo assim ela continuava tomando o remédio, porque ter esperança era o que importava. Um dia, ao amanhecer, ela mirou-se no espelho e espantou-se com os contornos do seu corpo. Havia engordado mais de 20 quilos. Diante daquela tragédia, ajoelhou-se no chão e chorou copiosamente. Chorou todas as lágrimas do mundo. Sentiu-se profundamente triste e desalentada.

Não tinha vontade de comer, não tinha sono, e apenas desejava morrer. Reviu antigas fotografias e se lembrava com muita saudade daquele corpo esguio, de quase dois metros de altura, andando quase na ponta dos pés, como se fosse uma bailarina, esvoaçando e jogando os cabelos longos de um lado para o outro com uma postura de rainha.

Ela nasceu em nossa igreja, e desde pequena era elogiada pela beleza suave e ímpar. Todos voltavam o olhar a ela quando adentrava no salão de cultos. A sua pele era suavemente clara, tinha olhos cor de mel e uma voz baixa e aveludada. Ao lado do seu primeiro namorado formavam um par belíssimo.

Para remediar a situação, passou a comer apenas uma maçã por dia. Era o seu único alimento. Mas o seu corpo ainda relutava em emagrecer, pelo contrário, a cada dia ficava mais gorda e pesada.

Numa manhã, tentou se levantar da cama e não conseguiu. Os seus ossos e músculos estavam enfraquecidos de tal forma que não era possível manter-se de pé.

Uma cadeira de rodas foi a solução para os próximos vinte e quatro anos. Esse marido que ela tanto odiava foi o seu companheiro por toda a vida, cuidando dela em todas as suas necessidades. Ele a amava em qualquer situação e, por incrível que pareça, ele tinha a leve impressão de que, devido àquele estado de dependência, ela poderia amá-lo. A vida às vezes tem conotações inexplicáveis, e vale para um bem viver aquilo que pensamos e nunca a realidade.

Edite chorava todos os dias, na presença ou na ausência dele. As suas lágrimas eram uma forma de externar tanto sofrimento. Sua alma vivia envolta na desesperança, e a cada dia desejava morrer, para livrar-se daquele estado inerte de desconforto.

Esse dia chegou, e o seu sepultamento foi finalizado com um discurso de muita emoção daquele marido que nunca fora amado, mas que a amou por toda a vida.

Minha amiga Gildete tinha o seu namorado. Um moço formal e cerimonioso. Estava sempre bem-humorado, e quando estávamos os três casais reunidos, a vida parecia estar ao nosso alcance, bem como a felicidade.

Cada casal tinha os seus próprios sonhos, mas havia uma coisa em comum: ter muitos filhos e viver feliz por toda a vida. Um dia, falávamos da importância da mulher na vida de um casal, e um deles falou: "A mulher tem que viver para o marido e os filhos porque a mulher é o que o marido for". Discordei dessa afirmativa e, de maneira veemente, disse: "Cada ser humano é diferente um do outro, e não se pode em nenhuma hipótese viver à sombra de alguém. Cada um precisa assumir a sua própria vida e ser responsável pelos seus atos".

Esse meu ponto de vista existencial rendeu muitas observações, em todas as nossas conversas futuras. Eu me sentia deslocada do grupo por ter ideias próprias, que não se somavam com as dos demais, principalmente com o pensar de minhas amigas.

O casamento da Gildete foi em um domingo ensolarado, por volta das três horas da tarde, e às sete horas, nasceu o seu primeiro filho. Outros viriam, num total de nove. Eles formaram uma família grande e sem grandes acontecimentos que pudesse destoar da normalidade.

Eu nunca entendi como era viver no cotidiano, da mesma forma, e no passo lento da rotina. Essa situação monótona e sem brilho me levava a pensar como alguém pode ficar à disposição do sagrado direito de estar vivo, mas morto para vibrar os grandes acontecimentos que acontecem no decorrer da vida.

Naquelas existências, não havia novidades, a não ser o nascimento, a cada dois anos, de cada filho, que, também, ao longo da vida incorporava surpresas. Tudo era cronometrado, detalhe por detalhe, numa situação angustiante do previsível. Não se incorporava à rotina dos demais. De qualquer maneira, era necessário respeitar o modo de vida deles, porque neste mundo todos temos o direito de viver, como bem nos aprouver.

A última notícia que tive dos meus amigos foi alvissareira. Todos os filhos estudaram, formaram-se em profissões diferentes, mas todos seguiam os conceitos bíblicos: "Frutificai e multiplicai-vos e enchei a Terra".

Eu, Lenira, tomei um rumo diferente. Casei-me com esse homem que me incendiou. Eu o amava acima de tudo e de todos. Para mim, ele era o único ser na face da terra. Era um amor perdido, sofrido, mas que me deixava feliz. Mas em menos de um mês após o nosso casamento, ele partiu para uma cidade distante a fim de tentar recomeçar uma vida nova.

Após a sua partida descobri que estava grávida. A minha cabeça entrou em pânico. Eu já tinha uma família de doze pessoas que eu cuidava desde os onze anos de idade. Agora seria mais um ser humano que eu deveria cuidar. Na gravidez, à proporção que ela se desenvolve, ficamos com dificuldades para as tarefas diárias.

Deveria encarar com coragem essa nova realidade e seguir em frente, mesmo porque não tinha outra alternativa. Sabia que o tempo incumbe-se de solucionar todos os nossos problemas. Aquela situação duraria nove meses de transformações físicas e psicológicas. Havia dias de grande alegria, e outros de profunda tristeza.

Quando se tem a certeza do final de um acontecimento, parece que o encaramos com mais resignação. É claro que, ao findar esse tempo, eu teria de enfrentar novos desafios. Havia uma força dentro de mim que me impulsionava a suportar tudo de forma corajosa e dentro de uma realidade que não me dava o direito de retroceder.

Minha mãe, embora pobre, era benquista pela maioria dos moradores de nossa cidade. Ela era expansiva e sempre conquistava muitos amigos. Era uma mulher corajosa, decidida e dotada de uma sabedoria incomum. Os amigos dela davam-me apoio, conforto, ajuda e afeto. Os irmãos de nossa igreja também me dispensavam o mesmo.

Eu sentia muita saudade do meu companheiro. Sempre ficava a imaginar quando seria o nosso reencontro, e de esperança eu vivia os meus dias. As cartas que trocávamos eram escassas. Parece que a distância se incumbia de ir apagando, aos poucos, as lembranças prazerosas que vivemos.

O nascimento do meu filho aconteceu numa terça-feira, por volta das 13 horas e 30 minutos. Estava em casa sozinha, porque a minha mãe havia saído para ir buscar a parteira que me ajudaria naquele momento. Alguns minutos depois da ausência dela, ele nasceu. Eu e ele ali deitados, naquela cama e naquele quarto onde também nasci, da mesma forma. Não sei precisar o tempo que ficamos os dois à espera de ajuda. Parece que o tempo teima em se tornar infinito quando precisamos de uma solução para algum problema imediato.

Eu tinha em meus braços aquela criatura indefesa que dependia, exclusivamente, de mim para a sua sobrevivência. Mais uma vez, a solidão fazia parte do meu cotidiano, apesar de todo o carinho e do apoio de todos. Podemos estar com muitas pessoas ao nosso redor, todavia a sensação de abandono persiste. É uma situação que brota de dentro de nossa alma, tornando-se, às vezes, incontrolável. É como se ecoasse um grito de horror mesclado de angústia e tristeza.

Como tudo nesta vida, esses momentos também passaram.

Somente dois anos depois de sua partida ele reapareceu. No primeiro instante que o vi, senti um calafrio de constrangimento e repulsa. Aquele não era o homem que amara no passado. O seu aspecto físico e a sua voz estavam diferentes. Via-o com um verdadeiro estranho. Às vezes o tempo incumbe-se de transformar os seres humanos de forma definitiva e contundente. Àquela altura da vida eu já tinha a certeza de ter me libertado de suas garras e de seu domínio. Estava disposta a seguir minha vida sozinha, ao lado da minha família, do meu filho. Dessa vez ele se foi para nunca mais voltar.

As notícias dele chegavam a mim por amigos comuns. Soube que casara novamente e que teve mais quatro filhos. Conseguira ser um próspero comerciante e construíra uma enorme casa, tendo muitos serviçais. Em toda essa vida faustosa ele contribuía com muito pouco na ajuda para o meu filho. Eu era responsável pela compra de tudo o que necessitava. Não sentia em nenhum momento inveja, ciúme ou outro sentimento de tristeza. A vida dá para cada um aquilo que merecemos ou nos empenhamos para conseguir. Desejava que ele fosse sempre feliz.

Capítulo 6

OS PRIMEIROS DESAFIOS

Era preciso e urgente encarar o mundo, em busca de sobrevivência, para cuidar de todos: família e filho. Os desafios começaram. Eu sabia que não seria uma tarefa fácil ter dezoito anos, mãe de um filho e com doze irmãos para cuidar e sem um pai ou marido para me dar proteção e ajuda. Mas eu confiava em Deus.

Os gaviões sobrevoavam o meu espaço. Cada um querendo arrancar um pedaço do meu corpo e mutilar a minha alma. De vez em quando, chegavam presentes a minha casa, trazidos por mensageiros desconhecidos. Já não eram dádivas para o meu filho, e sim para mim. Havia muitos interessados em me ajudar, em troca de situações que não se coadunavam com o meu caráter e a minha formação cristã.

Voltei a estudar, à noite, para ter acesso a um trabalho com melhor salário, porque durante os nove meses de gravidez eu lavava e passava roupas de pessoas estranhas para sobreviver. Era um trabalho duro e cansativo. Eu não reclamava, porque sabia que no futuro eu teria dias melhores. Quando você tem a certeza e a clarividência de que o tempo incumbe-se de transformar a vida para uma situação melhor, há um conforto na alma e uma vontade férrea de prosseguir na luta.

Numa cidade pequena, todos os acontecimentos são da alçada de todos. Os comentários correm numa velocidade inexplicável. Tudo se sabe e tudo se comenta. Às vezes, até carregados de maledicências.

Tomei conhecimento de um concurso público para a prefeitura da cidade. Inscrevi-me, fiz as provas, e fui aprovada. Tinha esperança de que a minha vida tomaria um novo rumo com um emprego fixo e de salário compensador. Enganei-me. Os poderosos manipulam todas as situações, e todas as pessoas deveriam atender ou submeter-se aos seus mandos. O poder e o dinheiro são armas perigosas que, se não aprendermos a manuseá-las da forma adequada, ou se não tivermos o bom senso do discernimento, poderemos causar grandes problemas para outrem.

Não consegui ser nomeada para ocupar aquele cargo, embora tivesse sido classificada em terceiro lugar. O preço era alto demais, e eu não estava disposta a me submeter à vontade dos donos da cidade.

Um certo banqueiro chamou-me em seu escritório e me propôs uma vida tranquila, sem trabalho ou preocupações de nenhuma ordem, para eu viver apenas para ele. Eu teria tudo que uma mulher poderia sonhar: casa, joias, comida e empregados. Quando a vida lhe oferece uma situação faustosa e de maneira fácil, atrás dela poderá vir um desconforto sem precedentes. Eu estava acostumada a lutar por cada porção de comida. Estava acostumada a viver com um dinheirinho curto, que mal dava para pagar tudo que precisava. Estava acostumada a defender os meus princípios, para ter uma vida digna e melhor. Estava acostumada a confiar em Deus e saber que Ele me ajudaria. Portanto essa oferta estava fora do meu contexto de vida.

Abandonei aquela pequena cidade, e com toda a família fomos para a capital do estado. Lá eu pensava que não havia donos do mundo e eu poderia viver de forma diferente.

Os primeiros meses foram de intensa dificuldade. Conseguir uma casinha para abrigar toda a família tornou-se um pesadelo. O dinheiro do aluguel de nossa pequena propriedade daquela cidade do interior não era o suficiente para as despesas imediatas. Fazíamos toda a economia que era possível. E assim os dias iam se passando. Um dia, fui a uma banca de jornais e comprei um exemplar, e ao ler os classificados encontrei algumas ofertas de emprego.

Eu tinha o curso fundamental completo e era exímia datilógrafa. Entendi muito cedo que o conhecimento é muito importante para um futuro menos penoso. Lembro-me da minha primeira cartilha. Quando a ganhei, por volta dos cinco anos de idade, queria lê-la todo o tempo. Cada página lida era como se a minha mente fosse se ampliando e conhecendo melhor o mundo. Devido à minha obsessão pela leitura daquele pequeno livro, a minha mãe estipulou o horário em que eu poderia tê-lo, e colocou-o em um lugar muito alto, sendo inacessível pegá-lo.

Aproveitando a saída da minha progenitora, peguei uma cadeira e subi para alcançar o livro. Não tive êxito em minha investida, caí e me machuquei. Quando minha mãe chegou em casa e soube do acontecido, apanhei com uma meia dúzia de palmatórias nas mãos. Era necessário obedecer às suas ordens. Nesse episódio, aprendi uma grande lição de vida. "Obedecer às normas e às leis trazem, sempre, muito proveito à vida e livra-nos de muitos inconvenientes."

Mas voltando ao jornal de empregos. Li, avidamente, cada anúncio, e separei alguns para visitar. Em todos eu deveria escrever uma carta solicitando o trabalho e datilografar um texto. Dias depois eu estava empregada. Era uma empresa de investimentos. As atribuições a mim confiadas eram de fácil solução. O salário não era dos melhores, todavia quando as suas necessidades são grandes, qualquer valor ajuda a diminuir os seus problemas. Trabalhava durante o dia e à noite estudava. Aos sábados frequentava as aulas de inglês. E assim a vida ia caminhando sem grandes acontecimentos. Os meus irmãos estudavam em escolas públicas.

Ao findar o expediente, o chefe me pediu para ficar depois do horário normal, pois havia um trabalho extra a ser feito. Quando todos já haviam saído, ele se aproximou de mim e começou a me agarrar com fúria, beijando o meu corpo e tentando arrancar minha roupa. Reagi com coragem e determinação e consegui livrar-me daquele homem.

Saí correndo escada abaixo, e, na portaria, um senhor vendo o meu estado de angústia me perguntou o que havia acontecido. Não lhe contei o ocorrido, porque os poderosos têm sempre razão. Fui para casa humilhada e desapontada. Com um gosto amargo em minha boca descobri que em todos os lugares há sempre homens querendo tirar proveito de mulheres desprotegidas e subalternas.

Esses homens, usando de suas condições de superioridade, dão vazão aos seus instintos mais bestiais. Não importa onde se tenha nascido. O ser humano é igual em todas as características de ser humano. Todos sentem tudo e todos estão sujeitos a tudo.

Tinha recebido o meu último salário havia dois dias. Não voltei para receber os dias trabalhados e nem falei nada para a minha família. Há segredos que devem ficar apenas dentro de nós mesmos. Falar deles, para qualquer outra pessoa, pode gerar um mal-entendido, porque cada um faz a sua interpretação baseando-se no seu pensar e nas suas experiências.

Procurei um novo trabalho. Dessa vez, uma imobiliária. Já fora dito que "há males que vêm para o bem", e foi o que aconteceu. O meu salário e as condições de trabalho eram melhores. Aos sábados e domingos costumava trabalhar fora do escritório, em *stands* de vendas de apartamentos, onde ganhava uma pequena comissão por cada venda realizada.

Eu trabalhava, estudava e ainda tinha a responsabilidade de manter a família, porque aquele pai que um dia a minha mãe me dera fora-se de casa para viver com outra mulher.

Aos onze anos, tornei-me responsável pelo sustento de todos. Ao nascer o meu último irmão e com o abandono de seu marido, ela adoeceu de forma grave e definitiva.

Os labores de minha vida iniciavam antes do amanhecer e findavam quando o sol fazia muito tempo havia sumido, mas com coragem e determinação exercia as minhas funções de provedora da família, na esperança de que um dia outros novos rumos pudessem surgir.

Não dava importância aos espinhos encontrados pelo caminho, nem às pedras pontiagudas que haviam pela estrada, a machucar os meus pés, ainda em plena adolescência, tornando a minha jornada árdua e difícil. O importante na vida é vencer os obstáculos que se apresentam a cada dia. Um dia cheguei à exaustão. Era uma responsabilidade que eu já não tinha como continuar assumindo. Os meus irmãos, agora adolescentes, davam-me muito trabalho e preocupações.

Sugeri que o melhor seria eles voltarem para a nossa pequena cidade, e eu enviaria, todos os meses, dinheiro suficiente para a manutenção de todos. No dia da partida, foi terrivelmente triste. Houve outros dias tristes na minha vida, mas aquele foi inesquecível. A partida se deu ao final da tarde, quando o sol teima em não se esconder, querendo presenciar os acontecimentos. Por mais difícil que seja uma situação, há sempre algo prazeroso que se pode absorver. Quando chegava em casa todos me esperavam, havia sempre uma comidinha pronta. Agora, eu tinha de fazer as minhas refeições, e limpar o meu pequeno lugar.

Capítulo 7

O RESTAURANTE
E UM GRANDE AMOR

Aquele trabalho de escritório, numa rotina estafante, não trazia à minha vida nenhum fato novo. Eram as mesmas coisas com uma repetição enervante. Eu desejava alçar novos horizontes, fazer coisas diferentes e, sobretudo, conhecer e vivenciar situações desafiadoras. Um dia isso aconteceu: Conheci uma senhora que era proprietária de um restaurante famoso, e ela me convenceu a comprar esse negócio. Não tinha o mínimo conhecimento de administrar um restaurante, mas quando se está na vida na ânsia de mudanças, qualquer saída é um caminho a ser percorrido. Aceitei o desafio.

Para ter dinheiro para essa compra, vendi todos os imóveis que tinha, e consegui um empréstimo no banco. Os primeiros dias no meu novo trabalho foram sofridos, mas tinha de me adaptar. Não havia outra solução. E assim, aos poucos, fui me entrosando nessa nova lida, de maneira surpreendente. O mais interessante é que todos os dias conhecia pessoas novas e, com elas me relacionava numa troca de conhecimento e experiência.

O local do meu negócio era simplesmente fantástico. Havia uma lagoa em frente ao restaurante, onde na calada da noite, quando o movimento era menos intenso, ficava a admirar o balanço das luzes refletidas na água ou, em noites de lua cheia, era um espetáculo inesquecível. O luar refletido na água, dançando com o movimento do vento trazia à minha alma um mundo de esperança e expectativa. Aquele cenário levava-me, por vezes, a escrever páginas literárias, confortando a minha alma e trazendo-me grandes expectativas para o futuro.

Era um comércio frequentado por pessoas diferenciadas: milionários, famosos e outros que seriam no futuro conhecidos pela sua arte. E assim os negócios caminhavam a passos largos.

O trabalho era, por vezes, duro. Em alguns dias eu trabalhava até 20 horas seguidas. Mas como fora uma decisão própria, tornava-se necessário assumir tudo de forma definitiva e corajosa.

A comida era variada. Pratos típicos e outras iguarias. Tudo para satisfazer os paladares mais exigentes.

Uma noite tive a agradável surpresa de receber um senhor que se chamava João Barbosa, escritor famoso, que fora ali, segundo ele, apenas para me conhecer. Após o jantar, ele prometeu que voltaria outras vezes, porque gostou da comida e das longas horas que ficamos conversando. Havia em seu olhar, na despedida, algo diferente. Pressenti que a vida estava a colocar algo esperançoso no meu viver.

Eu só pensava no trabalho. Por dias seguidos, aquele olhar teimava em não se afastar de mim. Ficara em minha alma um misto de esperança e expectativa. Eu sabia que ele voltaria. E voltou. Voltou muitas vezes. E por longas horas ficávamos a conversar sobre tudo. Havia uma afinidade de alma e de pensar. São excitantes as surpresas que a vida nos oferece. Vivenciá-las é algo grandioso. Deixamos de ser pessoas comuns para nos tornar especiais.

Para minha surpresa, ele chegou em meu restaurante no começo de uma tarde, pegou-me pelo braço de maneira forte e decidida e pediu-me que o levasse até a minha casa. Não tive coragem de recusar esse pedido porque já o aguardava havia algum tempo.

O caminho até a minha residência, durou uma eternidade. Parecia que nunca chegávamos. Mas chegamos. O tempo parece infinito quando queremos que ele seja breve. Ele também tem as suas manhas e os seus mistérios. É preciso respeitá-lo.

Estava ao lado daquele homem, que em muitos outros momentos encheu a minha alma de esperança e me proporcionou um bem-estar transcendente. Nós dois sozinhos a olhar um para o outro numa situação inusitada. Não sabia como me comportar. Sentia calafrios e ansiedade. Como é bom estar vivo e poder vivenciar toda essa atmosfera que antecede um primeiro encontro amoroso.

Os nossos corpos nus se encontraram, e numa troca de energia e fogo nos amamos, com sofreguidão e prazer, por longas horas. Voltei aos quinze anos, quando fui beijada pela primeira vez. O sexo é um alento poderoso para o corpo e para a alma. Ele nos leva para um mundo diferente, cheio de emoção e prazer. E ainda nos proporciona um estado sobrenatural da vida. Todos os fios de cabelo, todos os poros, toda a pele, tudo, enfim, que existe em nosso corpo é tomado por uma situação de eterna plenitude. É um bem-estar do físico com a alma numa simbiose perfeita dos sentidos.

Os nossos encontros continuaram por longo tempo. Ele um escritor famoso, e eu proprietária de um restaurante com muitas obrigações a cumprir e uma família para cuidar e sustentar.

Tudo que existe neste mundo tem conotações estreitas e inseparáveis. Tudo se mistura, e uma situação está sempre a depender de outra. Não há nada de forma isolada. Todos os atos dos viventes estão intrinsecamente ligados, por elos indissolúveis. Todos estamos sujeitos a tudo neste mundo.

O que acontece com um determinado grupo atinge a outros de forma direta ou indireta. Todos sofremos a influência do meio e das pessoas próximas ou distantes. A humanidade é um todo harmônico, em sua essência.

E numa escalada ascendente, nos tornamos dependentes um do outro, descobrindo coisas que tínhamos em comum. Era impossível não vê-lo todos os dias. Telefonar não bastava. A presença da pessoa que amamos conforta a alma e nos traz um bem-estar indescritível. O fogo da paixão se aproximava, e nada fazíamos para detê-lo.

Quando a vida adquire conotações de encantamento, pensamos que tudo durará eternamente. Tudo que envolve a vida é finito. Vivenciar os grandes acontecimentos da vida é algo superior e de grande importância para o nosso cotidiano. E o mais interessante é que todos os problemas reais, aqueles que temos de solucionar diariamente, tornam-se ínfimos e de fácil solução. São nesses instantes que alcançamos a felicidade.

Felicidade é viver de forma abstrata e motivada pelos sentimentos que norteiam o nosso coração e a nossa alma.

Felicidade é nos sentir num plano superior dos mortais.

Felicidade é sentir que estamos vivos.

Felicidade é sentir o roçar do vento em nosso rosto, molhado de suor.

Felicidade é a chuva molhar o nosso corpo sem nos sentir molhados.

Felicidade é deitar o nosso corpo cansado, das labutas diárias, e sentir prazer.

Felicidade é ouvir uma música que nos conforta a alma.

Felicidade é ouvir o cântico dos pássaros ao amanhecer.

Felicidade é comer uma comida bem simples e sentir que aquela é a melhor do mundo.

Felicidade é abrir uma janela ao amanhecer e deixar o sol entrar, distribuindo seu calor em todo o espaço.

Felicidade é encontrar a pessoa amada e ao sentir o seu cheiro ficar excitada de prazer.

Felicidade é ver o pôr do sol ouvindo a música de nossa preferência.

Felicidade é sentir as ondas do mar batendo em nosso corpo.

Felicidade é meditar e sentir a respiração invadir os pulmões enchendo-os de oxigênio.

Felicidade é entender que todos nós somos únicos e respeitar a individualidade de cada um.

Felicidade é admirar a natureza e pensar que todo este universo nos pertence e que somos parte dele.

Felicidade é uma noite de luar, onde o céu e tudo que existe na Terra ganha um colorido prateado ao lado da pessoa amada.

Felicidade é respeitar e amar o próximo mesmo que eles não tenham ideia do seu amor.

Felicidade é estar sozinha, concatenando suas ideias e vivenciar momentos de extremo bem-estar.

Felicidade é sentir a alma leve e a certeza de que a nossa vida não foi inútil. É sentir que o seu dever neste mundo foi cumprido.

Finalmente, felicidade é sentir-se feliz.

Capítulo 8

A TRAGÉDIA E O REENCONTRO DO AMADO

Quando os grandes instantes de felicidade se fizerem presente em sua vida, aproveite-os de forma intensa, profunda e absoluta, porque eles são frágeis e podem escapar num piscar de olhos.

Aguardava-o para mais um encontro de almas e de corpos quando tive um leve pressentimento. Alguma coisa não me deixava à vontade. Tudo em volta estava perfeito. O suco de frutas que ele costumava beber, e todas as coisas em seus lugares. A música devidamente escolhida para nos deixar enlevados, criando uma atmosfera de acolhimento e prazer. O sol desmaiando devagarzinho no horizonte vivenciava a expectativa de sua chegada.

Sentia-me uma perfeita adolescente à espera do amado. A cada passo que ouvia no corredor do meu andar, eu corria à porta. Assim, as horas foram passando, passando e passando, de forma lenta e interminável, deixando-me aflita e preocupada.

O trabalho me esperava. Eu precisava continuar na minha jornada, porque as obrigações são prementes, e a minha vida tinha muitas nuances de responsabilidade.

Ao chegar ao meu restaurante notei algo estranho. Havia na fisionomia dos meus funcionários um misto de tristeza e desamparo. Eles prelibavam a minha reação quando me fosse dada aquela notícia. Ele, o meu grande amigo e amante, havia sido preso por razões políticas. Levaram-no para um lugar desconhecido. Não tínhamos notícias. E, assim, o tempo foi passando, sem que nenhuma explicação sobre aquela tragédia me fosse dada.

Nos mais trágicos acontecimentos, a vida deve continuar. Não nos é dado o privilégio de ficar inerte à mercê dos fatos. O tempo segue a sua trajetória sem se importar com a nossa dor. Ele se esgueira ao seu bel-prazer, numa continuidade lenta, e por vezes inacreditável. Há mudanças que só nos é dado o direito de assimilar no final do caminho ou da vida. Ele é soberano e sabe como manipular as pessoas. Respeitemo-lo.

Um grande compositor em uma de suas canções afirmou que "a dor da gente não sai nos jornais". A dor e a alegria somente cada um de nós sabe do seu tamanho. Dor e alegria não se transferem. Não se medem. Apenas sente-se. Há acontecimentos que trazem para alguém uma dor imensa, a mesma situação para outra pessoa pode significar muito pouco.

Voltei a encontrar João Barbosa muitos anos depois, em um aeroporto de São Paulo. Eu viajaria para Brasília, e ele chegava de uma viagem internacional. Avistei-o, naquele imenso corredor, fazendo-se acompanhar de sua atual esposa. Quando os nossos olhares se encontraram, ele colocou a sua bagagem de mão no chão e correu ao meu encontro. Aquele abraço apertado e firme fez nossa mente voltar ao passado e trazer de volta todo o encantamento que nos foi dado viver, em ocasiões distantes.

Ele queria saber tudo o que aconteceu comigo durante os anos que se passaram. Falei que estava bem e que a saudade fez-me companhia de forma permanente. Agora eu tinha outros rumos a seguir. Ficamos por algum tempo conversando enquanto eu percebia o desconforto de sua mulher. Contou-me que os seus livros continuavam a fazer sucesso no exterior e por isso ele estava muito feliz. Há momentos na vida que ficam marcados em nossa alma para sempre. Esse foi um deles.

Despedimo-nos com outro forte abraço, aquele que temos certeza de que iremos sentir até a morte. As lágrimas rolaram em minha face e chorei muito, mas muito mesmo. Sabia que esse seria o nosso último encontro, e de fato nunca mais o vi face a face. Acompanhei a sua trajetória pelos jornais e pelas notícias. Sua morte trouxe-me um desalento profundo.

Tudo acabara. Não havia mais esperanças de nenhuma forma. Como é cruel saber que um dia nascemos, em outros vivemos, em muitos amamos e sofremos, e tudo acabará com a morte. Situação inevitável de todos os seres.

Capítulo 9

O ACIDENTE E A MUDANÇA PARA SÃO PAULO

Sempre nos fins de semana trabalhava até amanhecer. Naquele domingo, não fora diferente. Ao chegar em casa para dormir, deparei-me com uma amiga que me aguardava havia algum tempo, e ela convidou-me para ir à praia, porque ela queria ver um namorado que conhecera recentemente. Mesmo cansada, acompanhei-a.

Correndo os olhos para tudo que havia ao nosso redor na praia, notei que o céu estava límpido e o mar com uma tonalidade azulada, como são nos dias de verão. O mar imenso, quebrando as suas águas na areia, convidava a um banho de mar. Deitei-me sobre suas águas, nadei um pouco e por outro tempo flutuava o meu corpo cansado na superfície da água, causando-me uma sensação de extremo bem-estar. Enquanto desfrutava aquele cenário encantador, lembrei-me daquele mar que vivenciei no começo de minha adolescência na praia do Malhado, em Ilhéus.

A varanda em frente à nossa casa era a praia, e aquela imensidão de água a se perder no horizonte levava-nos para perto de Deus. A natureza é perfeita num equilíbrio total e absoluto.

Vivenciamos, naquele lugar, sensações das mais inusitadas. Às vezes o mar estava calmo, por vezes, nem tanto. Os pescadores com suas redes lançadas ao mar, ao amanhecer, era um espetáculo esperançoso. Sabíamos que naquele dia haveria peixe fresquinho para o nosso almoço. Os maiores eles levavam para venda, os menores distribuíam com todas aquelas pessoas que os ajudavam a separar os peixes maiores dos pequenos.

As noites de lua cheia eram de uma beleza incomparável. A lua levantava-se devagarzinho do mar, deixava um rastro de luminosidade nas águas. Diante desse espetáculo, sonhava encontrar, um dia, o meu próprio caminho. Teria de dar um primeiro passo em busca da realização dos meus sonhos.

Apareceu o amado da minha amiga, acompanhado do irmão e de uma criança, filho de um deles. Tomamos água de coco, conversamos, e depois de algumas horas, saímos os cinco em direção ao carro, de volta para casa. Eu seria a primeira a desembarcar, e os outros seguiriam adiante.

No meio do caminho, aconteceu algo terrível. O carro capotou, e fomos jogados à praia numa distância de quinze metros de altura. Quando me dei conta do acontecido, estava de joelhos ao lado do carro, e alguém ao se aproximar de mim falou: "Um já morreu e os outros estão vivos". Eu era uma sobrevivente. O meu estado era, aparentemente, normal. Percebi que não havia fraturas em meu corpo, apenas alguns arranhões. Alguém me deu uma carona, e pedi que me deixasse em casa. E assim foi feito.

Horas depois, sentia dores terríveis por todo o corpo que duraram longos dias. Procurei um médico, e após muitos exames, fui informada de que não havia fraturas, apenas machucados. Senti-me aliviada.

Não foi possível voltar a trabalhar por todo um mês. Enquanto curava o meu corpo dos ferimentos, o meu pensamento passou a refletir sobre a vida, o meu trabalho, a família e a vida.

Em nosso caminhar pelo mundo, só tomamos determinadas atitudes em momentos extremos. O tempo, esse safadinho de plantão, fica sempre a nos desafiar nessas circunstâncias.

Fiz um balanço de tudo que acontecera comigo e concluíra que, mais uma vez, eu precisava mudar o roteiro de minha vida. A minha situação financeira era estável, a minha família morava em nossa casinha no interior, e o meu filho vivia com ela e estudava na melhor escola da cidade.

Tudo estava quase perfeito, a não ser o meu ímpeto de começar uma história nova em lugar diferente.

Eu desejava conhecer o mundo, estudar e vivenciar outro estilo de vida. Às vezes, a estabilidade financeira que tanto ansiamos torna-se um empecilho para descobrir novos horizontes. A aventura sempre fez parte de minha vida desde muito cedo. Nunca tive medo para me lançar em busca de novos caminhos.

Pensei muito, refleti bastante antes de tomar uma decisão para essa mudança.

Ao levantar-me daquela cama que acolheu o meu corpo ferido por algum tempo, e agora, sentindo-me quase curada, procurei um amigo que fazia algum tempo havia manifestado o desejo de comprar o meu restaurante, e passei adiante aquele comércio que tantos prazeres me proporcionara.

Foi ali que conheci o meu grande amado e, também, a notícia de sua prisão. Afastar-me dali, com certeza, traria um alívio das lembranças. Embora saibamos que tudo que vivemos e passamos fica gravado em nossa mente e levamos para onde formos.

Voltei à minha pequena cidade, que agora parecia menor do que em outros tempos. Revi antigos amigos, a minha igreja, a escola e aquelas ruas que me acolheram nos primórdios dos meus dias. Convivi com o meu filho momentos de muita felicidade e aconselhei-o a ficar ali estudando e obedecendo à minha mãe. Falei-lhe que partia naquele momento para uma cidade maior onde eu pudesse realizar outros sonhos e que um dia eu voltaria para buscá-lo.

Algumas decisões que tomamos na vida às vezes trazem um gosto amargo de sofrimento, mas é preciso pegar a estrada. Alguns chamam essas atitudes de destino. Seja lá o que for, e que nome se dê, é sempre desafiador iniciar uma nova etapa da vida.

Enquanto o amanhecer enche a nossa alma de esperança, o entardecer traz a nostalgia do dever cumprido. É como se o tempo não mais quisesse nos dar a chance de vivenciar outros acontecimentos. É como se ele nos dissesse que o que foi feito, foi feito, agora chegou o fim.

Debruçada no peitoril da janela de minha casa, admirava uma montanha ao longe, aonde o sol ia devagarzinho desaparecendo espalhando os seus raios luminosos sobre a vegetação. E assim fiquei por algum tempo a admirar aquele belo espetáculo e pensava como seria o mundo que a partir dali enfrentaria. Nesse lugar passara a minha infância e adolescência a sonhar com o meu futuro. A realidade tomaria espaço na minha vida e, possivelmente, essa seria a última vez que teria a chance de quedar-me ali.

E numa manhã chuvosa parti. A chuva e as minhas grossas e pesadas lágrimas somavam-se à tristeza que a minha alma sentia ao deixar para trás a família, o filho e aquela cidade em que tantos acontecimentos se fizeram presentes em minha vida. Lembrei-me por instantes de um escritor famoso que escrevera: "Vais encontrar o mundo, coragem para a luta".

No aeroporto, olhava as pessoas que me fariam companhia naquele voo, e pensei qual o objetivo de cada uma para fazer aquela viagem. Seria turismo, negócios, mudança ou apenas o deleite de viajar? Será que alguém estaria fugindo de alguma situação desagradável? E assim fiquei tentando adentrar naquelas mentes para descobrir o porquê de suas atitudes. O ser humano tem suas próprias razões, que por vezes não nos é dado conhecê-las.

Da janela do avião vi a cidade afastando-se rapidamente. Agora, não haveria retorno. Teria de seguir em frente. E assim, se fez.

Levava em minha bagagem de mão um caderno que se destinava a fazer anotações sobre o que desejava nessa nova empreitada. O passo número um seria estudar, e se colocasse mil passos todos seriam os mesmos, porque adquirir conhecimento é ver o mundo de forma diferente em sua amplitude total. É descortinar novos horizontes. É vivenciar muitas outras situações. É sentir-se livre para outras opções do viver. Muitas vezes o conhecimento não nos traz fortuna, mas entendemos melhor a vida e podemos traçar outros caminhos que poderão levar-nos à felicidade.

Entender a vida e os seres humanos é um privilégio das pessoas que descortinaram o mundo por meio do conhecimento. Tudo nesta vida é fugaz, e podemos perder tudo. Todavia o conhecimento sobreviverá sempre. Depois viriam outras prioridades.

A viagem transcorreu calma, e descemos no Rio de Janeiro para troca de avião. Naquela cidade ficamos por quase duas horas. Andei pelos corredores do aeroporto e até pensei em fixar residência ali. Mas quando decidimos algo, temos de cumprir. Eu não me sentiria confortável se mudasse o meu rumo. Tinha muitas notícias de amigos que vieram morar em São Paulo e foram bem-sucedidos. Eu também realizaria os meus sonhos.

Chegamos ao anoitecer. Ao avistar as primeiras luzes, fui tomada de um entusiasmo incomum. Aquela cidade enchia a minha alma de entusiasmo e expectativa. Aqui deveria ter uma oportunidade para mim. Eu a encontraria com certeza. Aquela imensidão de luzes onde não se via nem o começo nem o fim deu-me uma ideia das dimensões dessa cidade.

O avião aterrissou de forma segura. Peguei as minhas malas, em seguida um táxi que me levou até o centro da cidade. Havia pedido ao motorista que me deixasse em frente a um hotel nem tão caro ou muito barato. E assim se fez. Havia muitas pessoas nas ruas, bares, e outros tipos de estabelecimento comercial. Adentrei naquele prédio, pedi um quarto, e me foi dado um formulário para preencher. Feito isso, perguntei o valor da diária e lembro-me que olhares estranhos miravam-me de cima abaixo, identificando-me como uma estranha no ninho.

Aquele quarto tinha uma porta, uma janela e um pequeno banheiro ao lado.

Deitei-me na cama exausta e esperançosa. O amanhã seria um primeiro e novo dia, no qual eu deveria encarar com coragem e determinação, apoiada nos sonhos, para que houvesse nesses sonhos o poder transformador para a realidade.

Capítulo 10

O PRIMEIRO TRABALHO EM SÃO PAULO

Ainda era muito cedo quando acordei. Olhei em volta, rezei, virei de lado, bati algumas palmas aplaudindo a vida e levantei-me pronta para encarar a nova jornada. A vida começa todos os dias, mesmo que estejamos em um lugar estranho.

A primeira providência foi a compra de um jornal. Precisava encontrar um lugar para morar. Naquela época, chamavam-se esses lugares de "pensionato para moças". Li muitos endereços e optei por um próximo ao centro de São Paulo. O lugar escolhido situava-se numa ruazinha estreita e curta, mas próxima de uma avenida onde o tráfego era intenso.

Nesse endereço olhei a casa em sua totalidade, e ao chamar a campainha apareceu uma senhora gordinha e não muito simpática. Falei do anúncio do jornal e que gostaria de morar ali. Ela convidou-me a entrar, corri os olhos pelos aposentos e percebi que tudo estava mais ou menos limpo e organizado.

Esta senhora, que se chamava Matilde, crivou-me de perguntas, algumas leves, outras pesadas, como se fosse possível conhecer alguém apenas numa primeira entrevista e que as minhas respostas pudessem refletir a realidade. Fui aceita. Coloquei a minha bagagem no lugar, indicado por ela, em cujo local mal dava para se transitar sem sofrer tropeços. Era aquele o primeiro lugar onde eu me instalaria para iniciar um novo ciclo de minha vida.

Vali-me, novamente de um jornal para procurar trabalho. Tinha alguns conhecimentos das funções de secretária, pois trabalhara no gabinete do prefeito na minha cidade de origem, e havia prestado dois concursos públicos, em que fui aprovada em ambos.

O primeiro concurso foi para trabalhar nos correios e telégrafos. Quando soube do resultado de minha aprovação, fui visitar o meu futuro lugar de trabalho. A senhora que eu iria substituir, D. Dejanira, porque ela se aposentadoria nos próximos dias, informou-me do trabalho que deveria *fazer et cetera* e tal. Ouvi atentamente aquelas informações e ocorreu-me lhe fazer a seguinte pergunta:

– Há quantos anos a senhora trabalha aqui?

Ela respondeu:

– 35 anos.

– Durante todo esse tempo a senhora fez o mesmo, o mesmíssimo trabalho sem ocorrer nenhuma mudança?

Ela afirmou que sim. E também acrescentou que as pessoas eram sempre as mesmas. Rapidamente, pensei: esse trabalho não condiz com as minhas expectativas de futuro.

Em determinadas situações na vida, morremos um pouquinho todos os dias sem perceber. A rotina tem um compasso linear e, por vezes, exasperante. Embora o salário fosse altamente compensador, eu não estava disposta a sepultar-me, devagarzinho, a cada dia.

Aquele trabalho não me daria a oportunidade de aperfeiçoar o meu cotidiano, porque, com certeza, ele não me daria prazer. A vida é muito curta para ser perdida de forma inútil, enfrentando, diariamente, uma existência sem sentido. Fui ao gabinete do chefe daquele órgão e assinei a minha desistência da vaga. Já fora dito que: "As preciosas qualidades da mulher não estão na inteligência, mas no instinto". O meu gritava dentro de mim que outras e melhores oportunidades de vida me chegariam. E chegaram.

Devorei todos os anúncios encontrados naquela edição, e separei alguns. No dia seguinte, levantei-me cedo e preparei-me para encontrar o meu primeiro trabalho. O endereço que havia escolhido era um prédio alto e luxuoso. Era um estabelecimento bancário de origem estrangeira. Apresentei-me ao porteiro, e ele me levou ao setor de recursos humanos. Fizeram-me esperar por algum tempo. Às vezes, quando temos pressa, o tempo parece nos desafiar, passando bem devagar ao seu bel-prazer. Era preciso ter paciência e saber que todos os momentos chegam na sua hora exata. Finalmente, fui atendida para a entrevista. Preenchi um formulário com detalhes absolutos. Quem planejou aquelas informações queria mesmo saber quem éramos.

Fui informada de que deveria aguardar um telefonema para, se aprovado o meu currículo, voltar para fazer o teste. Dois dias depois fui tomada de surpresa. A senhora Matilde me chamou e falou que uma funcionária do banco queria falar comigo. Atendi de imediato, sentindo um frio de arrepio em meu corpo. Ela informou-me que se eu ainda estivesse interessada em trabalhar naquele banco, deveria comparecer no próximo sábado às dez horas da manhã.

Não foi possível dormir com tranquilidade naquela noite que antecedeu o meu teste. Mesmo porque eu nem fazia ideia do que iria enfrentar. Muitas vezes por não saber o que a vida nos reserva, faz-se necessário ter confiança e serenidade.

Eu tinha vinte e quatro anos, um metro e setenta de altura e possuía um corpo esguio. Talvez esse meu tipo físico tenha contribuído para a minha admissão naquele banco. A aparência das pessoas, inicialmente, ajuda-as a ter sucesso na vida.

Notei que havia uns vinte candidatos à espera do mesmo que eu pretendia. E, assim, foram sendo chamados um a um e colocados em uma grande sala diante de uma máquina de escrever. Deveríamos redigir uma carta, a mão, solicitando a vaga e depois datilografá-la. Eu era exímia datilógrafa e tinha facilidade de me expressar. Concluí o meu teste em poucos minutos, quando olhando em volta, os demais candidatos ainda estava escrevendo o proposto. Ao terminar o que me foi solicitado, entreguei ao examinador, e este, imediatamente, falou-me que eu deveria me apresentar na próxima segunda-feira para fazer os testes de saúde para começar a trabalhar.

A minha alma estava leve e feliz, em festa. Consegui o meu primeiro trabalho naquela cidade que tanto havia sonhado. Essa foi uma grande ocasião. Era o começo de muitos sucessos que viriam depois e também de muitas decepções que me foram dadas enfrentar. Apressei-me a escrever para a família, contando o ocorrido. É muito prazeroso ter alguém para dividir as alegrias. Com certeza, as orações da minha mãe ao saber desse trabalho eram de agradecimento a Deus. Ela, naquela humilde casinha, aguardava sempre com ansiedade as minhas boas notícias.

As ruins eu as guardava para mim, porque não pretendia deixá-la preocupada. Como tudo nesta vida passa, e há sempre um novo dia a nos esperar, não devemos nos deter com as intempéries que nos visitam. As situações agradáveis e desagradáveis também passam, portanto viva-as em profundidade. Sinta o seu sabor para ser possível nos tornar mais fortes e corajosos. Já fora dito que devemos ter cuidado com "as grandes ocasiões, naqueles momentos em que a gente acha que triunfou ou fracassou". Muito cuidado com os grandes acontecimentos do nosso viver.

Capítulo 11

A PRIMEIRA DECEPÇÃO DE TRABALHO EM SÃO PAULO

Apresentei-me ao meu novo trabalho na hora exata e vestida adequadamente para aquela ocasião. Eu sempre tive consciência da vestimenta e do comportamento que devem nortear cada momento da vida.

Durante a vida, li grandes livros da literatura nacional e universal, orientada por um grande e sábio amigo, e observava sempre a postura dos personagens em suas mais diversas situações. Aprendi a me posicionar de maneira correta e sem os exageros que, por vezes, cometemos. Embora saiba que a aparência é apenas o invólucro que apresentamos ao mundo. O que vale mesmo no ser humano é o caráter e o que temos em nossa mente e coração, e que para se conhecer de fato uma pessoa, são necessários muitos anos de convivência.

Sempre fiquei intrigada com as mudanças comportamentais que acontecem na vida das pessoas. Talvez as experiências boas e amargas levam-nos a sermos diferentes em situações das mais diversas.

É um assunto muito profundo e, segundo o que se sabe, as transformações acontecem baseadas em muitos fatores que na maioria dos casos independem de nossa vontade. Acredito que todos gostaríamos de ser criaturas boas, mas os revezes da vida quando se tornam presentes, e se não forem bem administrados e compreendidos, podem nos levar a situações desagradáveis.

Éramos sete belas e desenvoltas jovens. A média de idade era de vinte e cinco anos. Trabalhávamos nas funções de caixas e comandávamos todo o dinheiro que entrava naquele banco. Havia sotaques diferentes no falar. Eu tinha a minha origem baiana; outra, cearense, algumas da capital e do interior do estado. O ambiente de trabalho era luxuoso como deveria ser um banco de porte internacional. E, assim, a cada dia trabalhava com afinco e cuidava sempre para que no final do dia pudesse sentir o meu dever cumprido. Era um alívio ter a certeza de que estava fazendo sempre o melhor. O salário era compensador e o suficiente para pagar as minhas contas e, ainda, enviar dinheiro para a família. Morava a dez minutos andando.

No meu trajeto atravessava ruas movimentadas e ao passar em frente à Faculdade de Direito, voltava o meu pensamento para as metas trazidas em minha mente e anotadas em meu caderninho que era: estudar, cursar uma faculdade, encher a minha alma de conhecimento para ser possível ver o mundo de forma ampla, e ter a capacidade de entender melhor a vida. Por outro lado, tinha consciência de que o mundo é povoado de pessoas boas, mas é também uma selva de seres pensantes e perigosos. Deveria estar sempre alerta aos perigos que se avizinham de nós a cada dia.

Trabalhei como de costume até a sexta-feira às seis horas da tarde. Ao chegar na casa estavam a me esperar as minhas colegas de quarto. Éramos quatro. Havia uma falsa loira e as demais, morenas. Convidaram-me para sair. Elas queriam que eu conhecesse São Paulo à noite. Como o centro da cidade ficava há poucos minutos, fomos andando, e eu admirando aqueles prédios enormes, desafiando as alturas com iluminação das mais diversas. Pessoas andando de um lado para o outro, todas ao meu ver buscando algo para preencher suas vidas e, possivelmente, para sentirem-se felizes.

Uma delas sugeriu que fôssemos a um lugar, nas proximidades, para beber algo. Tomamos um táxi numa avenida de muito movimento, e em frente a um estabelecimento com muitas luzes o carro parou, e elas me avisaram que iríamos entrar para rever alguns amigos. Era um inferninho, como se chamava na época. A iluminação no seu interior era escassa e havia muitas mesas com mulheres desacompanhadas e outras não. Sentamo-nos em uma mesa próxima ao local em que as bebidas eram preparadas. Olhando em volta, pude observar que também havia muitos homens desacompanhados.

Eu me sentia sozinha, embora me fizesse acompanhar daquelas companheiras de pensão. De repente, um homem se aproximou e pediu para sentar-se ao nosso lado. Começaram a conversar coisas sem sentido. Ele queria saber o nosso nome e onde morávamos. Em poucos minutos apareceram outros, e assim foram juntadas duas mesas, para que houvesse espaço para todos.

Alguém chamou um garçom e cada um pediu a sua bebida preferida. Pedi, apenas, um copo de água, o que causou um leve constrangimento no grupo.

– Você não bebe bebida alcoólica?

– Não – respondi. Fiquei numa situação incômoda e comecei a pensar como poderia me livrar daquela situação e daquele lugar. Depois de algum tempo, perguntei onde ficava o banheiro. Alguém me deu a direção, que graças a Deus ficava próxima da saída principal.

Não precisamos de longo tempo para descobrir em que situação desagradável nos encontramos. Pensar rápido e saber livrar-se de determinados embaraços é uma tarefa que requer determinação e coragem. E assim aconteceu. Fui ao banheiro e pedi a Deus que me ajudasse a sair sem ser notada pelos demais.

Já na rua, que era uma grande avenida movimentada, não foi difícil pegar um táxi. Pedi ao motorista que me levasse à rua em que morava. Ele, talvez, imaginando ser eu mais uma mulher que frequentava aquele "inferninho", deu muitas voltas por diversas ruas estranhas e, por fim, chegamos ao meu endereço. O dinheiro que tinha mal deu para pagar aquela corrida. Embora tivesse consciência de que fui roubada, eu não tinha o direito de reclamar.

São Paulo era para mim ainda um lugar desconhecido, e a prudência me fez aceitar aquela situação desconfortável e imprevisível. Aprendi uma grande lição: Confiar desconfiando, sempre.

Elas voltaram ao amanhecer e ficaram bravas comigo por eu ter fugido. Mostraram-me o quanto ganharam e me chamaram de estúpida.

A minha permanência naquela pensão tornou-se um pesadelo. A cada momento que estávamos juntas naquele minúsculo quarto de beliches, eu era menosprezada e injuriada.

É importante saber que a vida nos abre todas as portas para as quais não queremos ou não estamos preparados. Aquele caminho que traçamos e queremos para a nossa vida é sempre carregado de dificuldades, e quando temos a oportunidade de transpô-las, há um momento de felicidade em nossa alma: Sentimo-nos vencedores. É preciso muita força, coragem e determinação para não se deixar envolver com pessoas que têm caminhos diferentes dos nossos.

Acredito, realmente, que Deus está presente quando queremos ser pessoas de bom caráter. Resolvi procurar outro lugar para morar. E assim, em menos de uma semana, consegui nas proximidades uma vaga em outra pensão.

A proprietária desse novo lugar era uma japonesa aparentemente bondosa e solícita. Acomodei-me em outro pequeno quarto onde havia mais três moças. Uma era modelo e as demais trabalhavam com vendas. Era um lugar sossegado, mas tínhamos muitas restrições como o tempo de banho, uso do banheiro e como lavar a roupa. Mas, por enquanto, eu não tinha outra alternativa. Era necessário sobreviver ali, até que outra oportunidade surgisse em meu caminho.

A esperança deve ser sempre constante em nossa vida para ser possível sonhar com dias melhores. E assim os dias caminhavam sem grandes novidades. Limitava-me a trabalhar naquele banco, e, no final da tarde, voltava para os meus aposentos. Eu tinha medo de sair à noite, inclusive para procurar uma escola em que pudesse continuar os meus estudos. Tudo aqui era grandioso: luzes, gente, trânsito.

Até aquele momento não tivera oportunidade de fazer nenhum amigo naquela cidade, e, por isso, sentia-me isolada do mundo em meio a tantas situações que julgava apavorantes. O que me confortava eram as minhas ilusões e as cartas que escrevia para a família.

A cidade estava sempre nublada, principalmente, no começo da noite. Os dias de sol eram raros. Talvez até ele brilhasse, mas nesses horários eu estava trabalhando.

Ao acordar numa madrugada, vi a lua cheia através do vidro da janela do quarto. Fiquei feliz, porque havia muitos meses eu não tinha a oportunidade de ver aquele espetáculo que era tão comum em minha cidade de origem. Deitada naquela humilde cama, lembrei-me daquelas noites da minha infância e adolescência, em que ficávamos horas a fio junto com a família, desfrutando a claridade do luar na varanda de nossa casa, ou em frente ao mar, onde moramos durante anos.

A saudade fez-se presente de forma aterradora e sofrida. Chorei, chorei muito, ainda com a preocupação de que o meu pranto não fosse ouvido pelas minhas colegas de quarto. De qualquer maneira, a lua voltaria a brilhar. E, assim, eu teria a oportunidade de vê-la novamente. Ainda concluí que eu teria uma vida inteira pela frente para vivenciar esse espetáculo da natureza. A esperança nos conforta e não deixa que o sofrimento momentâneo ganhe corpo em nossa alma.

Voltei a dormir, mesmo porque o meu trabalho precisaria de mim bem-disposta no dia seguinte.

Completara sete meses trabalhando naquele banco. No final do expediente o meu chefe imediato avisou-me que eu deveria comparecer ao setor de pessoal, pois alguém queria falar comigo. Durante o trajeto, que não era tão longo, fiquei a imaginar a razão daquele convite. Mil situações povoaram a minha cabeça. Seria uma promoção, uma mudança de setor ou alguma advertência. Mas para minha surpresa fui demitida, com a desculpa de que no meu caixa nunca sobrara e nem faltara dinheiro. Era realmente algo incomum.

Não questionei sobre aquela decisão, porque os que têm o poder podem usar os subalternos como bem lhe convir. Não fiquei triste, nem desesperançada. A minha mãe sempre repetia, "quando uma porta se fecha, Deus lhe abre um portão", e confiando nesse dizer popular, peguei o dinheiro a que tinha direito, arrumei-o em minha pequena bolsa e saí confiante de que outras oportunidades me surgiriam.

Não contei nada do ocorrido para as minhas colegas de quarto e nem mesmo para a minha senhoria, porque ninguém iria se compadecer do meu insucesso, e talvez até pudessem pensar que eu teria cometido algum delito. Há determinadas situações da vida que o segredo é fundamental.

Capítulo 12

O SEGUNDO TRABALHO E A SURPRESA

Estava à procura de uma nova ocupação. Dessa vez, procurei uma agência de empregos. Paguei uma pequena quantia para que elas pudessem encontrar, para mim, um novo trabalho. Depois da entrevista deram-me um endereço de uma empresa italiana que, naquela época, próxima ao final do ano, vendia brindes com cinco bebidas diferentes destinadas a presentes. De posse dos catálogos, saí à procura dos clientes.

Não tive muito sucesso com as vendas porque, na realidade, eu nunca vendera nada. Mas não deveria desanimar. Afinal de contas, eu estava à espera dessa nova porta, ou talvez um portão, que se abriria no meu caminho.

A secretária dessa empresa deu-me uma relação de endereços, dentre eles, segundo ela, o de um professor de faculdade que tinha muitos amigos, e, com certeza, eu poderia fazer muitas vendas.

Fui procurar esse senhor. O seu endereço era nas proximidades da Avenida Ipiranga, no centro de São Paulo. Chegando ao local, fui recebida por uma secretária loira, alta e bonita. Disse-lhe que a senhorita Osvaldina, da empresa italiana, que era amiga do senhor Jutair, havia me dado aquele endereço, e que eu vendia brindes para o Natal. Mostrei-lhe os catálogos, e ela entrou na sala ao lado, e depois de algum tempo voltou, e me pediu para aguardar que alguém viria falar comigo.

Após uma meia hora, mais ou menos, surge um senhor alto, elegante, de voz envolvente, e disse que não era possível me atender de imediato, mas que eu voltasse por volta das quinze horas.

Senti que alguma coisa extraordinária adentrava à minha estrada. Era como se eu visse um portão da altura do infinito a se abrir. O tempo me confirmou que os meus pressentimentos estavam corretos. Voltei na hora combinada, e para minha surpresa fui atendida por ele, que me falou que ainda não tinha tempo disponível, e que eu voltasse depois das dezoito horas.

Achei estranho aquele horário, mas uma força misteriosa apoderou-se de mim e me dizia que eu deveria voltar mais uma vez. Estava diante de um grande desafio. Não deveria temer o que me aguardava, porque a esperança precisa ser maior do que qualquer medo. Talvez no meu subconsciente teria pensado que, sendo aquele senhor um professor de faculdade, pudesse ter o começo da realização do meu sonho de voltar a estudar. "É preciso força para sonhar e perceber que a estrada vai além do que se vê."

Faltavam dez minutos para o horário combinado quando entrei naquele escritório. Ele estava a me esperar. Convidou-me a adentrar na sala ao lado, na qual fui surpreendida pela presença de sete outros homens. Todos eram professores de universidades que estavam reunidos discutindo a criação de novos cursos para uma fundação universitária no interior do Estado. Fui apresentada àqueles senhores. Todos me estenderam suas mãos, e a cada saudação eu notava que algo aconteceria.

O senhor Jutair Oliveira não me perguntou sobre os presentes que eu vendia e nem ficou curioso em olhar os folhetos que tinha nas mãos. Apenas me perguntou:

– Você sabe manejar uma máquina de escrever?

Respondi que sim, e que eu havia sido datilógrafa e secretária na prefeitura de minha cidade natal.

Sentei-me em uma pequena mesa em frente à máquina, e ele começou a ditar um texto que, prontamente, escrevia com a desenvoltura e conhecimento que me eram peculiares. Em seguida, falou-me que estava precisando de uma pessoa com esse conhecimento para trabalhar no período noturno. Aceitei, de pronto, aquele trabalho. Também não tive a curiosidade de perguntar sobre salário, porque quando o nosso eu interior avisa-nos de uma grandiosa oportunidade, o dinheiro não representa nenhum valor.

Minha vida começou a tomar um novo rumo. Durante o dia, vendia os meus brindes e à noite estava ali, sempre no horário combinado, para trabalhar. Eu morava a dez minutos desse lugar, o que me possibilitava a volta para a minha pensão sem grandes transtornos. Frequentemente faziam-me perguntas sobre a minha origem, onde nasci e o motivo de morar em São Paulo.

Contei-lhes que havia estudado até o segundo ano do colegial, mas que uma de minhas metas era cursar uma faculdade. Dias depois, ele me trouxe um endereço próximo onde havia cursinhos para preparar alunos, para um chamado artigo noventa e nove, que era um exame de todas as matérias dos três anos daquele curso que não havia concluído. O único problema que tinha era que eu trabalhava dia e noite, portanto não me sobrava tempo para frequentar o referido curso.

Aí veio uma solução surpreendente. Inesperada. Fantástica e inusitada. Eles passaram, cada um em sua área, a me preparar para os exames que pretendia.

Um deles me deu um tema para eu desenvolver uma redação. No dia seguinte, trouxe-a pronta, escrita à mão dentro daquele pequeno quarto onde morava, em que já passava da meia-noite. Pedi licença para datilografar o texto e entreguei-o, prontinho, àquele professor. Enquanto ele lia, pude notar em sua fisionomia um ar de espanto e curiosidade. Após lê-la, e na frente dos demais, falou que eu era muito inteligente e que outros temas viriam a fim de que eu pudesse desenvolver a minha capacidade de raciocínio. E, assim, fiz muitas outras redações. Algumas vezes ele orientava-me sobre pontuação e outras situações gramaticais, no sentido de me tornar apta para enfrentar, em futuro próximo, o grande exame.

Eu tinha também professor de Geografia, Literatura, Matemática e Inglês. Todos estavam dispostos a me ajudar. Enquanto isso também os ajudava com o meu trabalho nos processos de criação das faculdades.

Os conhecimentos que eu ia adquirindo, naquele escritório, valiam pelo maior salário do mundo. Todos os valores que podemos amealhar são ínfimos diante das portas que vão se abrindo para um futuro promissor. Era exatamente o que eu estava procurando. É muito importante estar sempre preparada para as oportunidades que chegam em nosso caminho. É necessário aproveitá-las e agarrá-las, com todas as forças de que dispomos.

Uma noite no final do expediente, o chefe daquele escritório perguntou-me se seria possível, no dia seguinte, por volta das dez horas da manhã, eu ir ao Rio de Janeiro levar um processo da Faculdade que já estava concluído para o relator do órgão competente do governo, para apreciação e aprovação dele.

Antes do horário combinado, estava ali pronta para a viagem. Ele me levou ao aeroporto, e durante o trajeto, orientou-me como agir até chegar ao destino. Ouvi, atentamente, todas as instruções e cumpri-as fielmente.

Há momentos na vida que obedecer será o caminho mais curto para o sucesso. Não poderia contestar nada. Eu até poderia discordar de alguns detalhes, mas não me era dado o direito de expor a minha opinião.

No aeroporto estaria um senhor a me esperar, o qual me levaria ao endereço. Ainda, ele me entregou uma revista que na última página dois escritores davam a sua opinião sobre o divórcio no Brasil: um era a favor, e o outro contra. Eu iria estar, exatamente, com o que escrevera ser contra o divórcio. Pediu-me o Sr.

Jutair que informasse àquele professor que eu havia lido o artigo da revista que ele escrevera naquela semana, e que realmente ele tinha razão de não ser favorável à implantação do divórcio porque isso causaria a destruição da família brasileira. Devo ter falado com tanto entusiasmo e convicção que ele louvou a minha forma de pensar.

Formulou-me algumas perguntas sobre a cidade onde seria instalada a faculdade, a distância da capital e a situação do transporte dos professores e muitas outras. Eu sabia de todos os detalhes contidos naquele processo, porque eu mesma datilografei palavra por palavra, situação por situação. Sabia até o elenco de professores que compunha o corpo docente: Mestres de elevado gabarito intelectual. Eu nunca tinha ido àquela cidade, mas respondi de forma como se eu conhecesse todos os detalhes.

Ao me despedir, ele me informou que daria o parecer favorável à criação daquele curso, e que, dentro de alguns dias, devolveria o processo concluído. No meu retorno, o Sr. Jutair estava a me esperar. Ele pediu-me que relatasse, em detalhes, tudo o que aconteceu naquela missão. Ao final, elogiou a minha atuação e garantiu-me que muitas outras viriam. Mais uma vez, estava certa de ter entrado no caminho que tanto almejava.

Aproximava-se o Natal, e um dia o Sr. Jutair me perguntou se eu gostaria de passar essa data com a minha família. Afirmei que sim. Para minha surpresa e alegria, dois dias depois fui presenteada com uma passagem de ida e volta, de avião, para a minha cidade.

Porém, antes de viajar, procurei aquela empresa italiana em que trabalhava e pedi demissão, alegando que iria viajar. Recebi os valores a que tinha direito e fui-me com a certeza de ter agido da forma correta. Aprendi, muito cedo, que na vida é preciso sempre agir com lisura e lealdade, porque nunca sabemos as tramas que a vida pode nos reservar no dia de amanhã. Agradeci à senhorita Osvaldina a indicação do seu amigo e apenas disse-lhe que fui bem-sucedida nessa apresentação. Não lhe contei detalhes, porque há situações em que o segredo é o nosso maior aliado.

Capítulo 13

O TERCEIRO TRABALHO E MUDANÇA

Trouxe algumas pequenas lembranças do meu Estado, para aqueles que eu já os tinha como amigos. Cheguei no domingo, e já na segunda-feira fui ao escritório levar os presentinhos e saber como seria o meu trabalho a partir daquela data.

Para minha surpresa, fui informada de que aquelas atividades iniciais haviam sido concluídas, e que por enquanto eles não mais precisavam de mim. Não solicitei nenhum valor pelo trabalho que fora executado, porque sentia que estava no caminho certo. Também fizeram-me enxergar que eu tinha muito mais valor do que supunha. Agradeci a ajuda que me foi dada e coloquei-me à disposição para executar outras atividades, se assim eles houvessem por bem.

Quando a decepção bate em nossa porta precisamos ser fortes e nunca deixar transparecer o desapontamento que a vida, por vezes, nos oferece. E, assim, ao sair dali, já planejava procurar outra ocupação. A primeira ideia foi procurar um estabelecimento bancário, porque já tinha algum conhecimento nesse setor. E assim o fiz.

Não me lembro por quantas avenidas andei, porque eu me sentia desnorteada. Era como se o mundo tivesse desabado sobre a minha cabeça. Tudo parecia sombrio. Quando já estava cansada e faminta, comi alguma coisa na rua, comprei um jornal e voltei para a minha humilde pensão confiante de que encontraria outro trabalho.

Por mais acolhedora que se pareça uma situação vivida, nunca devemos jogar todas as nossas esperanças como solução para o futuro. As surpresas ficam à espreita e, quando menos esperamos, elas surgem como um desafio avassalador. Torna-se necessário ser forte, corajoso e destemido. A vida vai continuar, se eu estiver triste ou alegre. Portanto é melhor afastar a tristeza e continuar a viver.

Depois de folhear o jornal na seção de classificados, encontrei o anúncio que procurava. E lá fui eu, novamente, bater à porta de outra instituição bancária solicitando uma vaga para trabalhar.

Apresentei-me no setor competente, e depois de uma entrevista fui levada a uma sala para fazer os testes. Dessa vez, não era como o anterior. Era de matemática e redação. Eu nunca fui brilhante com números, mas consegui, acredito, uma nota mínima que me possibilitou assumir aquela vaga.

Em pouco tempo estava trabalhando nesse novo lugar. Após alguns dias, o meu chefe imediato aprovou o meu desempenho, mas alertou-me que eu teria três meses de experiência para em seguida ser admitida em definitivo. Procurava desempenhar essas funções da melhor forma possível.

Uma tarde, ao sair do meu emprego, ocorreu-me a ideia de procurar aquele endereço que um professor havia me dado, onde eu poderia ter aulas para enfrentar o exame que tanto queria.

Durante o dia eu trabalhava, e à noite ia à escola. Em poucos dias adaptei-me àquele curso e fiz algumas amizades. Nos intervalos, sempre estava a conversar com alguém sobre os mais diversos assuntos. A minha alma se renovava, e os conhecimentos adquiridos levavam-me a certeza de que estava no rumo certo.

Não devemos temer os impasses da vida, porque alguns desvios podem nos levar a outras estradas e outras soluções. E foi o que aconteceu nesse lugar. Uma noite de sexta-feira após a aula veio uma moça conversar comigo, que também era bancária no setor de câmbio.

Saímos e fomos tomar um lanche num local próximo. Eu lhe contei um pouco da minha vida e as razões que me trouxeram àquela cidade. Ela também vinha do interior do Estado e morava sozinha com sua progenitora. Ela tinha outros irmãos, todos casados, e eles tinham uma situação financeira estável e viviam bem.

Começamos uma amizade que durou mais de quarenta anos. O seu nome era Doralice da Silva. Fui apresentada a toda família, e ela, ao poucos, passou a ser a minha família também.

Movida pela curiosidade, ela visitou a pensão onde eu morava e achou aquele lugar muito humilde e desconfortável. Então, sugeriu-me que procurasse um lugar em um apartamento onde alguém morando sozinha precisasse de companhia. Passados alguns dias, num de nossos encontros no final das aulas, ela me trouxe um endereço de uma moça que ela conhecia e queria dividir as despesas do apartamento com outra pessoa.

Fui ao local, e realmente era uma quitinete com móveis simples onde havia duas camas de solteiro, separadas por uma cortina estampada. Combinamos o valor e as normas do prédio, e tudo acertado, mudei-me para esse novo lugar. A distância entre o apartamento, meu trabalho e a escola era de apenas sete minutos andando. Tudo estava perfeito.

A minha companheira de apartamento chamava-se Terezinha Rodrigues. Logo que a vi, tive a impressão de que ela carregava no rosto e na alma toda a tristeza do mundo. Era muito magra e aparentava muitos anos a mais de sua idade real. Não dei importância às minhas considerações iniciais.

Às vezes erramos quando julgamos alguém apenas pela sua aparência. O tempo mostrou-me que fiz um julgamento correto. Ela costumava chegar do trabalho por volta das sete horas da noite, e eu às onze porque estudava à noite. Sempre a encontrava dormindo. Para não acordá-la, entrava sem fazer barulho e acomodava-me em meu leito.

Um dia, ao chegar no horário de costume, encontrei-a caída no chão completamente embriagada. Levantei-a daquele lugar e consegui deitá-la em sua cama. Pela manhã saíamos para trabalhar, sempre no mesmo horário. Naquele dia acordamos mais cedo e ela fez um relato do que acontecera na noite passada e em todas as outras noites. Ela só conseguia dormir depois de beber até ficar inconsciente.

Como tínhamos horário para começar o nosso labor diário, ficou acertado que, brevemente, ela me contaria tudo o que aconteceu na sua vida e a razão de vir morar em São Paulo. Fiquei a imaginar por que muitas pessoas entregam-se ao sofrimento com tal complacência que às vezes torna-se difícil livrar-se dessa situação incômoda. A minha curiosidade aumentava na proporção em que o fim de semana se aproximava, porque era somente nesses dias que podíamos conversar longamente. E o sábado chegou.

Era filha única de uma família desestruturada. O pai era alcoólatra, e a mãe uma senhora irresponsável. Não havia amor compartilhado entre eles, e cada um vivia como bem lhe aprouvesse.

Ela conheceu um moço alto, moreno, bem situado na vida e começaram um relacionamento meio superficial, quase como irmãos do que mesmo namorados. Ela achava aquela convivência excepcional. Ele a respeitava e prometeram fazer sexo somente depois de casados. A vida dava-lhe alento e um futuro promissor, para livrar-se de seus familiares. Aquela seria uma grande oportunidade de ter a sua própria família ao lado de um homem sério, honesto e de bom caráter.

Mas é preciso estar atento a tudo que pende para o anormal. Ele já tinha a sua casa pronta para viverem após o enlace. Muitas vezes ela dava palpites na decoração, e ele a atendia prontamente. Os amigos tinham-no como um casal perfeito. Era um comerciante bem-sucedido e de vez em quando viajava para outros lugares para tratar de negócios e sempre se fazia acompanhar do seu sócio.

Enquanto ele viajava, ela precisou ir à sua futura moradia porque alguém avisara que um cano de água se quebrara e estava inundando a casa. Como ela não tinha as chaves para abri-la, chamou um chaveiro, e ele conseguiu abrir a porta dos fundos para que o reparo fosse feito. Quando ele voltou e soube do acontecido agradeceu o trabalho que ela lhe prestou, mas esqueceu-se de que agora ela tinha uma chave para entrar na casa se houvesse necessidade.

Um dia, ela decidiu fazer-lhe uma surpresa indo até a casa dele para que os dois pudessem desfrutar de uma iguaria que ela havia preparado. À frente da moradia havia dois carros que, de pronto, ela identificou ser um do noivo e o outro do sócio.

Dirigindo-se à porta dos fundos de onde ela tinha a chave abriu-a e entrou chamando-o. Como ninguém respondeu, ela continuou andando pela casa à procura de alguém. De repente, ela ouviu vozes em um dos quartos e, ao abrir a porta, viu o seu amado fazendo sexo com o sócio dele. Os dois estavam deitados numa situação constrangedora. Aquela cena marcou-a por toda a vida.

O nosso sofrimento pode ser menor, se não se estender ao conhecimento público. Ela viu naquele episódio um ato de violência contra ela e sentiu-se profundamente derrotada.

A vida passou a não ter mais sentido, e uma das soluções foi sair daquela cidade. Para agravar a situação, a sua família não tinha condições de apoiá-la. Tudo parecia perdido. Em sua alma ficaram cicatrizes profundas, e as lembranças davam-lhe a certeza de que o passado havia sido real.

Para conseguir sobreviver, ela trabalhava durante o dia para pagar as suas contas, e à noite embriagava-se para não pensar. Após ouvir aquele relato realmente me faltaram palavras para confortá-la. Eu nunca tive preconceitos, mas há uma diferença bem grande entre saber e ver. A sua alma e o seu corpo foram-se deteriorando, e um dia ela se deitou e não acordou mais.

A morte foi o único caminho para aliviar tamanho sofrimento. Eu tomei conhecimento que ela havia morrido porque em minhas viagens a São Paulo eu sempre a procurava para saber se alguma coisa havia mudado. O porteiro do prédio, ao meu ver, deu-me a notícia.

Restava-me apenas rezar pela sua alma. Tudo nesta vida deve ter um ponto de equilíbrio: até a dor, até o sofrimento, porque ao deixar pender para esse lado pode nos levar a situações desesperadoras.

Capítulo 14

A MUDANÇA PARA O INTERIOR DO ESTADO

Voltando ao meu labor diário naquele novo banco, tudo transcorria sem grandes novidades. No final do expediente o meu caixa sempre registrava com exatidão o movimento financeiro. À noite frequentava as aulas do cursinho, e a cada dia amealhava conhecimentos proveitosos. E, numa tarde ensolarada onde os raios luminosos do sol parecem nos dizer que algo de grande relevância vai acontecer, alguém chamou e informou-me de que havia um senhor, no telefone, querendo falar comigo, com muita urgência.

O primeiro pensamento que tive foi voltado para a minha família. Teria acontecido algo com alguém? Não. Não era nada de anormal com eles. O problema era aqui mesmo em São Paulo, essa cidade grandiosa onde também situações grandiosas podem acontecer.

Era o Sr. Jutair, aquele professor que me abriu algumas portas, fez-me sonhar e também me causou uma grande decepção.

– Quem fala? – perguntou ele.

– Sou eu, Lenira!

E determinou:

– Você tem apenas uma hora para deixar este trabalho, pegar os seus pertences no apartamento em que mora, e eu passarei de carro para lhe pegar, porque hoje mesmo eu a levarei para a cidade onde estamos criando outros cursos superiores e vamos precisar do seu trabalho.

Rapidamente, olhei para o meu chefe imediato, peguei a minha bolsa e falei-lhe que precisava sair porque alguma coisa, muito grave, havia acontecido, Não mais voltei àquele banco nem para, ao menos, receber o meu salário. Certamente, o meu caixa, naquele dia, apresentou números exatos porque não me foi dada nenhuma comunicação do contrário.

Saí a passos largos e ligeiros por aquela avenida, em direção ao lugar onde morava, sentindo que cada passada era como se portas e muitas portas fossem se abrindo. Foi uma indescritível sensação de vitória.

Tive muito outros dias de esperança, mas aquele foi muito especial. Durante a vida temos momentos inesquecíveis, e também acontecem coisas inexplicáveis. Talvez no meu subconsciente eu esperasse que essa hora chegaria porque o meu trabalho antes realizado, naquele escritório, foi o melhor que me foi possível fazer. Deixei uma imagem de alguém que age com lisura, lealdade, capacidade e, sobretudo, que sabe disfarçar os sentimentos num momento difícil. Respeitar as decisões de superiores é respeitar-se a si mesmo.

Acredito que um pouco antes do horário determinado eu estava naquela esquina, com algumas roupas na mala e outras segurando nos braços, à espera do Sr. Jutair.

Ao me ver, parou o carro, abriu a porta traseira e ajudou-me a colocar a minha bagagem no assento. Sentei-me ao seu lado. Enquanto ele dirigia, ainda dentro da cidade, nada se falou, nem ele, nem eu.

Quando pegamos a estrada senti que a minha vida estava à mercê daquele homem e pensei: correr riscos e viver fortes emoções fazem parte do nosso viver e que essas situações são destinadas aos corajosos e àqueles que têm a petulância de desafiar a própria vida. Para mim, a coragem é a primeira qualidade humana, pois ela garante todas as demais.

Não lhe perguntei o caminho que faríamos e a distância que deveríamos percorrer até chegar ao destino. Nada importava saber. Apenas segui em frente.

Quando entramos na estrada, que nesse dia estava calma, ele começou a falar:

– Hoje você está indo em direção ao seu futuro. Para que tenha sucesso será necessário cumprir determinadas normas que vou lhe expor: a cidade que irá morar é pequena e lá há pessoas boas e más, como em qualquer lugar do mundo. Diariamente, os seus passos serão notados por muitos porque o seu trabalho é um diferencial ali. Você deverá dedicar-se às suas atividades de corpo e alma, fazer o melhor que puder, evitar fazer amizades, porque às vezes elas podem ser perigosas. Não faça confidências e nem procure sair com homens, para que a sua reputação não seja manchada. Não frequente bares ou tenha outro tipo de diversão. Faça uma linha reta entre o seu local de trabalho e a sua pensão. Com certeza, se você agir dessa forma, em breve colherá os frutos do sucesso.

Concordei com todas essas regras de conduta porque tinha certeza de que tudo nesta vida passa. Um dia eu poderia ser livre para fazer o que bem entendesse. Por enquanto, lembrei: "É preciso ceder para vencer".

Já viajara em outras estradas, mas aquela era especial. Havia uma vegetação incomparável. As árvores iluminadas pelo pôr do sol elevavam-se até o infinito, como que querendo me dizer que eu alcançaria realizar as minhas utopias dentro de algum tempo. Imaginava que esse caminho que se descortinava à minha frente seria, sem dúvidas, cheio de muitas lutas e sacrifícios. Todavia estava disposta a enfrentá-los. Mais forte era a concretização de tudo que queria da vida.

Quando se quer alguma coisa de verdade, em todos os segundos da vida, conseguimos porque a força do nosso pensamento é maior do que qualquer obstáculo que se atreva a cruzar o nosso caminho.

Enquanto viajávamos, lembrei-me da minha infância pobre e carente. Às vezes ao amanhecer não tínhamos nada para comer. Ainda devíamos trabalhar duro para que, se fosse possível, no final do dia, ter algum alimento para matar a fome. O estômago gritava vazio, e o eco invadia a alma a implorar por comida. É uma situação que transcende o entendimento humano. É humilhante viver em extrema pobreza e sabemos que, pelo mundo afora, outras pessoas vivem nessa mesma situação.

Deveria ser proibido que pessoas que não têm nada, absolutamente nada, pudessem procriar. Os filhos ficam à mercê dos acontecimentos, e nem sempre oportunidades chegam para minimizar o sofrimento deles. Por isso é que eu me empenhava tanto para ter oportunidade para estudar, porque somente por meio do conhecimento nos livramos, pelo menos, da fome. Eu tinha um filho e sob nenhuma hipótese eu queria que lhe fosse privado o direito de ter o mínimo para sobreviver. Ainda tinha a obrigação de todos os meses enviar valores para a família. Essa missão era sagrada.

Capítulo 15

A CHEGADA À CIDADE DO INTERIOR E O NOVO LOCAL DE TRABALHO

Após quase duas horas de estrada, chegamos. Ele parou o carro em frente a uma casa e me falou:

– Entra lá e procura pela senhora Ambrosina e diga-lhe que lhe arranje um aposento porque você está vindo morar nessa cidade, para trabalhar na Fundação.

Encontrei a tal senhora, e prontamente ela chegou à porta, enquanto ele já se livrava dos meus pertences. Despedimo-nos, e ele falou:

– Amanhã a espero no local de trabalho. Informe-se com alguém da pensão como chegar lá.

Embora me conhecesse havia pouco tempo, ele já tinha certeza de que eu encontraria solução para qualquer problema que surgisse. A casa situava-se em frente a uma praça que logo pensei ser uma das principais da cidade.

O meu aposento tinha apenas uma cama e um pequeno guarda-roupa. Também não precisava nada mais além disso. Deitei-me e pensei: pode-se viver um dia como se tivessem passados muitos anos. Pela manhã estava em outro lugar, vivendo o meu labor diário, e ao anoitecer estava naquela cidade desconhecida. Como a vida é cheia de surpresas! Por fim, dormi.

O sol ainda não se fazia presente quando acordei. Olhei para os lados e concluí que, com certeza, um novo ciclo de vida estava começando. E veio à minha mente que: "nenhum vento é favorável para quem não sabe aonde quer chegar". Eu sabia o caminho e tinha consciência de que nada seria fácil. Mas eu conseguiria realizar todos os meus ideais. "Coragem para a luta não me faltava".

Saí daquele quarto procurando alguém para me informar sobre horário de alimentação, quanto deveria pagar por mês e também em que rua situava-se a Faculdade. Todas essas informações foram-me prestadas pela proprietária da pensão.

Apressei-me para não chegar atrasada e caminhei uns dez minutos até o local indicado. À frente daquele endereço havia um prédio majestoso com colunas altas e um belo jardim em volta. Era o lugar que procurava. Havia três grandes portas de vidro na entrada. Por uma delas, entrei.

Dirigi-me a uma moça que estava na recepção e contei-lhe que, a partir daquela data, iria trabalhar naquele lugar, por determinação do professor Jutair. Ela perguntou o meu nome e, em seguida, levou-me a uma sala muito grande onde ele já me aguardava.

Ao me ver, cumprimentou-me com um forte aperto de mão com os seus olhos pousados nos meus e pediu-me para sentar. Perguntou-me como fora a minha primeira noite naquela pensão e se eu estava feliz por estar ali. Respondi-lhe que tudo estava bem. A seguir, mostrou-me todas as dependências daquela entidade.

À proporção que caminhávamos por todo o prédio, fui arquitetando como seria a minha vida nesse novo lugar. Ao entrar em algumas salas de aula eu me via sentada em uma daquelas cadeiras estudando.

Fui tomada de uma estranha sensação de vitória, porque tudo estava a meu favor, e eu sabia onde queria chegar.

Diante de mim estava o meu futuro, e tudo iria depender da minha atuação para ter sucesso. Também fui apresentada aos funcionários de todos os setores. Ele repetia sempre que eu iria trabalhar no setor de criação e reconhecimento dos cursos que haviam planejado. Quando chegamos ao setor de pessoal, ele ordenou ao chefe daquele departamento que providenciasse todos os documentos de minha admissão.

Ao atravessar o grande salão da entrada principal, mirei uma enorme escada de mármore, e imaginei-me subindo-a passo a passo, na proporção direta da minha escalada de realizações. Não tinha pressa em chegar ao topo porque tinha certeza de que um dia chegaria.

Todavia seria necessário a partir de agora trabalhar, obedecer às regras que me foram impostas, orar, pensar e, sobretudo, acreditar.

Entramos em uma pequena sala onde havia armários de aço, uma máquina de escrever e um telefone, e falou:

— Aqui será o seu lugar de trabalho, não permita que outros funcionários venham interferir no seu dia a dia.

Essa era mais uma recomendação de que eu deveria ter um comportamento único e afastado de todos. Deu-me alguns livros para ler, concernentes à legislação vigente dos órgãos federais sobre criação de cursos superiores.

Como era período de férias letivas de julho, não havia alunos, apenas as pessoas que trabalhavam nos mais diversos setores.

Ele voltou para São Paulo e afirmou que no dia seguinte se comunicaria comigo, por telefone. Aquele primeiro dia de trabalho foi mesclado de muita curiosidade e expectativa.

Por orientação de um professor, que era diretor de um dos cursos, tomei conhecimento de como aquela instituição de ensino se formara e seus idealizadores e o que planejavam para o futuro. Eu estava disposta a ajudá-los, como o fiz anteriormente no escritório em São Paulo. Já tinha, também, ideia do trabalho que deveria desenvolver baseada na experiência anterior. Agora fazia parte daquele contexto de forma legal.

Por orientação do Sr. Jutair, comecei a minha pesquisa na leitura de currículos de candidatos a professores para os cursos que iriam ser criados. Por vezes, sentia-me importante com aquele trabalho, porque a minha formação acadêmica era ainda inferior ao contido naqueles documentos. É preciso revestir-se de humildade sempre e pensar que eu estava, apenas, cumprindo os deveres a mim impostos.

Capítulo 16

O CAMINHO PARA O VESTIBULAR

Descobri com um colega de trabalho que o exame que queria prestar para ser possível meu acesso ao vestibular iria se realizar dentro de pouco tempo na cidade. Corri ao endereço e fiz a minha inscrição. Eu já tinha estudado em um curso preparatório na capital e, também, com as orientações que me foram dadas pelos ilustres professores, acreditava estar preparada para aquelas provas.

Fiz os exames, que eram escritos e oral. Na prova oral de geografia, senti que fui muito mal em minhas respostas, e assim eu perguntei ao professor:

– Por favor, mestre, faça-me uma pergunta que o senhor houver por bem e se eu responder afirmativamente, dê-me uma nota para eu ser aprovada.

A pergunta foi:

– Diga-me o nome do porto na França que fica no Mar Mediterrâneo.

– Marseille – respondi. E assim, ele me deu uma nota e consegui ser aprovada.

É preciso desafiar a própria sorte para sermos bem-sucedidos nas empreitadas da vida. Com aquele diploma do curso médio completo estava apta a prestar o vestibular para o curso desejado. A primeira etapa foi vencida. Sabia que muitas e muitas outras viriam. Porém os desafios que aconteceram nos dias subsequentes estavam acima das minhas possibilidades de suportar. Algumas crenças afirmam que para se chegar ao céu temos de passar pelo purgatório, e pelo inferno. Não me era dado o direito de recuar.

Eu estava disposta e com toda a coragem do mundo para ultrapassar as barreiras por mais altas e difíceis que se apresentassem. Todos os dias Deus proporcionava-me uma energia inusitada. Aquela que se parece ao fogo que arde nos vulcões da terra. A vitória tem um gosto superespecial quando ela tem muitas nuances de sacrifícios. E ao chegar ao Paraíso ouvindo todos os aplausos do mundo sentimos a realização dos nossos devaneios de forma plena e absoluta.

Não fui aceita de forma amigável pelos meus colegas de trabalho. Havia alguma coisa no ar que não conseguia entender. Sentia-me como se tivesse vindo de outro planeta. Quando se está numa corrida em que o dia se mistura com a noite não nos dando tempo para pensar, aquela situação era o que menos importava. Sempre mostrava-me simpática e, muitas vezes, tentava ajudá-los em suas tarefas.

Descobri que seria muito importante aprender tudo que me fosse possível com eles. Quando alguém saía de férias, eu me oferecia para fazer o trabalho por ele executado. E, assim, na falta de alguém pelos motivos dos mais diversos, eu prontamente desenvolvia aquela função como se fosse parte das minhas atividades. Descobri tempos depois como me foi útil essa forma de agir. Voltarei ao assunto adiante.

Um funcionário que trabalhava na secretaria perguntou-me por qual razão eu trabalhava em todos os horários: manhã, tarde e noite, e algumas vezes também na capital, onde a Fundação tinha escritório. Respondi-lhe que gostaria de fazer um curso nessa faculdade. Ele sarcasticamente deu uma risada horrenda e me falou:

– Nenhum funcionário daqui até hoje teve permissão da diretoria para estudar.

Falei-lhe que o meu caso era diferente, porque quem me garantia que eu poderia fazer um curso era a diretoria da instituição, com a qual eu trabalhava diretamente. É claro que aquele fato me deixou preocupada, mas não perdi a esperança. Seguir em frente mesmo com a alma em choque era a minha determinação.

Quando fiz a inscrição para prestar o vestibular, perdi a fome e o sono. Acredito que passei algumas noites e dias numa expectativa nunca vivida antes. O dia chegou. Naquela manhã que amanheceu ensolarada iria viver o maior dos meus pensamentos, até então.

Seguindo aquela trilha que costumeiramente fazia para ir trabalhar, naquele dia era diferente. Iria dar um grande passo que me levaria para uma outra dimensão da vida. Entrei na sala onde havia muitos outros candidatos. Sentei-me e fiquei esperando receber o teste. Finalmente, ele chegou às minhas mãos. Respirei fundo e comecei a responder às questões propostas. Tudo parecia muito fácil, inclusive o tema da redação, que foi um assunto com o qual eu convivera desde o momento em que, ainda em São Paulo, eu trabalhava para essa instituição.

Li e reli tudo até última página, voltei à primeira e fui marcando no local apropriado as minhas assertivas. Ao terminar, entreguei o meu teste para a mesa diretora, onde havia três professores meus conhecidos, alguns dos quais me ajudaram, anteriormente, dando-me orientações e aulas, que me foram extremamente proveitosas.

No final senti um alívio e a certeza de que seria aprovada. Estava feliz. Fui direto para a minha pensão, e como era domingo e não havia almoço, comi apenas uma maçã. Passar fome naquele dia não teria nenhum problema. Em futuro próximo, eu teria a certeza de poder comprar toda a comida que pudesse me satisfazer. Deitei-me e tentei relaxar o meu corpo tenso e dormi até o amanhecer. Acordei aliviada e confiante.

Aquela segunda-feira, indo em direção ao meu trabalho, foi um dia diferente. Visualizava novas perspectivas e esticava os braços para o alto como que querendo tocar no ponto mais alto do infinito. Havia uma certeza absoluta de que começaria, em breve, uma nova forma de viver, porque estudar foi sempre uma prioridade em toda a minha vida. Também tinha consciência do que iria enfrentar nos próximos quatro anos.

Foi publicado o resultado do exame. Eu estava colocada nos primeiros lugares e podia fazer a matrícula, de imediato. O mais importante, também, era que eu teria bolsa de estudos por ser funcionária da faculdade. Não iria pagar nada, absolutamente nada. Isso dava-me uma tranquilidade imensurável, mesmo porque o meu salário era suficiente apenas para pagar as minhas contas da pensão e ainda enviar dinheiro para o sustento do meu filho e a família.

Na pensão em que morava, eu pagava um pouco menos que as demais pessoas, porque eu não jantava. No almoço eu comia o feijão o arroz e a salada e guardava o pedacinho de frango ou de carne dentro de um pão, para comer à noite antes de sair para o trabalho.

Eu continuava nas atividades de criação de novos cursos, naquela sala que me foi destinada. Inicialmente, eu estudava no período da manhã e trabalhava à tarde e à noite. Algumas vezes precisava ir à capital para levar os processos para aprovação dos órgãos competentes. Nesses dias eu precisava faltar às aulas porque saía bem cedo da cidade e só voltava à noite. No segundo ano pedi ao Sr. Jutair para transferir o meu curso para o período noturno, assim eu trabalharia todo o dia nessa cidade ou em São Paulo, mas teria sem problemas esse período para estudar. E assim foi feito, embora tenha aquele diretor me alertado de que se eu assistisse às aulas ou não, eu teria no final dos quatro anos o diploma.

Eu não queria um documento o qual eu não tivesse a capacidade de honrá-lo. Eu ansiava por conhecimento. Algumas vezes, eu saía por volta das seis horas da manhã no ônibus, trabalhava até o final da tarde e voltava em qualquer meio de transporte: carona, ônibus ou no carro da fundação, que era destinada aos professores. Mas chegava a tempo de correr para a sala de aula.

Capítulo 17

O SR. JUTAIR – SUAS MAZELAS – HUGO WEISS

Em qualquer situação, e em todos os momentos da vida, torna-se necessário estar atento ao que acontece ao nosso redor. Ficar voltado apenas para os seus problemas e desejos podem nos privar de ver outras realidades, que podem ser importantes no desenrolar dos acontecimentos.

Movida pela curiosidade, decidi, de vontade própria, de vez em quando me relacionar com os outros funcionários, todavia tomando cuidado para não criar problemas no desempenho das minhas funções.

Tomei conhecimento de alguns fatos ocorridos antes da minha chegada àquela cidade, que me foram muito úteis para a minha futura forma de agir.

Sempre me faziam perguntas sobre a minha origem, como conheci o chefe e como cheguei àquele lugar. As minhas respostas eram sempre as mais simples, sem entrar em detalhes.

Aquele homem charmoso, competente, autoritário, tinha em sua vida algumas mazelas segundo alguém me relatou. Ele fora casado e o divórcio veio em pouco tempo. A ex-esposa continuava em seu estado físico original, porque o seu pênis quando ereto provocava cãibras terríveis, e ele não conseguia ter relações sexuais.

Ela nunca superou aquele problema e não mais voltou a casar, nem mesmo teve namorados. Vivia reclusa e tinha pouquíssimos amigos.

Ele era muito ambicioso. A sua origem era humilde, e desde cedo sonhou em ser advogado e conseguiu estudar na própria faculdade que com outros amigos criara. Ele aparentava ter valores éticos, mas era apenas na aparência. Ele planejava criar todos os cursos para, em futuro não muito distante, fundar uma universidade naquela cidade. Para ele não importava os meios para atingir os seus ideais. Tudo seria válido: massacrar pessoas, transgredir leis e cometer delitos dos mais variados. Ele caminhava por uma estrada onde, a seu ver, todos os seres humanos eram inúteis e descartados, quando não mais lhe obedecessem e não se sujeitassem às suas determinações.

Eu estava ao lado desse homem, Sr. Jutair Oliveira. Embora fosse funcionária da instituição, eu trabalhava diretamente sob o seu comando. Por muitas vezes, ele me fazia sentar ao seu lado e me mandava anotar uma série de providências, que eu deveria solucionar com tempo e hora marcados. Nunca falhei nessas empreitadas. Cumpria à risca tudo que me era solicitado.

Eu trabalhava dia e noite e também em feriados e fins de semana, na cidade ou em São Paulo, onde a faculdade tinha um escritório. Mas como já fora dito: Tudo nesta vida passa, e com certeza aquela vida de escrava um dia chegaria ao fim. E chegou.

Nunca deixei transparecer que sabia de muitos detalhes de sua vida porque "o inimigo não deve saber que você sabe". Também não tecia nenhum comentário, absolutamente nenhum.

Seguia a vida observando as suas manobras e fiel aos meus princípios.

Já estava no meu segundo ano do curso de Letras, e problemas começaram a surgir ao meu redor. A entidade fazia ampliações de salas de aula para abrigar os novos cursos que estavam sendo criados, e o salário dos professores e funcionários era pago sempre com muito atraso.

Comprei uma bolsa maior para carregar os meus pertences nas viagens a São Paulo, como também os meus livros que naquele trajeto aproveitava para estudar. Ao entrar na sala de aula uma colega olhou para mim e falou:

– O seu amante lhe deu esta bolsa que com certeza foi comprada com o dinheiro que deveria ser pago aos professores.

Essa foi a primeira vez que tomei conhecimento de que muitas e muitas pessoas de dentro e fora da faculdade julgavam que eu tinha um relacionamento amoroso com ele. Fiquei perplexa e me faltaram palavras para me defender. Apenas respondi que a comprei com o meu dinheiro. E o pior foi que ninguém me defendeu, apenas riram, causando-me um grande constrangimento.

A situação foi se agravando porque havia entre ele e o tesoureiro uma cumplicidade nos desvios de valores da instituição, o que foi comprovado algum tempo depois, com amplos noticiários nos jornais locais. Os erros que cometemos podem durar anos para serem descobertos, mas o Poder Superior incumbe-se de trazer à tona esses fatos, para que sirvam de exemplo para outros que pensam em agir da mesma forma.

Eu tinha uma amiga que era professora de francês, e um dia ela me convidou para jantar com dois amigos seus suecos, que trabalhavam em uma fábrica dessa origem, nessa cidade.

Como o Sr. Jutair tinha outros problemas mais sérios para se preocupar, eu não mais me sentia debaixo dos seus olhos e nem havia mesmo um controle sobre o que eu deveria fazer ou não. Aceitei o convite e fomos a um restaurante famoso na cidade.

Ela me apresentou aos seus amigos. Um deles era seu namorado e o outro era solteiro e se chamava Hugo Weiss. Ele estava procurando uma companhia. Durante o jantar falamos sobre os mais diversos assuntos, rimos, e quando saímos ele me levou até a pensão onde eu morava e ao se despedir me perguntou se poderia me encontrar em outra oportunidade. Dei-lhe o número do meu telefone e ele me deu o dele, que era da sua casa, e alegou que na fábrica nem sempre podia atender chamadas, pelo tipo de trabalho que desenvolvia. Falou-me que o melhor horário para falar com ele seria sempre depois da oito horas da noite. Guardei aquele número com um carinho muito especial.

Eu não tinha nenhum tipo de vida social. Conforme me recomendara o Sr. Jutair, o meu caminho deveria ser sempre do trabalho para a pensão e vice-versa.

Aquela oportunidade de me relacionar com alguém foi um bálsamo para a minha alma. Ele era alto, loiro, olhos azuis e muito educado. Durante a semana não quis telefonar. Fiquei esperando que ele primeiro tomasse essa atitude, o que ocorreu dias depois.

Marcamos outro jantar, apenas nós dois, em outro restaurante. Nessa noite, trocamos informações sobre nossas famílias e contei-lhe como cheguei àquela cidade. Informei-lhe, também, que durante o dia trabalhava e à noite estudava. Nessa época eu cursava o segundo ano da faculdade e já tinha comprado o meu apartamento, que estava em construção.

Ele me telefonou e perguntou-me se que queria passar o fim de semana numa casa que ele tinha na praia. Pensei bem rápido e respondi que aceitaria esse convite em outra ocasião, porque naquele fim de semana iria fazer um trabalho para o meu curso sobre o livro *O velho e o mar*, de Hemingway. Ainda, ele me falou:

– Quero ler este trabalho quando estiver pronto.

Dias depois ele me convidou para ir a um jantar na casa de um de seus amigos, que também era sueco. Aceitei de pronto. Afinal, eu necessitava ter algum tipo de relacionamento fora do meu ambiente de trabalho. Eu vivia naquela cidade envolta numa redoma fechada a cadeado. Esse encontro foi uma noite sensacional. Conversamos, jantamos e ao sair ele me perguntou se eu gostaria de conhecer a sua casa. Ainda não, disse eu. Prontamente, ele me deixou à porta da casa em que morava, e se despediu com um leve beijo em meu rosto e se foi.

Esses encontros em lugar público ou em casa de amigos dele foram tomando corpo e me deixando feliz. Num sábado passamos o dia na capital. Ele escolheu um lugar delicioso onde almoçamos. Depois fomos ao cinema e quando voltamos já era bem tarde.

Mais uma vez, ele queria me levar à sua casa. Mais uma vez, disse não.

Eu gostava da companhia dele, sentia-me segura e feliz. Apenas isso. Embora ele fosse um homem charmoso, alto e atrativo, ele ainda não me despertara o desejo de uma maior intimidade. E vivemos dessa maneira por quase três meses.

Uma noite fomos a uma festa de aniversário de um outro amigo sueco. As iguarias que nos foram servidas eram de origem da minha terra. Fiquei surpresa e perguntei quem havia feito aquelas comidas. Fui informada de que a cozinheira deles era baiana. Essa era uma grande oportunidade de lhe mostrar outra faceta de minha vida: gostar de cozinhar.

Havia muito tempo eu não sentia esse prazer, pelas circunstâncias que a vida me impunha. Quando todos voltamos para a sala de estar a conversa girou em torno de mim. Eles queriam saber se eu havia gostado do jantar. Falei-lhes sobre um restaurante típico que fui proprietária no meu estado. A curiosidade tomou conta de todos e pediram-me que relatasse o que era servido lá. Foram algumas horas de conversa sobre culinária. Em determinado momento alguém sugeriu:

– Hugo, por que você não pede para ela preparar um almoço ou jantar em sua casa, assim ela cozinha para nós.

Ele aceitou a ideia, de pronto, e marcamos a data.

Ele respirou aliviado: "Agora ela vai conhecer a minha casa. Excelente ocasião para ficarmos sozinhos". Assim eu concluí, pela sua fisionomia.

Como o jantar seria servido no próximo sábado, ele me telefonou para eu preparar uma lista e sugeriu que eu fosse junto ao supermercado, assim eu poderia escolher melhor o que seria comprado.

Fomos e fizemos as compras. Sem nenhuma consulta prévia, ele me levou até a sua casa. Parou o carro na garagem ao lado, abriu a porta, e começamos a colocar as compras dentro de casa. Arrumei-as em seus devidos lugares. Lavei as frutas e os legumes. Tudo estava pronto para fazer o jantar no dia seguinte.

Como havia alguns copos dentro da pia, fiquei ainda por algum tempo arrumando aquela louça. De repente, ele se aproxima de mim levanta os meus cabelos e começa acariciar o meu pescoço. Gelei. Aquele era o ponto mais sensível do meu corpo. Senti o roçar do seu nariz e de sua boca elevando-se até as minhas orelhas. Irresistível! Ainda me abraçou e levemente deslizava as suas mãos sobre os meus seios. Loucura total!!! O meu coração disparou de emoção.

Desde que viera para São Paulo essa era a primeira vez que uma situação dessa natureza me acontecia. E ficamos nos acariciando por algum tempo, até que ele se lembrou, instantaneamente, que se esquecera de me mostrar a casa.

A sua moradia era uma casa simples com duas suítes, sala ampla, cozinha e uma varanda nos fundos. Tudo bem arrumado e prático.

Quando chegamos ao seu quarto, ele me olhou bem dentro dos olhos e me perguntou se eu queria fazer sexo com ele. Não respondi, porque eu não tinha voz para falar, depois dos carinhos que ele me fizera na cozinha. Estava tomada de uma emoção e de um desejo como havia muito não sentira. Nos abraçamos, ele tirou a minha roupa, abrindo devagarzinho, botão por botão da minha blusa, o que me deixava mais louca e excitada.

Completamente nua, a sua roupa foi também descartada, e vivemos a seguir momentos de intensa felicidade. Estávamos entregues um ao outro de corpo e alma. O sexo é por vezes um fogo abrasador, e vivenciá-lo é como se estivéssemos no purgatório, no inferno e no céu numa simbiose de prazer e delírio. Já era bem tarde quando acordamos. Ele me perguntou:

– Você gostou?

Não respondi, apenas beijei-o roçando os meus lábios nos dele.

Fiz o jantar para seus amigos, que também agora eu os considerava meus. Todos chegaram no horário previsto. Preparei moqueca de peixe, igualzinha àquelas que eram preparadas no meu restaurante. Ainda havia uma salada e arroz feito com leite de coco. Para a sobremesa, fiz pudim de queijo.

Antes do jantar, ele serviu aos convidados algumas bebidas, e ficamos na ampla sala conversando sobre os mais diversos assuntos. Percebi que estavam ansiosos para experimentar a comida, mas o dono da casa era ele, e assim esperei até que ele me ordenasse servir o jantar.

Essas iguarias têm um colorido bem apetitoso. Quando foram colocadas à mesa, eles elogiaram e disseram: Vamos comer! E assim foram se servindo, primeiro da salada e em seguida do arroz com o peixe. Eram só elogios. Percebi que eles falaram alguma coisa em sueco, e todos caíram na gargalhada. Fiquei meio desajeitada e guardei esse instante para saber depois o que acontecera para esse momento de descontração.

A seguir servi a sobremesa e o café, e ele o licor. Com a sua ajuda, tirei os pratos da mesa, e voltamos à sala para dar continuidade às conversas. Elas duraram mais de uma hora.

Novamente se comunicaram em sueco, e percebi que em pouco tempo eles manifestaram o desejo de irem embora.

Ficamos sozinhos. De repente, comentei com ele aqueles dois instantes que eles falaram uma língua diferente da minha e que eu gostaria de saber o que foi dito: Antes, ele me perguntou:

— Você promete que não ficará zangada?

— Sim — respondi. Assim, ele falou:

— Quando eles elogiaram a comida, eu lhes disse que não era só a comida que era gostosa, que você era também. E ainda acrescentei: "Ela é uma mulher de cama e mesa". E no segundo momento eu lhes disse: "Vocês precisam ir embora, eu quero ficar sozinho com ela".

Embora tenha achado os comentários inoportunos, não deixei transparecer a minha desaprovação. Entendi, que no ímpeto da felicidade, as pessoas falam coisas que deveriam ser guardadas apenas para elas. Perdoei.

Vivemos momentos muitos felizes e de muito sexo. Passei a frequentar a casa de seus amigos e de vez em quando preparava comidas diferentes da culinária baiana, principalmente quando estávamos nos fins de semana em sua cada da praia. Essa casa ficava à beira-mar, onde tínhamos uma vista indescritível. Ele gostava de velejar, e sempre que estávamos lá, ele saía em seu barco enquanto eu nadava e preparava o nosso almoço. Foram dias extraordinários.

Já estávamos namorando havia quase um ano. Um dia, em sua casa, ele pegou as minhas mãos e falou que tinha algo muito importante para falar comigo. Enchi-me de curiosidade. E, assim, começou:

— Recebi uma promoção da empresa, mas para que ela se concretize, eu vou precisar fazer um estágio na Suécia. Quero que você venha comigo. Lá poderemos nos casar e voltaremos ao Brasil dentro de um ano mais ou menos.

Externei o meu contentamento pela promoção que recebera, todavia disse-lhe que seria impossível sair do Brasil naquele momento.

Eu havia comprado o meu apartamento e pagava prestações mensais, a minha família ainda morava na Bahia com o meu filho, e eu os sustentava. E ainda estava cursando o segundo ano da faculdade. Como poderia abandonar tudo para fazer-lhe companhia? E acrescentou:

– Vamos encontrar uma solução, eu não quero perdê-la em nenhuma hipótese.

Aquela notícia levou-me por instantes a um desapontamento sem limites. Prometi que pensaria e que no próximo fim de semana, quando fôssemos para a sua casa na praia, conversaríamos com mais detalhes.

Nessa noite eu não dormi nem um minuto. Pensei em todas as dificuldades que precisei transpor para chegar àquele patamar. Seria mais fácil perdê-lo do que perder toda a minha caminhada. Muitas vezes na vida você não tem o direito de ter tudo. É preciso fazer opções. A minha era ficar.

Conforme o combinado, naquele fim de semana contei-lhe em detalhes toda a minha trajetória, até aquele momento. Ele entendeu, e combinamos que trocaríamos cartas até a sua volta. E acrescentou:

– Prometa que você vai me esperar!

Prometi, mas sabendo que por vezes o nosso caminho tem um cruzamento, e nele pode haver outra pessoa à nossa espera.

O futuro é incerto. "O que é certo mesmo, é que temos que viver cada momento, cada segundo, amando, sorrindo, chorando, emocionando, pensando, agindo, querendo conseguindo... E só assim é possível chegar àquele momento do dia em que a gente diz: Graças a Deus deu tudo certo". E ainda pensei que "a mudança de sua vida começa na forma como você pensa sobre si mesmo e na forma como você sente tudo aquilo que faz". Eu e seus amigos fomos ao aeroporto para a despedida. Quando a sua partida foi anunciada abraçamo-nos, vi os seus olhos avermelhados, e eu chorava muito. Quando o avião levantou voo, voltei para casa, sentindo uma profunda tristeza. A vida tinha de continuar.

Trocamos cartas e juras de amor, mas a distância muda muito o ritmo dos acontecimentos.

Costumo vivenciar em profundidade até a última gota de prazer ou de dor, porém, quando volto à tona, e passados aqueles momentos de sofrimento ou alegria, vou em frente buscando outras alternativas, para a minha vida. Há muitas outras a nos esperar, porque "enquanto há vida, há esperança". E é assim que acontece sempre e, ademais, a vida é muito curta para se perder tempo, sentada à beira da estrada.

Os homens estão sempre à nossa disposição, basta, apenas, que queiramos. No sexo entrego-me de corpo e alma, passada a loucura, sou apenas razão. Aprendi com a vida a agir dessa forma.

Quando ele voltou, eu não mais estava morando na cidade. Adiante, contarei o que aconteceu.

Capítulo 18

O INTERVENTOR DA FACULDADE E A COMPRA DO APARTAMENTO

Sem aviso prévio, chegou à Fundação um senhor de estatura mediana, aparentando cinquenta anos, de fala pausada, e informou-me que fora nomeado interventor da instituição. A funcionária que o atendeu na portaria levou-o à minha sala porque, segundo ela, ele queria falar com a secretária da diretoria. Atendi-o de pronto, ofereci-lhe uma cadeira e começamos a conversar. Ele falou que se chamava Albertino Gomes, era industrial naquela comunidade, e que não entendia nada dos trabalhos de escola e, certamente, iria precisar muito da minha ajuda para conseguir administrar a faculdade.

Pediu-me que lhe mostrasse as instalações e os diversos setores daquela entidade, antes, porém, advertiu-me que não mencionasse para ninguém quem ele era e os objetivos que o levaram até ali. Obedeci à risca as suas determinações, e lá fomos andando de um lado para outro, entrando em todas as dependências e apenas cumprimentando os funcionários.

Voltamos à minha sala, e ele pediu-me que fechasse a porta porque precisava conversar comigo sem ser ouvido por outras pessoas. Relatou-me que, certamente, eu já sabia que o Sr. Jutair fora afastado de suas atribuições, porque havia acusações muito perigosas a respeito dele, e que a partir daquela data ele seria o interventor e administrador da fundação.

Fez-me algumas perguntas sobre há quanto tempo eu trabalhava na instituição e, principalmente, como eu conheci o Sr. Jutair e se eu tinha outro tipo de relacionamento com ele além de profissional. À proporção em que ia relatando os fatos, ele olhava dentro dos meus olhos com certa curiosidade.

Conversamos por mais de duas horas e, no final, avisou-me que seria impossível comparecer àquele local com assiduidade, porque tinha compromissos com a sua indústria, mas que voltaria tão logo fosse possível.

Dias depois ele me telefonou pedindo para marcar uma reunião com todos os diretores das faculdades, o chefe do setor de pessoal e o tesoureiro. Esse encontro aconteceu três dias depois de sua estada ali.

Estávamos reunidos na sala de reunião quando de sua chegada. Apresentei-o aos demais, indicando seus nomes e cargos. Ele comunicou que fora nomeado interventor da instituição porque graves problemas estavam acontecendo, e a sua função era a de levantar todos os problemas existentes, para uma solução imediata.

Fora apenas dito que o Sr. Jutair estava apenas trabalhando como professor. Ninguém se atreveu a tecer nenhum outro comentário a respeito, embora todos soubessem de tudo, mas como diz o velho ditado: "O silêncio vale ouro".

Ele solicitou um balanço geral das contas e toda a movimentação financeira dos últimos cinco anos, bem como a relação de todos os pagamentos e cheques emitidos nesse período.

Todos os documentos acima foram-lhe encaminhados e, após quase duas semanas, ele marcou outra reunião e, para surpresa de alguns, a instituição estava insolvente diante de tantas dívidas cuja arrecadação não era suficiente para o cumprimento dos compromissos assumidos.

A imprensa continuou relatando todos esses fatos, causando um verdadeiro pandemônio na comunidade.

Quando pensamos que tudo pode ser resolvido sem grandes consequências, surgem fatos novos para nos deixar preocupados e atentos.

Minha vida foi virada pelo avesso. Um dia, minha mãe recebeu a visita de dois senhores que foram àquela humilde casa, no interior da Bahia, para coletar informações de como vivia a minha família e se eu tinha fazendas ou dinheiro guardado por lá.

A minha progenitora, sem saber o que estava acontecendo, respondeu de forma simples e real que todos os meses eu lhe mandava um dinheirinho, para o sustento deles. Apenas isso.

Para complicar a minha situação, eu havia comprado um apartamento na cidade havia dois anos, para o qual eu pagava uma pequena prestação mensal na própria imobiliária, em moeda corrente, porque eu não tinha conta em nenhum banco.

O interventor me chamou no escritório de sua empresa e pediu-me que contasse, em mínimos detalhes, como eu conheci o Sr. Jutair e que tipo de relação eu tinha com ele.

A verdade dos fatos é notória e se sobrepõe a qualquer dúvida. Narrei de forma precisa e verdadeira, desde o momento em que eu o conheci na capital, o trabalho que prestei à fundação naquele período, e como cheguei àquela cidade. Acrescentei também que, embora trabalhasse longas horas no período noturno, apenas ele e eu, nunca fui assediada ou houve qualquer momento de constrangimentos nessa área.

Ele também quis saber como comprei a minha moradia. Na vida, como não sabemos antecipadamente como os acontecimentos vão se desenrolar, torna-se necessário tomar todas as precauções, para que no futuro não tenhamos problemas.

Contei-lhe que dava aulas no período de cinco às seis da tarde em um cursinho próximo à pensão que morava durante a época do vestibular. Era domingo, e o proprietário do curso pediu a um aluno, de nome Hilário, que fosse me buscar em casa, para eu dar aula de literatura brasileira. Ao chegar no portão, ele chamou-me, pensando ser ali a minha casa. Eu saí apressada e falei-lhe que esse lugar era uma pensão. Como ainda era cedo, todos dormiam. Troquei de roupa ligeiramente e o acompanhei no seu carro. Durante o trajeto, ele falou:

– Professora, você mora em pensão, deve ser muito desconfortável dividir o seu espaço com outras pessoas.

Afirmei que sim, mas que aquele era o único lugar que podia pagar.

Após o término daquelas aulas, ele sempre me procurava para conversar, e sempre mencionava a minha moradia como um lugar incômodo. E assim repetiu essa situação, muitas vezes. Para minha surpresa, ele chegou um dia com uma planta baixa de um edifício que estava sendo construído nas proximidades e me entregou, pedindo-me que olhasse tudo, e que voltaríamos a conversar sobre aqueles documentos.

Quando ele me viu chegar, foi logo me perguntando se tinha visto aqueles papéis e se eu teria gostado do apartamento. Falei-lhe que sim, mas insistia dizendo que eu não tinha dinheiro suficiente para a tal compra.

Aproximava-se o vestibular, e com certeza eu não mais o veria com tanta frequência, mesmo porque ele iria estudar em outra cidade.

Era domingo, por volta das onze horas da manhã, ele foi me procurar, afirmando que achara uma solução para eu comprar aquela propriedade.

Assustei-me de início, mas diante de tanta insistência decidi ouvir a sua proposta. E, assim, falou:

– Como a senhora é uma professora excepcional e eu gostei de suas aulas, vou lhe presentear com o valor da entrada da compra desse imóvel. Fiquei curiosa em saber quem era ele, o que fazia e onde morava. Contou-me ser um comerciante bem-sucedido, em uma cidade vizinha e, que para ele, aquele valor não significava nada diante da fortuna que possuía.

Aproximava-se a época do salário extra como também o aumento que a lei determinava cada ano. Fiz continhas e mais continhas, e descobri que até era possível pagar as prestações mensais. Mas como poderia eu receber um valor tão alto de um desconhecido?

Diante disso, fiz-lhe uma proposta: Ele me daria aquele valor mediante a assinatura de uma nota promissória, e eu lhe pagaria pequenas quantias, todas as vezes que me sobrasse algum dinheiro. Esses valores deveriam ser anotados no verso daquele documento. E assim foi acordado. Finalmente, comprei o apartamento, e dessa forma subia mais um degrau na minha vida. É muito importante estar preparado para quando uma oportunidade se avizinha.

O Sr. Albertino, nosso interventor, ouviu silenciosamente tudo que lhe relatei e não fez nenhum comentário.

O meu amigo me ligou e falou que uma pessoa foi à sua empresa, procurando informações a respeito de um valor que ele havia me emprestado. Eu já havia pago grande parte, cujas anotações estavam no lugar que combinamos.

Capítulo 19

O DESFECHO COM
O SR. JUTAIR

O pior aconteceu. Uma noite, o Sr. Jutair foi ao meu apartamento e me pediu que, ainda naquela noite, fosse à faculdade, entrasse na sala do tesoureiro e retirasse todas as pastas de documentos e entregasse ao seu sobrinho, que me aguardava com o seu carro no estacionamento da faculdade. A sua intenção, segundo ele, era a de pedir algumas informações ao interventor sobre aqueles documentos, e com o sumiço deles, não haveria meios para se comprovar os seus delitos.

Não obedeci às suas ordens. Primeiro, porque eu iria praticar um crime grave contra a instituição e a mim mesma, e segundo, ele já estava afastado de suas funções na diretoria. Portanto não havia nenhuma razão para agir dessa forma.

Não dormi durante a noite toda. Rezei todo o tempo, pedindo uma orientação a Deus. Ao amanhecer, fui procurar o atual interventor, e contei-lhe o ocorrido na noite anterior. Sentia-me como se estivesse dentro do olho de um furacão.

Não poderia imaginar as consequências dessa minha decisão. Entendia que a verdade iria prevalecer sempre. Ainda ele me perguntou se eu tinha testemunhas daquela visita. Falei-lhe que o porteiro do meu prédio viu-o entrar perguntado o número do meu apartamento e, também o meu filho que, nessa época, tinha apenas 14 anos.

Lembrei-me que o Sr. Jutair, um dia me deu uma oportunidade de trabalho, e o meu coração gritava para eu reconhecer essa ajuda, mas a minha consciência bradou mais alto, portanto deveria seguir os meus princípios e aguardar o desenrolar dos acontecimentos.

Convocou-se uma reunião de emergência com os demais diretores, o tesoureiro e o chefe do setor de pessoal. Todos sentados ao redor de uma grande mesa e eu sentindo-me, por vezes, responsável, indiretamente, daquele ocorrido. O Sr. Jutair sabia que eu obedecia a todas as suas ordens e, certamente, aquela também deveria executar. Enganou-se. Sabia que tudo, agora, seria diferente. Eu já não estava mais à mercê de seus mandos. Era como se eu tivesse me livrado de um pesado fardo.

O senhor Albertino explicou o motivo daquela reunião e solicitou que eu falasse sobre o que ocorrera na noite anterior, em minha casa. Narrei detalhe por detalhe, não somente ali diante de todos, mas muitas e repetidas vezes na presença de outras autoridades.

Os jornais no dia seguinte publicaram toda essa enxurrada de fatos, deixando-me numa situação bem desconfortável para alguns, e outros louvando o meu proceder. Na vida é sempre assim: cada ser humano tem a sua forma de reagir a determinados fatos, levado pelas suas conveniências ou circunstâncias.

É inegável que o Sr. Jutair contribuiu para o desenvolvimento daquela cidade, trazendo novos horizontes para muitos. Ele era um orador convincente e tinha a postura de um homem honesto e ético. Infelizmente, ele tinha desvios de personalidade e um caráter questionável.

Algumas providências urgentes foram tomadas: o Sr. tesoureiro recebeu um armário grande para guardar aqueles documentos, fechados a cadeado, e eu um cofre, onde foram colocados todos os documentos da instituição. Havia duas chaves e o segredo. Um deles foi-me entregue e o outro colocado em um envelope fechado e rubricado por mim e pelo interventor. Combinamos que ele só abriria aquele envelope se eu morresse. Ainda foram comprados arquivos de aço para a guarda de todos os documentos das secretarias das faculdades, cujas chaves uma ficava com o chefe do setor e outra comigo.

Ele foi afastado, também, das funções de professor e proibido de se aproximar de mim, em qualquer lugar, e até mesmo de entrar nas dependências das faculdades.

Tudo isso foi alvo de manchetes nos jornais por muitos dias. O que eu demorei para entender foi que aqueles mesmos jornais que antes publicavam notícias alvissareiras sobre a criação de novos cursos dando destaque ao trabalho executado pelo Sr. Jutair, estavam agora apedrejando-o. O mundo não perdoa erros. Portanto torna-se necessário pensar muito, e repensar mais ainda, antes de cometer deslizes.

Ele tinha físico de atleta, postura de rei, uma inteligência acima da média e uma cidade a seus pés. Só que ele não considerou que "não se espera um final feliz quando as coisas que propagamos são diferentes daquelas que fazemos".

Somente ele foi punido, preso e respondeu a processos durante longos anos.

Contra o tesoureiro, nada aconteceu. Ele sempre afirmava que cumpria ordens. Devo ressaltar que ele, necessariamente, não sofreu a punição dos homens, mas não se livrou da de Deus e de sua consciência. Ele enlouqueceu e andava pelas ruas gritando, desesperadamente, e dizendo: "Eu também, eu também", e repetia isso muitas vezes. A família internou-o numa clínica psiquiátrica, e lá ele morreu, enlouquecido de dor e com o corpo coberto de feridas.

O mundo é perfeito. Perfeito, mesmo. Cada um de nós colhe aquilo que planta e ainda é necessário cuidar, diariamente, de todas as nossas ações. Ele não tinha consciência de que "há quatro tribunais que nos julgam e nos condenam neste mundo: o da natureza, o das leis, o da própria consciência e o da opinião pública; podemos escapar de algum, mas não de todos".

Capítulo 20

A AUDITORIA NA INSTITUIÇÃO E A ARMADILHA

Em meio a toda essa turbulência, sentia-me sozinha. Não tinha família nas proximidades e nem amigos. Apenas confiava em Deus. Ainda deveria executar o meu trabalho de forma eficiente, sem a ajuda de nenhum outro funcionário. Alguns cursos já tinham sido criados e reconhecidos, outros não. O mais importante era que eu sabia como dar andamento àqueles trabalhos, porque aprendera com o mestre dos mestres.

Em uma das reuniões decidiu-se que as contas da instituição deveriam passar por uma auditoria, pelo menos, dos últimos cinco anos.

Contratou-se uma empresa, que logo iniciou o seu trabalho. Algumas vezes questionavam-me sobre valores em cheques que eu transportava daquela cidade para São Paulo, destinados ao Sr. Jutair, por informação do Sr. tesoureiro. Confirmei que fazia isso com muita frequência e sempre depositava-os na conta dele em um determinado banco na capital.

Levantei-me da cama muito cedo olhando o horizonte e pressenti que alguma coisa iria acontecer naquele dia. Chamou-me em meu apartamento o motorista do interventor, por volta das sete horas da manhã. Ao abrir a porta ele falou:

– O senhor Albertino gostaria de falar com a senhora, agora, no escritório dele da Empresa. Troquei de roupa e sem ao menos tomar o meu desjejum, saí apressada, para atender àquele chamado.

Como eu tinha certeza absoluta de que tudo que fiz naquela entidade estava dentro da normalidade, não fiquei apreensiva. Apenas pensei qual o tipo de bomba que iria estourar dessa vez.

Ao entrar na sala do interventor ele, categoricamente, falou:

– Desta vez lhe pegaram!!!! – E assim começou a narrar o acontecido. – A auditoria encontrou uma assinatura sua em um documento de um cheque, que lhe foi entregue, no valor de quinze mil cruzeiros e que você não prestou contas. Dei uma risadinha pelo canto da boca e falei-lhe: Peça, por favor, ao seu motorista que me leve de volta até a minha casa e, em seguida, voltarei aqui para lhe informar o que aconteceu.

Em uma noite, o tesoureiro me entregou esse cheque que eu deveria levar para o Sr. Jutair em São Paulo e me pediu que assinasse um recibo. Quando já estava no ônibus no dia seguinte, lembrei-me: eu levei para aquele senhor muitos outros cheques sem que fosse necessário a minha assinatura, e porque, dessa vez, eu tive que assinar. Percebi que estava dentro de uma armadilha. Não fiz nenhum tipo de comentário para ninguém.

Ao chegar àquela cidade, recebi ordem do diretor para depositar o referido cheque, em sua conta no banco. Porém, antes de assim proceder, passei por uma loja que tirava cópia e tirei uma desse documento. De posse do recibo, eu voltei no mesmo lugar e fiz também uma cópia. Guardei os dois documentos no fundo de minha bolsa, e coloquei-os em lugar bem seguro, em meu apartamento.

O motorista ficou a me esperar. Entrei em minha casa, peguei as duas cópias e voltei ao escritório dele, e ao vê-lo falei:

– Senhor Albertino, Deus o todo-poderoso sempre está comigo. Contei-lhe o ocorrido e mostrei-lhe os documentos que estavam em meu poder. Em seguida, ele examinou-os e pediu-me que fosse à faculdade e, em papel timbrado, fizesse um ofício ao banco pedindo-lhe que informasse o número da conta e o dia em que aquele cheque foi depositado. Cumpri suas ordens, voltando em seguida para coletar a sua assinatura. Fui ao banco na cidade, onde havia uma filial e entreguei ao gerente, ele assinou a cópia para comprovar o recebimento.

Em menos de uma, semana o banco, por meio de carta, deu-nos as informações solicitadas, cujos dados eram iguais aos documentos por mim apresentados.

Diante desse fato, e de outros que aconteceram, tive a oportunidade de provar a minha inocência, e ficou evidente que eu não compactuava com as ações daquele diretor e do tesoureiro. O interventor fez-me sentar e conversou longamente comigo sobre tudo que eu deveria fazer a partir daquele momento.

E assim começou a falar:

– Eu confiarei no seu trabalho de forma total e absoluta e que todos os documentos que eu tiver que assinar dessa instituição de ensino nas atribuições de interventor deverão ser datilógrafos por você e rubricados no canto inferior à esquerda das páginas.

Voltei ao meu trabalho, com a alma em festa. Conquistara não apenas a confiança daquela autoridade, mas sentia que podia contar com ele como um amigo.

Essa minha sensação comprovou-se ao longo de todo o tempo em que ele prestou os seus serviços àquela comunidade e, até mesmo, quando se afastou daquelas atribuições.

Outros fatos mais relevantes aconteceram. A vida nos oferece surpresas inacreditáveis e, por vezes, acima de nossa capacidade de entendimento.

Diariamente, preparava todos os documentos que ele deveria assinar e ia encontrá-lo no escritório de sua empresa. Esses encontros eram longos e entravam noite adentro, porque não conseguíamos parar de conversar. Abordávamos assuntos dos mais diversos. Sempre saía dali cheia de ideias e com mais coragem para enfrentar qualquer problema que surgisse.

Ele falava cinco idiomas com fluência, estudou nas melhores escolas desse planeta, amava ouvir música clássica, ópera, popular brasileira e de muitos outros países, e leu os maiores autores do mundo. A sua formação acadêmica era na área de engenharia mecânica, com direito a pós-graduação. Era um homem sábio, inteligente e dotado de muita disciplina.

Mas apesar de tudo havia em seu olhar um ar de tristeza e desamparo. Com a morte do seu pai ele assumiu o comando das empresas. Ele tinha mais dois irmãos. A irmã morava no exterior, e o irmão era ligado à política. Por outro lado, o seu *modus vivendi* não refletia o seu valor intelectual e financeiro. Era um homem quase perfeito. Voltarei a falar dele em breve.

Capítulo 21

OS FUNCIONÁRIOS DA INSTITUIÇÃO

O ser humano tem sempre uma tendência a cercar-se de problemas. Quando soluciona alguns, há outros à sua espera. Também, como deveria ser monótona a vida se não tivéssemos o colorido dos desafios a enfrentar!

Havia funcionários de todas as estirpes trabalhando ali. Alguns quietos, cumpridores de suas obrigações, e outros não muito fanáticos.

Uma cunhada do Sr. Jutair fazia parte do elenco de funcionários havia longos anos. A sua mesa de trabalho situava-se num cantinho, quase não conversava, mas percebia-se que ela tinha olhos e ouvidos atentos a tudo.

A Laura, que cuidava das matrículas dos alunos, era um fogaréu permanente. Ela tinha o corpo cheio de hematomas e, de vez em quando, chegava chorando e reclamando do seu companheiro. Apanhava todas as vezes que tinha relações sexuais. Mas ela não o abandonava porque o prazer que ele lhe proporcionava superava todas as dores dos ferimentos, segundo relatava.

A minha secretária imediata era calma e eficiente. Ela adivinhava os meus pensamentos e mantinha os meus arquivos de forma impecável.

Havia o João, o boateiro. Ele espalhava notícias boas e horripilantes. Tinha sempre uma novidade para ser contada, e todos davam boas risadas de suas histórias.

O chefe do setor de pessoal era um senhor de cabelos grisalhos aposentado e que todos os dias agradecia a Deus a dádiva de ter encontrado aquele trabalho. Era eficiente e estava sempre atualizado com as novas leis que surgiam. Era sério, quieto e competente.

O motorista era pernambucano, fanfarrão e desbocado. Ele sabia e adivinhava tudo o que acontecia ao seu redor. Era um observador nato. Não tinha estudado, mas possuía uma sabedoria incomum. Estava sempre a conversar, dando as suas opiniões e contestando com as que discordava. Ele tinha o apelido de

Garufa, em alusão ao nome de um famoso tango argentino que, quando jovem, cantava nos prostíbulos.

A bibliotecária se chamava Aparecida Wood. Era uma mulher de princípios rígidos e competente. Orgulhava-se do seu sobrenome de origem inglesa. Ela me ajudou em muitas ocasiões, quando precisava fazer pesquisas para trabalhos escolares.

O mais genial de todos era o supervisor geral. Ele se chamava José Silvino. Era advogado e prestava os seus serviços somente no período noturno, porque durante o dia trabalhava para o governo federal em outra instituição de ensino. Quando perdera esse trabalho, foi admitido em tempo integral. Era belo, altivo, machão, olhos esverdeados e uma postura de príncipe. O seu maior sonho era ter um bordel. Ele tinha a postura de um galã de filme pornográfico. Embora casado, tinha algumas amantes e sempre estava à procura de outras. No relacionamento de trabalho era sério e desempenhava as suas funções de maneira satisfatória.

Fizera uma amizade profunda com o interventor e tornaram-se amigos. Às vezes, ficava a imaginar a conversa que se desenrolava quando os dois se encontravam. Uma vez ele se apaixonou perdidamente pela esposa de um militar, e essa paixão não correspondida levou-o à morte. O seu coração não resistiu ao impacto das emoções. Talvez ele não se lembrou de que: "Um pássaro nunca faz seu ninho em uma árvore seca".

E havia outros funcionários que não se destacavam pela sua forma de ser. Chegavam e saíam na hora marcada, sem se importar com os acontecimentos ao redor.

Capítulo 22

O PROFESSOR VINGATIVO E O DESAFIO

A vida continuava em sua rotina inevitável. Passei a ser o centro das atenções de todos porque além de ter o apoio irrestrito do interventor, todo o funcionamento dessa entidade dependia direta ou indiretamente do meu trabalho e de minhas decisões.

Não me sentia poderosa, porque o poder pode ser efêmero. Havia muitas pessoas que me admiravam e outras que me odiavam, principalmente entre os meus colegas de classe.

Estava no último ano do meu curso, e, nessa reta final, nenhum empecilho deveria acontecer para impedir a realização das minhas metas. O pior imaginava ter superado.

O ódio e a vingança emanados das pessoas, por vezes, são tão cruéis que outras podem ser infestadas desse mesmo mal. O professor de Filologia Românica, de origem alemã, que se chamava Stephan, um dia decidiu que eu deveria casar-me com ele.

Assediou-me em diversas oportunidades, e como eu não estava disposta a aceitá-lo como futuro marido, usou contra mim uma arma poderosa: todas as vezes que tínhamos testes, bastava eu olhar para o lado, e ele arrancava aquele documento de minhas mãos e me dava nota zero, acusando-me de estar colando da prova do meu colega. Esse fato aconteceu inúmeras vezes.

Para agravar a situação, um dia o Sr. Jutair telefonou para esse professor e relatou coisas horríveis que eu teria falado a respeito dele. Eu nunca havia feito nenhum comentário para ninguém. Como diz o ditado popular: "mar tem olho e parede tem ouvido".

Eu precisava sair daquela situação, que com certeza se tivesse continuidade eu não teria a possibilidade de obter a minha graduação.

Fiz pesquisa de toda ordem, e descobri que a empregada dele era irmã de uma pessoa que trabalhava para um amigo do Sr. Jutair. De posse dessa informação, restava-me apenas saber como eu poderia resolver esse problema. Para minha surpresa, o maior amigo desse professor era também meu.

Imediatamente, procurei-o, contei-lhe o ocorrido, e ele prometeu que falaria com o seu amigo. Em menos de duas semanas, veio a solução: numa manhã, quando estava assistindo à sua aula, ele falou que queria falar comigo. Os demais alunos se foram e eu fiquei esperando. Ele olhou, bem firme, dentro dos meus olhos e relatou que numa das viagens que fizera com o meu amigo Onofre teve a oportunidade de tomar conhecimento de detalhes a meu respeito, e segundo esse amigo, eu era uma pessoa sensata, honesta, trabalhadora e que o meu trabalho desenvolvido naquela entidade estava sendo muito útil para em breve tudo voltar à normalidade.

E acrescentou:

– Realmente, eu gostaria de me casar com você, mas não posso forçá-la a me amar.

Pediu-me que fizesse um trabalho sobre Dante Alighieri, que deveria ser entregue no prazo de cinco dias. Ele prometeu que, se eu fosse feliz nessa empreitada, me daria uma nota para que eu fosse aprovada. Naquele mesmo dia fui à biblioteca e pesquisei tudo sobre esse autor. No prazo previsto, entreguei o trabalho. Em vinte e quatro horas ele me devolveu, dizendo que tudo estava perfeito e que havia me dado nota dez. Agradeci, e ele retrucou:

– Não precisa agradecer. O seu esforço foi merecido.

Afastando-me de sua presença, percebi que havia uma analogia entre o que ele sentia por mim e o inferno que Dante viveu com a Beatriz. E, certamente, ele queria que eu percebesse o tamanho do seu sofrimento. Neste mundo muitos também amam e não são correspondidos. Amor não se obriga, vive-se ou não se vive. Talvez esse professor tenha esquecido que "quando a vingança encara o remorso pune". O que importava mesmo era que eu tinha vencido mais uma etapa da vida.

Capítulo 23

OS COLEGAS DE CLASSE

Eu percebia que a maioria dos meus colegas de classe tinham muitas restrições a meu respeito pelos fatos ocorridos, e também porque eu comandava de forma efetiva aquela instituição de ensino com o apoio total do Sr. interventor. Havia uma mistura de ciúme e raiva.

O professor de Linguística pediu-nos um trabalho de conclusão de curso, o qual deveria ser feito em grupos. Implorei em todos para que eu fosse aceita, todavia a recusa da minha participação foi geral. Relatei esse fato ao mestre, e ele me falou:

– Infelizmente, eu não vou aceitar este trabalho de forma individual. Volte a conversar com todos e tente convencê-los a lhe dar essa chance.

Após muitos argumentos, um dos grupos decidiu me aceitar, porém havia uma exigência: Eu deveria ler o material, preparar o trabalho sozinha e apresentar para os demais, se eles aprovassem, todos assinariam comigo. Ainda havia outro problema: o professor não deveria tomar conhecimento desse fato. Aceitei o desafio, porque na vida quando conseguimos transpor barreiras, ficamos mais fortes e sábios.

Reunimo-nos numa sala, e eles pediram para que eu lesse o contido naquela tese. Ao final, todos aprovaram e assinaram. Senti-me forte e corajosa. Aliás, coragem foi uma qualidade que nunca me faltou.

Depois de muitas batalhas enfrentadas e muitos contratempos, cheguei ao ápice da minha primeira formação acadêmica. Outras viriam, anos depois, no exterior.

Em alguns segundos de tempo livre, eu sonhava ser a oradora da turma para que fosse possível, publicamente, passar para os meus colegas uma mensagem de muita esperança e dizer-lhes que na vida todas as nossas quimeras poderão ser realizadas, basta, tão somente, que tenhamos fé, coragem e muita força de vontade. Por enquanto, era apenas uma esperança.

Capítulo 24

O PROFESSOR DE LITERATURA INGLESA - ROMANCE

Já morando em meu apartamento, providenciei a vinda do restante da família que ainda estava na Bahia: o meu filho, a minha mãe, uma irmã e dois irmãos. Antes, porém, comprei um pequeno apartamento para alojá-los, para que eles tivessem privacidade, e fossem responsáveis pelo pagamento das prestações daquele imóvel. Passou a viver comigo apenas o meu filho. E, assim, devagarzinho eles conseguiram emprego e assumiram a responsabilidade de suas próprias sobrevivências.

O meu trabalho continuava num ritmo calmo e produtivo. Todos os finais de tarde ia ao encontro do Sr. interventor, no cumprimento de minhas atribuições.

Estava sentada na sala dos professores separando uns documentos quando entrou o Sr. Antonio Duarte, que fora o meu professor de Literatura Inglesa. Ele cumprimentou-me e ficamos ali conversando sobre um congresso que ele havia participado na capital federal. Cheio de entusiasmo, falou daqueles momentos vividos com todos e ainda disse:

– Tomei muita bebida importada às custas deles!

Esse professor havia estudado por um ano na Inglaterra por conta do governo brasileiro, porque ele também ministrava aulas em uma importante universidade federal. E, ainda, estivera nos Estados Unidos por três anos fazendo doutorado na Universidade de Columbia. Ele era alegre, bem-humorado e cheio de energia. Conversamos também sobre outros assuntos, e depois de mais ou menos meia hora, ele se foi.

Estava em minha sala trabalhando, quando ele entrou e novamente conversou comigo, por algum tempo. Alguma coisa do seu trabalho e outras situações da vida. Na noite anterior, houve uma festa do Rotary que ele era presidente e contou-me alguns detalhes daquele encontro. Passados alguns dias, ele volta, novamente, e me diz:

– Você foi minha aluna e eu nunca percebi que você é tão inteligente e sábia.

Sempre que tinha oportunidade, me procurava para conversar. E assim, de conversa em conversa, fomos trocando confidências. Um dia ele me ligou próximo do meio-dia e me convidou para ir almoçar em um restaurante fora dos limites da cidade. Fiquei surpresa com aquele convite, mas a curiosidade não me permitiu recusar.

Ficamos juntos conversando mais do que o tempo de um almoço. Havia um jogo de bocha e nos divertimos nesse passatempo. Olhamos o relógio, e já passava das quinze horas. Falei-lhe que deveria voltar a trabalhar, porque o meu tempo de almoço se esgotara havia uma hora.

Na volta ele me fez algumas perguntas sobre a minha vida pessoal e externou o seu contentamento por saber que eu nunca fora amante do Sr. Jutair. Ainda, acrescentou:

– Toda a cidade pensava desta forma.

Contei-lhe alguns detalhes desse senhor, como o conheci e, afirmei que o meu relacionamento com ele era apenas profissional. Ele deixou-me nas cercanias da faculdade e ao se afastar falou que gostaria de me encontrar novamente, para saber mais detalhes sobre outros assuntos, segundo ele, de seu interesse. E pensei: "A vida começa todos os dias". Por vezes, corremos riscos, talvez porque não somos capazes de ver o que está no fim da estrada. Todavia não correr riscos é fugir de situações que podem nos garantir momentos prazerosos.

O meu ex-professor era casado e tinha dois filhos. Um deles estudava em nossa entidade. A esposa era uma senhora discreta e que estudara apenas o curso primário. Eles se conheceram, segundo relato, na cidade onde ele fizera o seu curso superior.

Ele tornou-se amigo do pai dela, que era um renomado professor de crianças excepcionais, que também era filósofo e se chamava Custódio. Foi uma amizade profunda, e descobriram ter muitas coisas em comum. Todos os fins de semana se encontravam e conversavam, longamente, sobre os mais diversos assuntos. Aquele homem era uma mistura de pai e amigo. Ele tinha dois filhos, uma mulher e um homem. No decorrer do tempo, ele afeiçoou-se pela filha do amigo e se casaram.

Mesmo morando em outra cidade, religiosamente, eles se encontravam nos fins de semana. Se isto não acontecesse, o Antonio sentia-se, literalmente, desolado. Era como se ele precisasse desses encontros para alimentar a sua alma.

O Sr. Custódio morreu vítima de um atropelamento. A família reunida no funeral chorava e lamentava o acontecido. Todavia o meu ex-professor não apenas chorava, mas também sentia que metade de sua vida fora para aquela sepultura.

A falta do seu sogro tornava os seus dias tristes e amargos. Um dia ele concluiu que se casara com a filha dele fisicamente e com o sogro espiritualmente. Agora precisava digerir essa realidade e voltar a viver. E voltou!

Já no final do expediente ele entrou, mais uma vez, na minha sala e mostrou-me uma chave do apartamento de um amigo e pediu-me que fosse até aquele local, porque ele gostaria muito de conversar comigo em lugar reservado. Eu aceitei o convite de pronto, e fomos.

Aquele lugar era simples, mas tinha o suficiente para nos acolher. Sentamos em uma poltrona na sala e ele começou a falar sobre a sua vida, os transtornos pelo qual passava o seu casamento, e os problemas que estava enfrentando com os filhos. Ouvi tudo, sem dar palpites.

Afinal de contas, eu não tinha o direito de opinar sobre fatos que não conhecia. Enfatizou a situação vivida com o sogro, que falecera anos antes, e a necessidade que ele tinha de conviver com alguém que pudesse lhe proporcionar mais do que um relacionamento sexual.

Enquanto ele falava, ia concluindo que os homens, em sua maioria, são também muito dependentes. Afinal, somos todos seres humanos, independente de sermos mulheres ou homens. Falei-lhe a seguir que "O verdadeiro ofício de um ser humano quando perdido é reencontrar o seu próprio caminho" e que gostaria que ele reencontrasse o dele, porque eu sentia que, em algum momento, ele se perdera. E, assim, em tom de brincadeira ele falou:

– Você não gostaria de me fazer companhia para eu reencontrar este caminho?

–Talvez – respondi.

Precisávamos sair porque as nossas obrigações nos aguardavam. Antes, porém, ele me perguntou se podia me abraçar. Claro, um abraço é um abraço, apenas isso! Mas não foi.

Levei comigo suas lamúrias e o calor que emanou do seu corpo, e por dias senti a força dos seus braços a me apertar. Não conseguia esquecer aquele momento. De vez em quando eu pensava: "O que poderá acontecer agora?". Mas o tempo, nosso melhor amigo, sempre dá solução para tudo.

Quando um homem quer conquistar uma mulher, cria histórias mirabolantes, tão convincentes, que até somos capazes de acreditar. Só que eles esquecem que o "feitiço pode virar contra o feiticeiro", só que dessa vez o feitiço virou contra nós dois.

Uma noite ele me telefonou e perguntou se eu gostaria de voltar àquele lugar. Fiquei momentaneamente indecisa, mas concordei.

E, num sábado, marcados um encontro para as catorze horas. Fomos pontuais. Quando cheguei, ele já me aguardava. Abraçou-me levemente e me falou que o seu amigo colocara à nossa disposição algumas bebidas, inclusive café e chá. Optei por tomar chá de canela, e ele também. Fui até a cozinha preparar. Segurando duas xícaras, sentamos um em frente ao outro e, muito lentamente, saboreamos aquela bebida quentinha. Ninguém falou nada. Apenas mirávamos um ao outro. "As mais lindas palavras de amor são ditas no silêncio de um olhar".

Esse silêncio foi quebrado porque ele que me perguntou se eu havia pensado em tudo que conversamos antes. Confessei que como o meu tempo era escasso, por algum momento pensei, todavia não havia chegado a nenhuma conclusão. Ele lamentou que somente agora tivesse tido a oportunidade de se aproximar de mim, embora já nos conhecêssemos havia mais de seis anos.

– A vida é assim. Nada chega antes da hora – disse eu.

Ele se levantou, sentou-se ao meu lado, levantou a minha saia e começou acariciar a minha perna. Fiquei imóvel, sentido o toque de sua mão deslizando sobre a minha pele. Nesse instante pensei: "Como é bom sentir um homem ao meu lado, sentir o seu respirar e ficar esperando o que virá depois!".

Encostei levemente a minha cabeça numa almofada que havia no encosto do sofá, e ele percebeu que eu estava pronta para sentir todas as emoções que ele poderia me proporcionar.

Naquele dia iniciou-se uma paixão mútua das mais avassaladoras.

Voltamos a nos encontrar com muita frequência, e ainda trocávamos cartas e telefonemas todos os dias.

Ele me amava com uma impetuosidade como se eu fosse a primeira, a última e a única mulher do mundo. Ele era carente de afeto e de sexo. Eu também estava na mesma situação. Foi isso que nos uniu. Estávamos famintos de amor. E em cada novo encontro amoroso desencadeava entre nós uma vontade desesperada de continuar juntos. Foi uma loucura total!

Ele não conseguia disfarçar que se apaixonara por mim. Um dia em que sua esposa estava viajando, ele me levou até a sua casa para que eu pudesse ver como e onde ele morava. Ele era muito criativo. Em determinado momento, falou:

— Quando você estiver em sua casa, ou em qualquer outro lugar, venha com o seu pensamento até aqui e veja-me, ora sentado neste sofá, ora na mesa, ora na cozinha e em todos os lugares daqui.

Ele queria, na realidade, que mesmo longe dele eu o tivesse perto de mim. A casa ficava dentro do condomínio da própria instituição onde trabalhava. Foi claro que alguns vizinhos viram-nos entrando e saindo dali.

A notícia de nossos encontros correu a cidade. Aquele homem modelo de professor e respeitado por todos caiu em tentação e se perdeu. Assim falavam.

As nossas emoções foram devastadoras. Sentia-me mergulhada de cabeça em um abismo profundo e desconhecido. Perdemos o equilíbrio e a noção do que estávamos fazendo. Um dia ele me levou a uma festa do Rotary em que só se podia levar a família. Antes de chegar ao local, ele me falou:

— Quando chegarmos na portaria se alguém disser que você não pode entrar, eu vou dizer: "Se ela não puder entrar eu também não entro".

Felizmente, deixaram-nos entrar. Quando os seus amigos nos viram aconteceu um rebuliço e muitas trocas de olhares. Achei aquela situação excitante e inusitada.

Passamos por situações ridículas próprias dos adolescentes. Já não tínhamos horários certos para os nossos encontros, aconteciam em qualquer momento que sentíssemos aquela vontade de desfrutar aquele sexo gostoso, acalorado que nos levava ao lugar mais elevado do paraíso.

Recebi a visita de uma amiga da esposa dele, que foi tentar me convencer a abandoná-lo. Depois de conversarmos o bastante, eu lhe disse:

— Eu sou livre, o compromissado é ele. Portanto, você deve falar com ele, e não comigo.

Uma outra me telefonou e disse-me palavras de mais baixo nível. Ouvi tudo e apenas falei:

— Desde que eu nasci sou tudo isso, que pena que você só tenha descoberto hoje! — E desliguei. Esse cinismo eu usei apenas para me proteger. Não era próprio do meu caráter.

No começo de uma noite, ele me perguntou:

— Você gosta mesmo de mim?

Respondi e afirmei que sim.

— Portanto hoje você tem uma missão: Vá procurar o meu filho na sala de aula do curso de engenharia, retire-o de lá, leve-o até aquele jardim próximo e diga-lhe que estamos apaixonados.

E assim fiz. Ao chegar ao local combinado contei tudo o que estava acontecendo entre eu e o pai dele. O filho me falou:

— Eu só não quebro você todinha agora porque eu sei que o meu pai a ama. Leve-o com você e deixe a minha mãe em paz.

— É pra já — desafiei-o.

Ao contar o ocorrido, ele me abraçou e disse:

— Você é a mulher que sempre sonhei ter.

Andava eu nas proximidades de uma praça, quando vi o seu carro passar. Estranhei que ele não tivesse parado. Mais tarde, ele me telefonou e contou-me que a sua mulher tentara suicidar-se e que estava indo levá-la para o hospital. Fiquei preocupada, mas não coloquei a culpa sobre os meus ombros. Todos nós somos responsáveis pelos nossos atos.

O pior ainda estava por acontecer: Ele estava se tornando um professor relapso. Entrava na sala de aula e não conseguia falar uma palavra em inglês. Esquecia tudo como se tivesse uma amnésia. Todos esses acontecimentos duraram menos de um ano.

Apesar de ele ter a aparência e a postura de um homem forte e corajoso, era fraco e dependente. Na instituição federal onde ele trabalhava foi realizada uma reunião com o colegiado, e deram-lhe um ultimato: "Ou você abandona esta mulher ou será demitido". No dia seguinte, ele me enviou a seguinte carta:

> Querida,
>
> É com o coração destroçado que lhe escrevo esta carta. Durante a vida li os grandes autores da Literatura Universal. Convivi no Brasil e no exterior com pessoas do mais alto nível cultural e nas mais diversas áreas do conhecimento humano. Imaginava que o mundo não mais me reservava surpresas. Hoje, estou consciente de que você foi o ponto máximo que pude vivenciar. Nunca poderia imaginar que por trás daquela aluna simples e atenciosa se escondia essa mulher grandiosa e cheia de sabedoria e que foi capaz de adentrar na minha alma de forma tão contundente.
>
> Não me esquecerei, jamais, dos grandes momentos de sexo vividos com você e das longas horas que ficávamos conversando. Todos os assuntos eram interessantes sob todos os pontos de vista. Você é uma mulher sábia e exuberante. O mundo ficava ao nosso alcance, como se fôssemos os únicos seres na face da terra a vivenciar o mundo em toda a sua plenitude. Você superou

toda a minha imaginação. O prazer que você me proporcionou ficará para a eternidade porque ele está inserido em todas as células do meu corpo. Somente a morte acabará.

Vou sempre perguntar ao corvo de Edgard Alan Poe: "Oh! Corvo onde está Lenira?", e certamente ele responderá: "Nunca mais!" "Me diz, oh corvo, onde está Lenira?", e novamente responderá: "Nunca mais". O mundo impede que eu te veja, mas não impedirá jamais que eu continue a te amar e, certamente, você estará em meu coração por toda a vida.

Comigo ficará, sempre, a saudade de você. Desejo-lhe uma vida bem feliz. Voltarei a conviver com as minhas lembranças, os meus livros e os meus escritos, porque no momento, não tenho outra opção.

Assim como você me falou no telefone que se ela morrer primeiro, você estará à porta do cemitério à minha espera. Não tenho esperanças desta sobrevivência porque o meu interesse pela vida acabou.

Muitos beijos e abraços mais fortes do que aqueles que trocamos repetidas vezes.

Antonio.

Essa carta ficou junto aos meus documentos mais importantes durante longos anos. De vez em quando lia e relia e tinha presente todo aquele passado que vivenciamos.

Há determinadas situações que temos de aceitar porque "remar contra a maré" pode ser perigoso e até colocar a nossa vida em risco. Apesar da tristeza de não mais poder vê-lo restavam-me as lembranças que ninguém poderia tirar do meu pensamento. Chorei muitos dias e muitas noites seguidas, quando as lágrimas secaram, dei a volta por cima e continuei a minha caminhada. Anos depois, tive notícias dele, pela nossa amiga em comum, Susana.

Capítulo 25

A PRIMEIRA INVESTIDA DE ALBERTINO E O PEDIDO DE CASAMENTO

Nunca devemos e sob nenhuma hipótese tomar decisões antecipadas baseadas na suposição do que poderia acontecer no futuro, principalmente quando elas envolvem outras pessoas.

Era um entardecer onde a lua se apressa a surgir, querendo tomar o lugar do sol, quando cheguei à empresa do Sr. Albertino. Na portaria, o funcionário me pediu para estacionar o carro em outro local porque ele estava a me esperar. Entrei naquele imenso salão que me levou a outros, cada um em cores diferentes, onde havia todos os produtos que exportava para diversos países do mundo. Fiquei encantada! A produção que era vendida aqui era de outra qualidade. A sua fábrica esmerava-se no acabamento perfeito para satisfazer as exigências do mercado estrangeiro.

Eu não entendi as razões dessa minha visita em lugar tão diferente do que costumávamos ficar para a assinatura de documentos da instituição.

Adiante, foi-me mostrada uma loja de alguns produtos que eram vendidos à população em geral. Nesse lugar ele falou:

– Veja tudo que se vende aqui e, quando você precisar de alguma coisa, basta escolher e levar. Vou dar ordens ao chefe do setor que a atenda e que não precisa pagar nada.

Nesse momento senti um forte calafrio, e fiquei a pensar o que aquilo significava. Era uma situação imprevisível, mas considerei que ele queria, apenas, ser simpático comigo.

Ele queria saber tudo a respeito de minha vida pregressa. Aproveitei a oportunidade e falei que os meus familiares agora moravam nessa cidade, vindos do meu estado natal. Ele achou excelente a ideia de os ter trazido para perto de mim e acrescentou que a família é muito importante na vida das pessoas. Quis saber onde eles estavam trabalhando. Falei-lhe que apenas um deles ainda não havia encontrado trabalho. Prontamente, ele perguntou se eu queria que ele viesse trabalhar em sua empresa. Não respondi de imediato, porque precisava falar com o meu irmão, e prometi que eu lhe daria uma resposta nos próximos dias.

Duas semanas depois, estava ele batendo o cartão na empresa do Sr. Albertino, onde trabalhou durante longos anos.

Hoje, fui tomada de uma surpresa muito agradável. Ao chegar ao seu escritório, carregando uma pesada pasta de documentos, ele me pediu que a colocasse numa mesa ao lado, olhou para mim de uma forma diferente como nunca acontecera antes e falou:

– Você é uma mulher inteligente, tem porte altivo, sabedoria incomum, postura de mulher recatada, além de muito corajosa. Acredito que nunca conheci ninguém como você.

Fiquei muda, surpresa, lisonjeada, e quando a oportunidade de assimilar aqueles elogios foi-me concedida, apenas agradeci. Ele não disse que eu era bela, talvez porque essa qualidade é passageira em qualquer ser humano. O que prevalece é o caráter, e esse se sobrepõe a tudo. Senti, também, que a partir daquele dia muita coisa mudaria, e mudou.

Naquela madrugada, carregando os meus documentos assinados, ele me abraçou e beijou o meu rosto. Esses afagos tornaram-se frequentes. Apenas isso.

Os assuntos de nossas longas conversas agora estavam voltados para a sua vida, suas viagens, seu casamento, seus filhos, suas decepções e o que ele planejava para o futuro. Deixou-me claro que a cultura e o dinheiro não são capazes de nos dar felicidade.

Se você quiser descobrir se tem afinidades com alguém, converse, converse muito. Exponha as suas opiniões, suas dúvidas, compartilhe os seus problemas. Coloque-se no lugar do outro. Ouça com atenção e opine o menos que puder.

Ele também sabia muito a meu respeito, mesmo porque no embalo da troca de confidências os acontecimentos vão tomando corpo, deixando a nossa alma desnuda.

Como ele sabia que um certo empresário me emprestou uma quantia para o pagamento da primeira parcela da compra do meu apartamento, fez-me a seguinte pergunta:

– Você já concluiu o pagamento daquele valor?

Por coincidência, naquele dia eu havia recebido uma carta daquele empresário com o seguinte texto:

Encaminho-lhe, em anexo, a nota promissária, por você assinada, com a relação dos valores devidamente pagos no verso, cujo total é igual ao valor que lhe emprestei. Guarde este documento porque você poderá necessitar dele no futuro.

Abrir a minha bolsa e mostrei-lhe o referido documento. Nunca vou esquecer a fisionomia de alívio que vi estampado em seu rosto, após ler aquela missiva.

Eu sempre acreditei que, em qualquer situação, o que vale é aquele primeiro instinto que aflora dentro de nós. Se ele não acontecer de imediato, jamais se tornará presente. É como se tivéssemos alguém invisível a nos guiar e, algumas vezes, a nos alertar que a estrada que queremos ainda não é esta.

Eu não fui insensível ao galanteio que ouvi naquela noite. Levei-o comigo e dentro de mim todas aquelas palavras passei a refletir como seria a minha vida se, naquele momento, mudasse o rumo. Pensei em todas as dificuldades que enfrentei, os degraus que consegui subir e outras oportunidades que poderiam nortear o meu viver a partir daquele ponto.

Não estava cansada da luta. Havia também uma longa estrada que eu fazia questão de trilhar sozinha, mesmo porque, ainda muito jovem, a vida me presenteou com uma decepção tão contundente que, passados tantos anos, ainda não me sentia curada daquele trauma.

Os anseios da minha vida eram trabalhar e me tornar independente e que, mesmo tendo o apoio e a companhia de alguém, não me fosse possível abandonar as minhas metas.

Cada ser humano nasce sozinho, pode viver sozinho, e com certeza irá morrer sozinho. Diz o ditado popular que "antes só do que mal acompanhada". A solidão nos dá a certeza de que somos capazes de enfrentar diversos problemas da vida e sair vitoriosos. Ainda há pessoas que podem nos dar apoio em momentos difíceis, e é sempre louvável agradecer e reconhecer. Mas nunca doar a nossa vida por esses favores concedidos. Uma situação não justifica a outra.

Sentia que algo diferente estava a caminho, e que iria precisar de uma carga bem grande de coragem e inteligência para não sair com a alma dilacerada. Quando se tem o poder e o dinheiro à sua disposição é muito difícil usar de bom senso e discernimento e, mais ainda, entender a decisão do outro quando essa não se coaduna com a sua.

Na realidade o nosso relacionamento laboral já contava alguns anos, tempo o suficiente para discernir o que queríamos um do outro. Pode haver amizade entre um homem e uma mulher sem que haja, necessariamente, a vontade de modificar essa situação para um encontro de corpos. O sexo exige atração, tesão e química, e eu não os tinha por ele. Com certeza, uma situação unilateral não iria nos fazer felizes.

Todos esses pensamentos atormentavam-me, nas vinte e quatro horas do dia.

Ao voltar para a execução da nossa rotina costumeira, ele me pediu para convocar uma reunião com toda a diretoria, só que dessa vez em sua residência, onde também haveria um jantar.

Preparei os ofícios da convocação, e alguns acharam estranho aquela mudança de local, porque, às vezes, precisávamos de documentos, e seria impossível tê-los à nossa disposição lá. Mas chefe é chefe, e obedecer é uma forma sensata de sobrevivência.

Naquela noite todos se dirigiram à residência do interventor, Sr. Albertino. A casa era uma mansão estupenda. Fomos recebidos pela sua secretária particular e pelo mordomo, e fomos acomodados em uma imensa sala onde havia diferentes móveis de decoração. Respirava-se um ambiente de luxo e riqueza. Havia em uma lateral uma biblioteca imensa e fotos estampadas sobre uma reportagem, em uma revista norte-americana da época da conclusão da casa. Na capa dessa revista havia uma foto aérea mostrando a residência e seu luxuoso jardim que fora executado por um famoso paisagista de fama internacional.

Ouvia-se músicas românticas de nossos maiores autores e, principalmente, as melhores dos compositores baianos.

Foram servidos diferentes drinques, cada um era informado pelo garçom de sua composição. Servi-me de algo leve. Eu queria vivenciar tudo de forma lúcida e real. Às vezes o álcool leva-nos a um estado de descontração que, muitas vezes, não é a nossa própria forma de ser e agir.

De vez em quando, olhava para cada um dos presentes e ficava analisando em suas fisionomias algo de surpresa e espanto. Algo como: "O que irá acontecer aqui nesta noite?!".

Ele apareceu dando-nos as boas-vindas e pedindo que ficássemos à vontade, e que se quiséssemos, poderíamos circular pelos outros ambientes da casa. O mordomo nos acompanharia nessa missão.

A iluminação em volta da casa refletia a sombra das árvores, dando um reflexo incomum nas paredes. Era um espetáculo que enchia os nossos olhos de encantamento. Ela tinha três andares. No andar superior eram os aposentos, ao nível da entrada, a área social, e no andar térreo, sala de jogos, televisão e imensos sofás espalhados por toda a parte.

Havia levado todo o material de reuniões, o qual ficou sobre uma mesa à espera de ordens. E como essas não chegaram, ele continuou ali, no silêncio adormecido, sem reclamar.

O Sr. Albertino demonstrava uma felicidade de adolescente quando ganha dos pais o presente de seu maior desejo. Ele dispensava atenção a todos, mas estava sempre preocupado em sentar-se ao meu lado e me perguntou, repetidas vezes, se eu gostei de sua casa. Externei-lhe meu contentamento por estar ali naquela noite, em um lugar tão maravilhoso e acolhedor. Elogiei o bom gosto de sua mansão, e creio que a felicidade invadiu a sua alma, deixando-o etéreo como se andasse sobre nuvens, onde o sol brilha forte sem se importar com a visão vista da terra.

Em um determinado momento a música cantada era: "O que é que a baiana tem?". Ele aproximou-se de mim, começou a cantar essa música fazendo coro com o cantor que a interpretava. Apenas sorri. Há momentos que qualquer palavra dita, torna-se inútil.

Fomos convidados a entrar no salão onde seria servido o jantar. O mordomo acomodou-nos em volta da mesa onde cada lugar tinha o nome do convidado. O meu foi numa cabeceira, e o do Sr. Albertino na outra. Em volta, faziam-nos companhia os demais. Feita a contagem dos presentes verificou-se que havia treze pessoas. Então, comentou-se que esse número não trazia boa sorte, e ele ordenou que a sua secretária ocupasse um lugar à mesa. Agora, éramos catorze.

Correndo os olhos em volta pude observar que havia sobre uma das mesas um cabrito inteiro assado. Também uma variedade de travessas com alimentos dos mais variados. Nunca antes havia visto, em um mesmo lugar, tanta fartura de iguarias. Ainda ele falou que hoje ordenara aos seus serviçais que fizesse a sua comida favorita, para degustar com os seus convidados ilustres.

Todos acomodados, ele se levantou e falou que aquela noite era muito especial. Alguns arregalaram os olhos, e ficamos à espera dos acontecimentos. E começou a sua narrativa:

— O motivo dessa reunião é para comunicar a todos que consegui o meu divórcio depois de mais de dez anos de litígio. Agora, sou um homem livre para iniciar uma nova vida conjugal.

E acrescentou:

– Há muito tempo acompanhei o comportamento de nossa secretária, e cheguei à conclusão de que ela é a mulher ideal para fazer parte da minha vida, até a morte. Eu a amo, e vamos nos casar.

Levei o maior de todos os sustos da minha vida. Embora eu desconfiasse de que algo assim pudesse acontecer, não esperava que fosse com tanta pompa e nessas circunstâncias. Ainda o mais curioso é que, antes desse evento, ele não havia me perguntado se eu queria casar-me com ele. Talvez seja esse o comportamento dos poderosos onde se pensa que o que prevalece é o seu querer, e não a vontade do outro, ou "Acreditar seja o segredo para aqueles que querem transformar sonhos em realidade".

Há um versículo no Salmo 23 da Bíblia que diz: "Preparas uma mesa perante mim na presença de meus inimigos, unges a minha cabeça com óleo e o meu cálice transborda".

Ele sabia que alguns desses diretores haviam criado muitas dificuldades no desempenho de minhas funções na entidade. Outros até me odiavam porque pensavam que eu também desviasse valores da instituição. É bem provável que toda essa preparação fosse uma resposta de que eu era uma pessoa íntegra e que merecia, além de tudo, casar-me com ele.

Alguns estampavam no rosto um misto de admiração; outros, decepção; e outros, surpresa. Se me fosse dado o direito de adentrar na mente deles, teria descoberto pensamentos inacreditáveis, mas que por outro lado, são próprios de todos os seres viventes.

O garçom surgiu com uma champanhe que foi aberta por ele, ao meu lado, e colocada em taças, e cada um segurando a sua, brindamos os novos acontecimentos.

– À nossa saúde e felicidade aos noivos – falaram em coro.

Não havia um espelho nas proximidades, portanto eu não sabia, naquele instante, a cor do meu rosto e nem visualizei o tamanho dos meus olhos.

Respirei fundo e mantive a postura de uma mulher confiante na própria vida e a certeza de que todas as situações que nos são apresentadas podem ter desfechos diferentes.

O jantar estava delicioso, talvez, em toda a minha vida nunca havia experimentado iguarias semelhantes, em um só momento. Tudo revestia-se de uma perfeição absoluta.

De vez em quando olhava para ele e para os demais e me sentia o centro das atenções. Tudo girava em torno de mim. Por vezes, tentei desnudá-lo em meus pensamentos, buscando uma alternativa, para que me fosse despertado o desejo de um dia sentir o fogo do desejo e da paixão ao seu lado.

Enquanto todos degustavam o jantar, o meu pensamento voava e vivenciava outras paixões que tive pela vida. Todavia era muito importante representar o meu papel e não deixar transparecer o que sentia a minha alma.

Sem querer, estava comprometida com todo esse envolvimento. A sensação que sentia era igual à de uma mosca presa a uma teia de aranha. Certamente, iria precisar de um grande cabedal de inteligência para sair desse enrosco. Não tinha dúvidas do meu poderio de determinação e coragem. Eu conseguiria.

Veio à minha mente *Do Contrato Social*, escrito por Rousseau no século XIX, onde determinava as obrigações entre as partes. Era um compromisso que propiciava aos contratantes deveres e obrigações, dando-lhes uma legalidade dentro da sociedade.

Quando deixamos o salão onde foi servido o jantar, voltamos àquela imensa sala, e alguns continuaram bebendo outros drinques, embalados pelas músicas românticas que nos acompanhava. A atmosfera era propícia a sonhar. Ele, sempre ao meu lado, dividindo comigo sua bebida no mesmo copo. Eu simulava que bebia. Apenas molhava os lábios. Às vezes, ele segurava as minhas mãos e me beijava no rosto.

Já era madrugada quando os convidados foram se afastando. Antes, porém, todos nos cumprimentaram desejando-nos felicidade eterna.

Ficamos a sós naquele imenso salão, talvez aguardando os que nos aconteceria a seguir. Em dado momento, ele saiu um pouco e na volta sentou-se numa enorme cadeira que estava ao meu lado, e em poucos minutos dormiu. Ele havia bebido o suficiente para perder a noção de tudo ao seu redor. Chamei por alguém, e apareceu o seu mordomo. Falei-lhe que o Sr. Albertino estava dormindo, e que eu aproveitaria essa oportunidade para sair também.

Acredito que o seu funcionário levou-o até o seus aposentos e colocou-o em sua cama. É bem provável que, ao acordar pela manhã, ele tivesse a sensação de que eu estaria ao seu lado.

Já eram quase quatro horas da madrugada quando adentrei no meu apartamento. Não consegui dormir nem um segundo. Ao mesmo tempo que me sentia valorizada, também estava assustada. E lembrei-me do famoso poema "E agora, José?", de Carlos Drummond de Andrade.

Às oito estava em minha sala trabalhando. Pensei que não importa o que nos aconteça, as obrigações devem ser cumpridas. Aquele era para mim um dia diferente, até irreconhecível. Ainda não assimilara os acontecimentos da noite anterior. Tinha a impressão de que estava sonhando e que, ao acordar, iria encarar uma realidade bem diferente.

Enquanto pensava, adentrou a minha sala um daqueles diretores que estivera no jantar e me fez um desafio dos mais aterrorizantes:

– Agora eu quero ver você se livrar desta!

Retruquei afirmando que a minha vida pessoal e particular somente a mim pertence, e que eu não tenho o direito e nem a obrigação de propagar o que faço fora da minha área de trabalho.

É bem provável que a experiência desse professor concluísse que os meus sonhos de ser feliz ao lado de alguém não fosse condizente com todo aquele envolvimento e também, penso eu, que quando a notícia foi estampada, a minha fisionomia não aprovou o ocorrido. De qualquer maneira, a sorte estava lançada. Quem ganharia no final?

Por volta das onze horas, ele me telefonou e meu pediu que fosse almoçar com ele em sua residência. Aceitei de pronto, afinal de contas ele era o meu "noivo". Ao chegar, recebi um forte abraço e um pedido de desculpas, pelo sono inconveniente que lhe ocorrera na noite anterior. Para deixá-lo tranquilo, afirmei que essas situações acontecem. Esse encontro prolongou-se até bem tarde.

Realmente, estar ao lado dele conversando era uma situação fantástica: Ele era bem-humorado, me fazia rir, e os meus neurônios atritavam, dando-me novas ideias e descortinando um mundo que até então não vivera. Tudo era encantamento. Sentia-me valorizada como ser humano.

A cronista social do jornal da cidade deu a notícia do nosso noivado, e assim toda a cidade tomou conhecimento. Por onde eu passava sentia os olhares me seguindo, achando que eu era uma mulher privilegiada por ter sido escolhida para ser sua esposa.

Os funcionários da instituição me cumprimentaram e desejaram-me muitas felicidades.

As boutiques da cidade correram ao meu encontro oferecendo-me as roupas das mais custosas.

O gerente do banco onde tinha conta telefonou-me oferecendo qualquer quantia que precisasse.

No prédio onde morava passei a ser cumprimentada com um leve inclinar de cabeça. Até o meu ex-amante me telefonou, parabenizando-me do ocorrido que lera nos jornais, e acrescentou: "Eu gostaria muito de estar no lugar dele".

Todo esse rebuliço da população não alterou a minha forma de ser e de agir. Continuava na minha lida diária, com a mesma normalidade de antes. Dentro de minha cabeça nada havia acontecido de extraordinário, exceto as preocupações que passaram a me rondar todo o tempo.

Capítulo 26

O JANTAR COM A MINHA FAMÍLIA

Ele planejou um jantar com a minha família e consultou-me sobre o melhor momento para esse encontro. Como eu sabia os costumes de todos, marcamos para uma sexta-feira, por volta das nove horas da noite. E assim aconteceu.

Chegamos no horário combinado. Ele mandou que o motorista dele fosse buscar os meus irmãos, porque no meu carro só havia espaço para quatro pessoas. Foi um jantar primoroso. Dessa vez, os pratos servidos foram da culinária baiana. As músicas, também. A minha mãe ficou encantada com aquele cenário e fez-me baixinho uma confidência:

– Graças a Deus, minha filha, demorou, mas você, finalmente, encontrou um companheiro, além de bonito, rico.

Só que ela não se lembrou de que "nem tudo que reluz é ouro".

Chega o ponto alto do jantar:

– Senhora Constância, quero a mão de sua filha em casamento.

A minha mãe sorriu e disse:

– Se é para felicidade dos dois, concedo-a.

Ele tirou do bolso uma caixinha, onde havia um anel com uma pedra de esmeralda rodeada de doze diamantes. Segundo ele, doze porque era o mês do meu aniversário. Colocou-o em meu dedo, abraçou-me, beijou-me, e todos os meus irmãos e o meu filho cumprimentaram-nos.

Havia outros familiares dele nesse jantar e alguns formaram grupinhos para conversar. Enquanto isso, eu percebia que ele bebia, e bebia muito. A impressão que tive naquela noite era de que a bebida era uma forma de deixá-lo à vontade, descontraído e feliz.

O meu filho perguntou-me quando seria o casamento. Eu respondi que ainda não tínhamos uma data fixada. De repente, ele se aproxima, ajoelha-se aos meus pés e fala:

– Eu posso lhe dar tudo o que você sonhar. É só pedir.

Achei aquela cena cômica, mas não dei muita importância, porque deve ser assim que os apaixonados falam no auge da felicidade.

Depois de muitas horas, minha mãe achou que já era hora de ir embora. Foi cumprimentá-lo, bem como os demais presentes, e ele ordenou que o seu motorista os levasse de volta.

Ele me pediu para ficar um pouco mais, porque ainda tinha algo para conversar comigo. Foi aos seus aposentos, e trouxe dentro de um envelope uma quantia elevada de dinheiro, em notas novinhas, e entregou ao meu filho, com a seguinte mensagem:

— Nunca sabemos o que os jovens gostam, por isso o seu presente é em espécie, para que você possa comprar o que bem lhe aprouver.

Ele agradeceu, e percebi que ficara feliz.

Encarei esse fato como uma forma de conquistar a amizade do meu filho. O dia começaria em algumas horas, e decidimos ir-nos e agora, oficialmente, noiva dele com direito a um custoso anel.

Despedimo-nos com um forte abraço e muitos beijos discretos. Afinal o meu filho estava ao meu lado, e ele deve ter pensado que não seria de bom-tom externar, de forma acintosa, os seus sentimentos.

Para minha grande surpresa, ao entrar no carro o meu filho falou de maneira forte e decidida:

— Mãe, você não vai casar com esse homem, ele é muito dependente, e eu creio que você não gosta de pessoas fracas — referindo-se à situação patética de ele ter se ajoelhado aos meus pés, implorado e afirmado que poderia me dar tudo que eu quisesse. — Você é muito forte e valente.

Fiquei sem ação para lhe dar uma resposta imediata, apenas comentei que ele deveria ter bebido em excesso e que, talvez, aquela forma de agir não fosse própria do seu caráter. Mas pairou uma nuvem densa de desconforto.

O Sr. Jutair um dia me telefonou parabenizando-me pelo noivado e sarcasticamente falou:

— Agora você é dona do homem e da cidade, seja feliz — E desligou.

Capítulo 27

ORADORA DA TURMA

As nossas obrigações com aquela entidade corriam normalmente, e a cada dia os problemas iam se dissipando. Todos os cursos já estavam criados e reconhecidos. O meu trabalho limitava-se a coordenar e supervisionar todo o trabalho até então desenvolvido.

A minha graduação se aproximava. A expectativa era ilimitada. Conversando com ele, contei-lhe desse evento, que iria se realizar dentro de um mês. Ele me perguntou se eu já tinha o vestido para essa ocasião. Disse que ainda estava pensando sobre o que vestir. Perguntou-me se era possível comprar essa vestimenta pronta na cidade ou se eu preferia mandar confeccionar. Fiquei por alguns instantes pensando em uma resposta, quando ele falou:

— Veja o melhor vestido, e eu pagarei. Quero que você esteja linda nesse grande dia de sua vida.

Aceitei aquele pedido, porque era uma despesa que eu não tinha condições de arcar.

Embora tivesse um bom salário, de vez em quando ainda ajudava a família. Comprei um tecido de bom caimento na cor verde-claro, e uma costureira confeccionou para mim. Fui a São Paulo, levada pelo motorista dele, e comprei os adereços.

Chegou o dia do planejamento da festa: Estávamos reunidos numa sala de aula. O nosso diretor deu início aos trabalhos e pela ordem foi escolhido primeiro o patrono, depois o paraninfo e por último ele perguntou quem deveria ser o orador que falaria em nome da turma. Por unanimidade, fui escolhida para essa função. Demorei a acreditar quando ouvi o meu nome.

Nos dois anos anteriores, havia sofrido os mais diversos insultos e vexames, por esses mesmos colegas, que achavam ser eu também culpada da situação caótica por que passara aquela faculdade.

O tempo, nosso melhor aliado, incumbiu-se de dissipar as dúvidas, e a verdade dos fatos aflorou no seu contexto absoluto. Como diz o ditado popular:

"nada como um dia atrás do outro", e sonhar é também saber esperar. Deus, mais uma vez, estava ao meu lado.

Agradeci a todos pela indicação do meu nome e dirigi-me à minha sala de trabalho, sentei-me diante da máquina de escrever e, em menos de uma hora, estava pronto o meu discurso.

Ao longo daqueles quatro anos, durante no trajeto entre a faculdade e a minha casa, muitas vezes ia sonhando que ao término do curso eu ia ser a oradora da turma e ficava sempre concatenando ideias e arquitetando situações para expressar no meu discurso. Sempre tive consciência de que a trajetória da minha vida pudesse servir de exemplo para ajudar outras pessoas a conseguir realizar os seus ideais. A luta até ali foi muito espinhosa, mas tudo valeu a pena!

Telefonei para o meu noivo, falei-lhe do ocorrido, e acrescentei que o discurso já estava pronto.

– Venha, imediatamente, ao meu escritório, pois quero em primeira mão tomar conhecimento do que você escreveu.

Aquele caminho que já estava acostumada a passar todos os dias, hoje tinha um ar de vitória com a sensação de estar voando, leve e solta no espaço. Os grandes acontecimentos da vida, aqueles em que a gente acha que triunfou, elevam a nossa alma ao infinito. É bom, é bom demais!

Ele me esperava ansioso no estacionamento onde eu costumava deixar o carro. Quando parei, ele se aproximou, abriu a porta, me abraçou e me beijou como nunca fizera antes. Eu descobri o quanto é importante ter alguém para compartilhar de nossos sucessos.

Já em sua sala, ele me falou:

– Faça de conta de que eu sou a plateia que você vai enfrentar, na leitura deste discurso. Concentre-se e comece.

Li aquele texto dando ênfase às frases mais importantes e, no final, ele bateu palmas e me cobriu de beijos e carícias. Foi uma noite memorável. Talvez superior àquela que, de fato, iria enfrentar dentro de algumas semanas. Ter um amigo fiel, dedicado e atencioso é uma dádiva dos céus.

Nos grandes acontecimentos da vida, sejam eles bons ou ruins, o sono teima em desaparecer, talvez porque ele queira que vivenciemos cada segundo desses momentos de forma real.

Capítulo 28

A PRIMEIRA VIAGEM COM ALBERTINO

Não havia consulta prévia de suas decisões nas quais estava incluída. As determinações eram unilaterais, e eu deveria obedecer. Numa sexta-feira, ele falou que iríamos passar o fim de semana numa fazenda de sua propriedade, e apenas me perguntou a que horas o seu motorista deveria me pegar. Na hora combinada, estava à espera do seu funcionário.

Foi uma noite insone. Lembrei-me do meu primeiro namorado, quando ainda adolescente, que ditava todas as ordens do meu viver e os constrangimentos que me causara. Aquela situação estava se repetindo. Eu precisava encontrar uma saída nesse emaranhado de envolvimentos.

Prelibava o sabor amargo que poderia enfrentar se desistisse de toda aquela encenação. Ele tinha poder e dinheiro. Esses dois fatores são armas poderosas que estão à disposição de poucos mortais.

Fazia-se necessário ter calma e pensar sobre qual teria sido a minha contribuição para despertar nele essa forma de agir, cuja situação estava tentando me afastar da minha estrada e de meus propósitos.

Realmente, como tive uma origem de muita pobreza e responsabilidades com a família, de vez em quando eu me sentia feliz e imaginava que indo adiante, tudo teria solução rápida. Mas é preciso lembrar que quando solucionamos alguns problemas, outros podem surgir, muitas vezes com conotações diferentes e fora do nosso alcance, até para entendê-los.

O motorista chegou. Agora, tinha de partir. Entrei no carro e estranhei que ele não tivesse vindo junto. Antes que eu pudesse falar alguma coisa, o motorista me disse: agora vamos pegar o patrão em sua residência.

Albertino nos aguardava portando duas pequenas maletas, que foram colocadas no porta-malas do carro junto com as minhas. Ele, ao entrar no carro, cumprimentou-me e beijou levemente o meu rosto.

Durante a viagem, que durou quase duas horas, pouco se falou, até porque, normalmente, os patrões não compartilham assuntos pessoais os com empregados. Ele segurava a minha mão, como que querendo sugar toda a minha energia em benefício próprio.

Trocávamos olhares, e eu buscava uma razão para estar ao seu lado numa primeira viagem que poderia dar novos rumos às nossas vidas. E concluí que: "tudo na vida é uma experiência". Também acompanhava-me a curiosidade própria das mulheres em um primeiro encontro amoroso. Podia imaginar o que se passava em seu pensamento, pois, de vez em quando, ele apertava a minha mão como que querendo dizer: "agora, você me pertence!". Era verdade.

Confesso que ao chegar ao local senti-me deslumbrada. Era uma fazenda da fase áurea da cultura cafeeira no Vale do Paraíba. A casa grande havia passado por uma reforma nos últimos anos, segundo ele me falou, e estava primorosa. Lembrei-me das exuberantes paisagens dos quadros de Claude Monet, o famoso pintor francês.

Aproximaram-se alguns funcionários, que se encarregaram de transportar os nossos pertences para dentro dos aposentos. Parei em frente e fiquei a admirar a casa de estilo colonial.

Ao entrar, ele me apresentou àquelas pessoas e pediu a uma delas que me acompanhasse aos meus aposentos. Um quarto sensacional: amplo, bem ventilado, com flores recém-colhidas espalhadas em diversos vasos, móveis antigos de jacarandá da Bahia.

A roupa de cama e os sofás eram branquinhos e cheios de renda. Senti-me no século XVIII. Como ele ficava no andar superior, fui à janela, e fiquei sem fôlego ao ver a vista que se descortinava à minha frente. Corri o pensamento para a minha infância e pensei: "Será que estes móveis foram feitos pelo meu avô?". Agora não importava o passado. O presente estava implorando-me que vivenciasse cada momento, porque cada segundo pode representar uma vida inteira.

A minha acompanhante, ao sair, disse-me que quando eu quisesse alguma coisa, era só balançar um sininho que havia sobre uma mesa, e ela me atenderia imediatamente. Ainda acrescentou que eu não precisava arrumar nada nos armários, porque ela se incumbiria dessa tarefa. Com essa informação entendi que eu não deveria sair dali procurando alguém pela casa.

Tomei um banho, troquei de roupa, passei o meu perfume preferido e lá fui eu tocar o sininho. De pronto, ela surgiu. Perguntei-lhe sobre o Sr. Albertino, e fui informada de que ele já estava à minha espera, na sala de estar.

Ao me ver, levantou-se, segurou as minha mãos e me perguntou se eu queria fazer-lhe companhia para almoçar. Não estava faminta apesar do adiantado da hora, mas concordei, e dirigimo-nos à sala de jantar.

Era monumental! Extravagante! Maravilhosa! Gamelas de frutas espalhadas em cima dos móveis, jarras imensas com flores recém-colhidas, e todos os móveis, também, de jacarandá da Bahia.

Ele puxou uma cadeira e fez-me sentar e sentou-se ao meu lado. Advertiu-me que se algumas das iguarias que iriam ser servidas não fossem do meu agrado, eu não precisava comê-las. Poderia fazer outras escolhas. E me apresentou uma lista, que eu chamaria de menu, do que iria ser servido nessa ocasião.

O mais importante era vivenciar toda aquela atmosfera de luxo e encantamento, e manter-me na expectativa de tudo que iria acontecer nas horas seguintes.

Desde que o conheci havia notado que ele teve uma educação esmerada. Sabia como lidar com pessoas de diferentes estirpes e, também, conhecia todos os meandros para conquistar uma mulher. Embora milionário, era um homem simples com um olhar de profunda tristeza.

A tarde começava a se dissipar, como se tivesse pressa para que a noite chegasse. Eu também estava ansiosa.

Embora já o conhecesse havia algum tempo, em nenhum momento senti atração sexual por ele, nem mesmo quando fui beijada. Como amigo, ele era por mim considerado o melhor que este mundo já produziu. Mas eu poderia, também, estar enganada. Quem sabe se no aconchego mais íntimo eu pudesse sentir algo mais que amizade. Nessa noite, eu teria a resposta.

Após ser-nos servida uma sobremesa, que eu chamaria "dos deuses", e um cafezinho fresco e saboroso, sentamo-nos na ampla sala de estar, próximo a uma lareira, e a nossa conversa não parava. Ora era eu, ora era ele com assuntos dos mais diversos da própria vida.

Contou-me que em uma de suas viagens a Nova York o seu amigo foi buscá-lo no aeroporto numa limusine. Quando ele viu aquele carrão, falou:

– Você não teria outro carro mais simples para vir me buscar?

E o seu amigo respondeu:

– Eu viria no Rolls-Royce. Só não o fiz porque a minha mulher precisou sair com uma amiga.

A simplicidade dele era ímpar, soberana. Em determinado momento, ele me falou:

– Se você quiser se afastar por qualquer motivo, fique à vontade. Aqui ao lado tem um banheiro, com pasta dental e escova de dentes novinha.

Ele era um *gentleman*.

Já passava das duas horas da manhã, quando decidimos ir para os aposentos. O dele ficava ao lado do meu ligados por uma porta, que se trancava pelos dois lados. Quando em frente ao meu, ele falou:

– Se você não quiser que eu entre, é só trancar a porta do seu lado. Do meu estará apenas encostada.

Tinha diante de mim uma prova de fogo. Em muitas outras ocasiões, fui amada e amei. Passei por turbilhões de emoções. Agora, era diferente. Todo o desenrolar dos acontecimentos convergia para encarar esse grande momento, revestido de muito romantismo por ele, com lealdade.

Eu não tinha o direito de decepcioná-lo, mas também não deveria me afastar dos meus princípios. Era uma questão de caráter. E, sentada em uma das poltronas lembrei-me de que "no mundo sempre existirão pessoas que vão te amar pelo que você é e outras que vão te odiar pelo mesmo motivo".

Havia muito tempo que eu não fazia sexo em decorrência de muitas atribuições laborais e, por vezes, quando a minha capacidade de espera chegava ao limite, o meu pensamento se voltava para algum momento vivido antes, e ao vivenciá-lo novamente sentia o mesmo prazer de quando de seu momento real.

A porta do meu lado também estava apenas encostada. Ele bateu, levemente, e ao me avistar perguntou:

– Posso entrar?

Respondi que sim.

A atmosfera daquele lugar, a luz fraquinha do abajur, o colorido das flores, a cama coberta por uma colcha branca e rendada, tudo convergia para vivermos uma noite inesquecível. Vestia uma camisola branca de duas peças: uma com as costas desnudas e os meus seios cobertos apenas por uma tira fininha do mesmo tecido da saia, que era longa e transparente, e a outra cobria tudo, apenas fechada com um laço de fita que poderia ser desatado facilmente. A minha calcinha era minúscula e fácil de ser tirada.

Eu também precisava dar a minha contribuição para o sucesso daquela noite. Ele vestia um pijama curto de tonalidade azulada combinando com os seus cabelos grisalhos. Ele tinha 52 anos, e eu 33. A diferença de idade não era importante. O que valia era a nossa experiência adquirida pelos anos que tínhamos vivido.

Ficamos algum tempo parados um diante do outro, sem palavras como não querendo acreditar que aquele momento era real. É bem provável que ele tenha sonhado e planejado esse cenário muitas vezes antes.

Na noite em que ficamos noivos eu pensei qual seria a minha reação quando um dia tivéssemos a nossa primeira noite de sexo. Não me foi dado o direito de uma resposta, porque eu o tinha apenas como um grande amigo.

Sentia-me uma adolescente em seu primeiro momento de sexo, vivendo uma poderosa emoção. A atmosfera daquele quarto, o seu corpo encostado ao meu sentindo o seu respirar e o fogo que sentíamos deixaram o meu coração pulsando em frequência acelerada. Todos os pelos do meu corpo eriçados diziam-me que estava pronta para viver uma tórrida noite de amor. Ele me abraçava tão forte, como querendo que eu sentisse todo o desejo que ele sentia.

Ele me olhou e perguntou:

– Posso tirar a sua camisola?

Não respondi, porque o silêncio diz o que sentimos de uma forma tão perfeita que as palavras não sabem como traduzi-lo. Estava livre da primeira cobertura, quando da segunda, ele agiu mais rápido. Estava ansioso para ver o meu corpo em sua forma natural.

Deitados, ele deslizava as suas mãos pelo meu rosto, roçava o meu pescoço e descia acariciando levemente os meus seios, que respondiam a essas carícias intumescidos. Das pontas dos seus dedos saía um fogo que ia me consumindo e me deixando vivenciar momentos nunca antes vividos. Os seus beijos deixavam-me sem chance de falar alguma coisa. Também, falar o que nesse envolvimento transcendental! Gemia de prazer e ouvia frases que refletiam o que ele também sentia. Foi uma loucura total e absoluta.

Depois de algum tempo, fomos juntos ao banheiro e tomamos um banho. Ao voltar para cama, sentíamos que estávamos roubando o prazer de todos os seres vivos nessa noite. Tudo recomeçou, parecendo que éramos os únicos no mundo a fazer sexo. Todas as emoções do mundo se quedavam ali. As palavras e frases sussurradas por ele e por mim davam a dimensão do que sentíamos. Ele voltou aos vinte anos, e eu aos dezoito. Era uma tremenda sensação de bem-estar. Sentíamos labaredas de fogo incendiando nossos corpos e a nossa alma.

Não vimos o amanhecer chegar. O sol, respeitando a nossa privacidade, também se recusou adentrar em nosso quarto pelas frestas das janelas. E, assim, ficamos vivenciando todo esse encantamento por mais de dez horas. Em dado momento, já cansados, dormimos. Ao abrir os olhos e tomando consciência de tudo que se viveu, ele me disse:

— Você é uma fêmea em sua mais profunda essência.

Guardei esse elogio por toda a vida.

Ao acordar, olhei o relógio, e já era tarde. Três horas e dez minutos do dia seguinte. Voltamos ao banho, e já vestidos, ele saiu para providenciar o almoço, porque o café da manhã já tínhamos perdido.

Havia uma sala ao lado de nossas suítes, e nesse lugar foi-nos servido um *brunch*. Estávamos famintos, e tudo que comemos tinha por objetivo fortalecer os nossos corpos exauridos pela longa noite gastos de energia. Ele segurava a minha mão e repetia:

— Como você me faz feliz! Eu a amo muito, muito.

Apesar de tudo, eu ainda não podia dizer que o amava com a mesma força de suas palavras. Existe uma diferença entre gostar e amar. É claro, que eu me sentia feliz, mas com os homens precisamos ter muita cautela em expor os nossos sentimentos, porque eles podem aproveitar-se dessa situação e cometer erros irreparáveis.

O homem foi e sempre será um eterno conquistador. Eles necessitam ter a sua presa sob domínio para sentirem-se machos de verdade. É da condição humana.

Não voltamos na segunda-feira, como havíamos planejado. Isso aconteceu somente no dia seguinte à tarde. As nossas obrigações diárias podiam esperar, e não deveriam fazer nenhum tipo de reclamação. Agora, alimentados e felizes fomos fazer uma caminhada ao redor dos jardins. De vez em quando, ele colhia uma flor e me presenteava. Num determinado momento, paramos. Ele segurou as minhas mãos e falou:

— Este lugar será seu, após o nosso casamento. Vou tomar as providências cabíveis.

O poderio dele falava mais alto, que ao meu ver, naquele momento, não era de bom alvitre falar de negócios. Mas é preciso respeitar sempre as decisões do outro, quando elas não nos causam nenhum mal. O sol, timidamente, ia se escondendo, como que dizendo: A noite está chegando, sede felizes novamente. E fomos.

Capítulo 29

A FESTA DE GRADUAÇÃO

Voltamos a nossa cidade. Durante o trajeto, ele segurava e apertava a minha perna querendo agradecer aqueles momentos de grande felicidade. Trocávamos olhares e sorrisos.

Ao chegar em frente ao meu prédio, ele desceu do carro, abriu a porta, segurou a minha mão e eu desci. Enquanto isso, o seu motorista tirou do porta-malas os meus pertences e levou-os até a porta do meu apartamento. Convidei-o a subir, mas ele se recusou, afirmando que voltaria aqui em um outro dia. Percebi que o porteiro, um senhor de meia-idade, olhou curioso para o carro e fez o seguinte comentário:

— Bonito carro, dona Lenira!

Com certeza, ele também já sabia do meu noivado.

Em menos de uma hora, Albertino telefonou-me e agradeceu os grandes momentos que eu lhe proporcionei naquele fim de semana. E afirmou que estava muito feliz. Eu também falei que ele me fizera muito feliz. E, ainda, acrescentou:

— Este é apenas o começo de muitos outros que virão.

Revi os meus conceitos sobre ele, e descobri que nem sempre as situações aparentes traduzem a realidade dos sentimentos.

Quando ele me beijou pela primeira vez, ainda no seu escritório, encarei aquele seu gesto como se fora um sentimento de gratidão pelo trabalho que estava fazendo, ajudando-o em suas funções de interventor. Não senti nenhuma atração que existe entre homem e mulher, talvez porque ele fosse o meu chefe, ou talvez porque ele era um homem muito rico e casado. Era alguém que estava acima dos limites das minhas fantasias. Eu o respeitava e sentia gratidão pelo apoio e pela segurança que ele me proporcionava. Era um porto seguro que eu confiava e que me deixava forte para enfrentar os adversários. A sua proteção era total, e todos os envolvidos tinham certeza e consciência disso.

Fiquei alguns dias pensando: "Lenira, veja o que você estava perdendo!" E conformada, eu concluí, "todos os momentos chegam, e chegam pra valer".

Ao me deparar com o meu filho, três dias depois, ele falou em tom de ironia:

– Eu pensei que a senhora não ia mais voltar.

Os filhos são assim. Eles querem a nossa atenção apenas para eles, não se dão conta de que a mãe é também um ser humano, e que precisa de outras necessidades além das atribuições de mãe.

Só foi possível voltar ao trabalho no dia seguinte, porque o cansaço tomou conta de mim.

Logo que entrei em minha sala, a minha secretária me cumprimentou, e perguntou se eu tinha tido um bom fim de semana. Apenas respondi que sim, e em seguida ela me lembrou de que a festa da minha graduação aconteceria em quatro dias.

Eu me sentia atordoada e sem noção exata do tempo. A impressão que eu tinha era a de ter vivido um século em apenas três dias. Talvez eu não esperasse tanto aparato e perfeição, e muito menos que ele pudesse despertar em mim essa força poderosa que é o sexo.

Como deveria reagir a esse acontecimento? Voltar ao prumo seria a primeira medida que se impunha. Todas aquelas emoções vividas teimavam em não se afastar da minha cabeça. O cheiro de sua pele fazia-se presente em minhas narinas. O encantamento daquele lugar não se afastava dos meus olhos: Aquela profusão de alimentos, o colorido das flores que enfeitavam o nosso ambiente. Tudo estava fora do meu alcance, havia muito tempo. Estava confusa e levemente perdida. Tinha um grande problema pela frente, mas, com certeza, eu o resolveria nos dias subsequentes.

Chegou um dos maiores dias da minha vida: a minha graduação em Letras modernas (português-inglês). As pedras que precisei tirar do caminho e as feras que encontrei pela estrada davam-me o ensejo de festejar esses momentos, com uma extrema alegria. Quando me arrumava para ir ao encontro dos meus colegas, naquele dia memorável, pensei sobre o que, agora, havia na mente deles, depois de tantos transtornos que me causaram. Eu já os havia perdoado, no momento em que me escolheram para ser a oradora da turma. Todos erramos. O importante é reconhecer esses erros e seguir adiante. E lembrei que "Você quer ser feliz por um instante? Vingue-se. Você quer ser feliz para sempre? Perdoe". Ademais, o perdão é a capacidade de deixar o passado para trás.

O motorista do Albertino levou a minha família, e eu fui com ele em seu carro. Ao chegar ao local, lembrei-me daquelas monumentais festas de Hollywood, em que as estrelas de cinema desfilam por um tapete vermelho, exibindo-se e recebendo os aplausos merecidos. No meu caso não haveria essa pompa, mas pude observar quando de nossa chegada o cruzar de olhares das pessoas que estavam ao redor. Ele recomendou-me que abriria a porta do carro e me daria a mão para eu descer. O meu vestido foi um presente dele. E assim, chegamos.

Ele dirigiu-se à mesa diretora, a minha família já estava na plateia, e eu junto com os meus colegas nas primeiras fileiras das cadeiras. Iniciaram-se os trabalhos. Ainda para compor a mesa foram convidados o patrono, que era um famoso e antigo poeta da cidade. O paraninfo, um professor muito amado por todos os alunos, e eu que seria a oradora da turma. Já estavam à mesa o diretor da faculdade e o secretário. O ritual de uma formatura todos conhecem, todavia aquele foi simplesmente fantástico. Havia uma aura de felicidade em todas as fisionomias.

Há momentos em que os acontecimentos da vida transcendem tudo que imaginamos. Depois do patrono e do paraninfo proferirem os seus discursos, chegou a minha vez. Quando o meu nome foi anunciado sentia-me como se estivesse subindo nas nuvens ao encontro de Deus. Li-o enfatizando os momentos que vivemos naqueles quatro anos de estudo, com agradecimentos aos professores, à família e aos funcionários da instituição. E, para concluir, falei:

— Agora peço licença aos meus colegas para dizer à minha mãe, que está na plateia, o seguinte: Minha mãe, Deus lhe pague por tudo o que você fez para que eu pudesse estar aqui. Minha mãe, obrigada do fundo de minha alma.

Percebi que muitas lágrimas rolaram na face de algumas pessoas. Foi emocionante!

Saímos para a festa. Ficamos lá alguns instantes e, sorrateiramente, despedi-me dos meus familiares, mandei o meu filho ir dormir com a avó e fomos, nós dois, comemorar aquela noite, em sua casa. O motorista dele ficou à disposição para levar a minha família de volta.

Tomamos champanhe, ouvimos música e fizemos amor. Foi mais uma noite fantástica!

Não trabalhei no dia seguinte, porque era domingo. Aproveitamos o dia para vivenciar, mais uma vez, momentos de muita felicidade.

Capítulo 30

AS DECISÕES SOBRE O ALBERTINO E A SUA SAÍDA DA INSTITUIÇÃO

Como afirmou o Sr. Jutair, eu realmente, agora, me sentia dona do homem e da cidade, todavia sem desgrudar os pés do chão, mesmo porque tudo nessa vida é falível, e mudanças podem acontecer em alguns segundos. Eu não gostaria de ter surpresas sob as quais não me fosse possível ter o controle absoluto.

Também, a vida não se resume apenas aos prazeres vividos em cima de uma cama. A vida é muito mais que isso.

Estava chegando ao fim a participação do Albertino como interventor da instituição. Naquele momento, quase tudo estava voltando à normalidade. Ele havia sido nomeado por autoridades superiores exatamente para promover mudanças em todos os setores e, segundo ele, graças ao meu trabalho e conhecimento isso se tornou possível.

O tempo de seu trabalho já estava próximo dos cinco anos. Antes de ele tomar a decisão definitiva, conversamos longamente sobre a entidade e a minha posição quando de sua saída. Ele se preocupava que eu tivesse de enfrentar outros problemas com aqueles diretores, que ainda faziam resistência ao meu trabalho e, naquela situação, poderia ser mais complicado porque eu era a sua noiva, e há determinadas pessoas que não suportam a felicidade dos outros.

Prometi que iria pensar a respeito e que voltaríamos a conversar sobre esse assunto. Eu precisava de tempo, para não tomar atitudes precipitadas.

Ao chegar para a assinatura dos documentos, que agora era em sua casa, e não mais no escritório, ele me falou que tinha em mente algumas soluções: Número um: casaríamos em breve, e como eu não precisava mais trabalhar, poderia me dedicar ao lar e a ele. Número dois: como eu já era professora, poderia dedicar o meu tempo livre para coordenar a escola de sua empresa. Número três: continuaria trabalhando na entidade até quando fosse possível, ou até mesmo quando eu quisesse.

Levei essas alternativas comigo, guardei-as em lugar especial na minha cabeça e assegurei-lhe que iria pensar com muito carinho. E, por fim, ele falou:

– Você precisa mudar-se para nossa casa. Diga-me o dia que você quer fazer isso, e eu mandarei o Justino, meu motorista, pegar as suas coisas.

Pela vida já tinha levado sustos dos mais diversos quilates, mas esse foi muito além da minha imaginação. Eu não tinha "coisas", eu tinha uma vida inteira construída com o suor do meu rosto. Era um mundo que ele não conhecia, por ter nascido em berço de ouro e ter passado toda a sua vida com muitos privilégios, que são próprios de famílias ricas.

Esse incidente foi um vendaval devastador em todo o meu ser. Calei-me, não tinha e nunca tive resposta para essa pergunta. Dizem que "a melhor resposta é aquela que não se dá".

Ele me telefonou pedindo-me que fizesse um ofício, solicitando àquelas autoridades o seu afastamento daquelas atribuições. Ainda pediu-me que ressaltasse e relacionasse tudo o que foi feito. Esse documento deveria ser assinado naquela noite. Apressei-me a redigir o referido documento por perceber que sua atitude e decisão estavam seladas.

Eu tinha o hábito de relacionar tudo que acontecia, bem como os registros havidos em atas das reuniões, portanto o meu trabalho foi o de apenas juntar documentos. Eu amava o meu trabalho e fazia-o com esmero e disciplina.

Quando o encontrei ao anoitecer, carregava comigo os documentos que ele havia solicitado. Sentamo-nos, e ele os leu um por um e assinou-os. No final, falou:

– Isso tem um nome: Eficiência.

E ainda completou:

– Você além de ser uma mulher completa, ainda é uma funcionária muito competente.

Sorri e agradeci.

Recomendou-me que fosse no dia seguinte, pessoalmente, ao fórum da cidade e entregasse aquele documento ao curador de fundações, e que esse deveria assinar a cópia. Ainda, acrescentou:

– Tire quatro cópias. Uma coloque dentro do seu cofre, outra nos arquivos da entidade, outra guarde com você em sua casa e a última traga para mim amanhã à noite.

Cumpri essa missão, e ao anoitecer do dia seguinte levei a sua cópia. Festejamos com champanhe a sua saída das funções de interventor, e ele, então, sentia-se livre como um pássaro voando pelo espaço.

Falei-lhe que ele dera uma contribuição muito importante para a cidade, e que o nome dele seria lembrado sempre. E assim ele falou:

– O mais importante dessa missão foi a oportunidade de ter te conhecido. Esse foi o meu maior presente. Se eu tivesse ganhado todo o dinheiro do mundo, seria pouco diante da felicidade que você está me proporcionando.

Senti que a paixão invadia a sua alma, e isso me assustou de verdade!

Capítulo 31

O NOVO DIRIGENTE DA FACULDADE E O TRABALHO DE PROFESSORA

Embora tivesse ocorrido a troca na direção da entidade, que passou a se denominar presidência, o meu trabalho continuou tranquilo e sem grandes problemas. O novo dirigente era um médico aposentado de nome Sandoval, famoso na cidade, e também comandava uma escola técnica. Ele era de origem nordestina, tinha uma companheira trinta anos mais nova que ele, e se impunha pela firmeza de suas palavras e sua postura intimidante.

Todos os documentos importantes da instituição estavam sob a minha guarda, dentro de um cofre, o qual apenas eu tinha as chaves e o segredo. Um dia ele entrou em minha sala, pediu-me que abrisse o referido cofre e lhe mostrasse tudo o que guardava. Examinou alguns documentos e livros e determinou que os guardasse de volta.

Eu já tinha o título de professora desde o ano anterior, e precisava trabalhar nessa área para formar um currículo mais amplo, pois nunca sabemos o que irá acontecer no futuro.

Enchi-me de coragem e falei com o Sr. Sandoval que gostaria de ministrar aulas de Língua Portuguesa no curso técnico da própria entidade, que funcionava à noite. Ele concordou imediatamente, e logo determinou que fosse feita uma portaria nomeando-me para essa função. Durante o dia seria secretária, e à noite professora. Fiquei saltitante de felicidade, e como era o início do ano, logo comecei essas aulas, e ademais, passei a ter dois salários.

Nessa nova atividade fui bem-sucedida. Aconteceram situações fantásticas. Descobri que também nasci para ser mestra. E fui.

O primeiro dia de qualquer acontecimento em nossas vidas fica em nossa mente para sempre. Podemos viver outros melhores ou piores, mas aquele persiste em nos acompanhar, como uma marca que jamais será apagada.

Entrei na sala de aula, agora como professora. Com uma lista dos nomes dos alunos nas mãos, corri os olhos em volta, por vezes fixando o meu olhar em alguns, apresentei-me.

– O meu nome é Lenira Silveira, e a partir de hoje serei a professora de Língua Portuguesa de vocês.

Informei-lhes que faria a chamada para confirmar a presença, e que quando eu falasse o nome de cada um, eles deveriam ficar de pé, a fim de que eu pudesse memorizar o nome à respectiva fisionomia.

Pedi que eles comprassem dois livros, para que fosse possível acompanhar o roteiro do conteúdo de nossas aulas. Escrevi na lousa o nome desses materiais escolares. Adverti-os de que as aulas seriam, em determinadas ocasiões, diferentes com assuntos que poderiam surgir por ideias deles ou minha.

A nossa primeira aula foi surpreendente: dirigi-me a um aluno chamado João da Silva, e lhe perguntei:

– Se alguém em algum lugar lhe perguntar: "Quem é você?", o que você responderá?

Ele, timidamente, falou:

– Eu sou João da Silva.

– Certo. É isso mesmo. A primeira resposta será sempre o seu nome, porque esta é a sua identidade. Cada um de vocês tem um nome que com certeza foi escolhido por um de seus familiares. Essa é a sua identificação. Há muitas pessoas que não gostam do nome que lhe foi dado, outras sim. Vou sugerir que cada um se levante, mencione o seu nome e conte a sua história. Se alguém se sentir constrangido em falar sobre este assunto em público, por favor, omita-se e escreva em um papel e me entregue no final da aula.

Para o meu entender, acontecia ali uma valorização de cada um e a descoberta do seu eu interior. Foi divertido esse primeiro contato com aquela classe. Realmente, alguns escreveram sobre as suas histórias, e fiquei surpresa com os escritos.

Se eles estavam dispostos a aprender o nosso idioma, quem aprendia era eu, e muito, principalmente quando lia as suas redações: um tema comum a todos, e cada um expressava o seu ponto de vista de forma diferente e com conotações próprias do seu mundo. Como diz o velho ditado, "Cada cabeça é um mundo". Essa afirmativa é verdadeira.

Quando líamos um texto de um autor qualquer, costumávamos trazer aquela mensagem para o nosso cotidiano, para despertar o senso crítico que existe em cada um de nós. Eram momentos muito interessantes.

Minha vida passou a ter motivações que nunca antes imaginara. Segui durante o dia trabalhando como secretária, e à noite ministrando aulas de Língua Portuguesa. A minha jornada de trabalho somava por volta de doze horas diárias, todavia não sentia cansaço. Era um trabalho extremamente compensador e cheio de entusiasmo. Sentia prazer em descortinar para os meus alunos, nesse convívio, um mundo que já era meu e de muitos autores da literatura que eles não conheciam. Aprender é mudar o comportamento. Estava certa de que a minha missão estava sendo cumprida.

Comuniquei essa minha decisão para Albertino, que ficou levemente enfurecido, e falou-me duramente que eu deveria tê-lo consultado antes de tomar essa atitude. E acrescentou:

— Você precisa ter consciência que eu estou em sua vida, e que tudo que você quiser fazer eu deverei tomar conhecimento antes.

Respondi à altura, disse-lhe que desde que tinha onze anos de idade nunca precisei avisar ninguém antecipadamente sobre os meus atos. Trabalhava, era independente, e assim continuaria sendo. Observei que ele falou "eu estou em sua vida", como se ele percebesse que ele estava na minha vida, mas eu não estava na dele. Interessante essa conotação de pensamento!

Muito cedo na vida aprendi a ser líder: mandar, comandar e decidir eram atitudes inerentes ao meu caráter. Agora, poderia essa liderança ser abafada dentro de um contexto imprevisível? Não. Tudo isso apenas pensei. Era um segredo guardado a sete chaves em minha cabeça.

Calada, ao lado dele, pensei: "Amo a liberdade. Sem ela, jamais serei feliz. Respeito as opiniões e decisões dos demais, mas torno-me uma fera acuada quando alguém não entende a minha forma de ser".

Acalmada a tempestade, ele se aproximou de mim, pediu desculpas e disse que queria que eu estivesse ao seu lado todo o tempo, porque eu o fazia muito feliz. Ainda acrescentou:

— Eu preciso de você como preciso do ar que respiro.

Ao ouvir essas palavras, ecoou um grito desesperado dentro de mim, dizendo: "Você está perdida!", como diz o ditado popular: "no mato sem cachorro".

Mas tudo na vida tem solução, se não fosse assim, como teriam sido solucionados os grandes problemas que todos enfrentamos em nosso cotidiano? Restava-me usar não apenas de inteligência e sabedoria, mas sobretudo de criatividade.

Voltou-se ao assunto das três alternativas que ele havia me sugerido dias atrás. Respondi imediatamente. A primeira é impossível, porque eu tenho um filho, uma família que ajudo quando eles necessitam, e eu não posso abandonar as minhas atividades para viver às suas expensas.

– Ser do lar! – ironizei.

Ele apenas riu. E falou me desafiando:

– Você já parou para pensar, em algum momento, quantas mulheres gostariam de estar em seu lugar?

– Sim, muitas! – respondi – Todavia sinto-me diferente e, tudo que sou hoje, foi a vida e as circunstâncias que me deram. Talvez eu tenha contribuído, em algum momento, mas não em tudo. A segunda, também está fora de cogitação, porque já iniciei no período noturno as minhas aulas de Língua Portuguesa, no curso técnico em Eletrônica. Portanto vamos ficar, por enquanto, com a terceira.

Falou o meu querido noivo:

– Se você vai trabalhar pela manhã, à tarde e à noite qual parte do seu tempo sobrará para mim? Respondi:

– Os fins de semana, os feriados, e algumas noites que eu estiver disposta a dormir com você.

Ele arregalou os olhos e se recusou a assimilar o que falei.

Foi até ao bar preparou uma bebida, sentou-se numa poltrona perto de mim, ficou ali quieto digerindo aquele drinque, tentando entender o que ouvira. Enquanto isso, pensei: "Quero seguir a minha estrada até o fim dos meus dias. Se alguém se dispuser a me acompanhar, sede bem-vindo! Uma vida não vale outra vida. Nunca! Entregar o seu viver a outrem é uma perfeita loucura! Todos somos mortais, e tudo pode nos acontecer".

Na natureza há muitas plantas que vivem à sombra das outras. Eu sempre quis ser aquelas que recebem a luz e espalham a sua proteção às demais.

Quero continuar dona da minha cabeça, da minha vida e ser sempre responsável pelos meus atos. Assumir de forma total e absoluta todos os meus erros, acertos e vivenciá-los até o limite máximo. Somente agindo assim serei eu, Lenira. Ninguém é feliz nas vinte e quatro horas do dia. Felicidade são instantes supremos que acontecem de vez em quando na vida de cada um e na vida de todos.

Não saberia como viver naquela casa imensa a qual pertencia a uma família numerosa. Ali, eu seria mais uma. O espaço físico de uma morada não é tudo. Há, ainda, a situação psicológica, que pode até nos tirar a felicidade pelas circunstâncias. E, finalmente, concluí: Eu não como mais do que um prato de comida por vez, não calço mais do que um sapato por vez e nem visto mais do que uma roupa por vez. Portanto o que eu possuía com o fruto do meu trabalho me bastava.

Quando ainda casado, ele tinha uma amante que morava em uma casa dentro de sua propriedade. Ele me falou sobre essa mulher e justificou que a sua esposa era, também, muito rica e que ficava até seis meses viajando, sem lhe dar nenhuma atenção. Ela tinha sido sua funcionária, mas que havia algum tempo esse relacionamento havia terminado. Com ela tivera três filhos. Em muitas ocasiões essas crianças entravam na casa a qualquer hora. Um dia, ao avistá-las, perguntei quem eram elas. A resposta foi:

— Somos filhos do Albertino, ele é nosso pai.

Quem poderia garantir o tempo que ele continuaria apaixonado por mim e me dispensando toda essa atenção? As pessoas mudam dependendo das circunstâncias que lhe são impostas. E, ainda, era rico e belo.

Talvez ele tivesse razão em seu exposto acima, mas eu também tinha as minhas. Ambas deveriam ser respeitadas.

Se eu tivesse a oportunidade de continuar no meu trabalho, e passado algum tempo após o nosso casamento, eu percebesse que essa união poderia durar por longo tempo, até seria possível mudar o meu *modus vivendi*. Por enquanto, não. "Nunca deixe o certo pelo duvidoso". Alguém afirmou isso, há longos anos.

Ele não estava preparado para viver fora daquele ambiente que representou toda a sua existência. Nasceu em berço de ouro e viveu com tudo que o dinheiro pode oferecer. Fora dali ele, certamente, se perderia.

Não sei precisar quanto tempo ficamos naquele silêncio. Ele pensando de um lado, e eu do outro. Já era tarde, e os meus deveres do dia seguinte me aguardavam, levantei-me, despedi-me dele com um leve beijo e me fui. Há ocasiões em que o silêncio vale ouro. Essa foi uma delas.

Capítulo 32

O PERFIL DE ALBERTINO E A DECISÃO DE NÃO CASAR

Ele me telefonou e me perguntou se eu estava bem. Afirmei que sim. E, também, perguntei como ele passara a noite. Respondeu-me:

— Muito, muito mal. Bebi até desmaiar e, quando acordei, estava em minha cama. Com certeza o meu mordomo me trouxe até aqui.

Naquela noite do nosso jantar com a diretoria da entidade, ele bebeu tanto que terminou prostrado em uma cadeira dormindo. Esse deveria ser o comportamento dele quando se sentia muito feliz ou derrotado. Era um alerta à minha disposição! Ele bebia e fumava um cigarro atrás do outro. Também pude observar que naquele fim de semana que ficamos juntos tomamos apenas champanhe na medida certa. Será que ele considerava aqueles momentos especiais para ter a serenidade de que precisava? Não sei responder a essa pergunta, porque ela foge ao meu entendimento. A mente humana é por demais complexa, ninguém é capaz de entender certos comportamentos, nem mesmo os maiores estudiosos do assunto.

Durante a semana, evitei encontrá-lo. Estava envolvida com o meu trabalho e com as aulas no período noturno. Chegava em casa sempre depois da onze horas da noite. Passados alguns dias, ele me telefonou, e pediu-me que fosse passar o fim de semana em sua casa. Achei a ideia brilhante e fui.

Conversamos sobre o meu novo trabalho e confessei-lhe que me sentia muito empolgada por estar aplicando o que aprendi nos quatro anos da faculdade. Ainda disse-lhe que o meu filho era, também, um dos alunos daquele curso e que ele me fazia companhia na ida e na volta da escola. Assim, ele falou:

— Ótimo. Assim, você não fica sozinha, dirigindo à noite.

Ele me falou algumas coisas de sua empresa, da sua fazenda que eu tinha visitado e outras assuntos de menor importância. Em dado momento, ele me pegou pelo braço e fomos para o seu quarto. Foi, novamente, uma longa noite de muitos prazeres vividos. Ele esperava que toda aquela conversa de dias anteriores sobre o que fazer ou não poderia ser superada com mais esse encontro.

Confesso que foi superada ao amanhecer, ou melhor, ao entardecer, porque o sol já estava se despedindo quando acordamos e já era domingo. Almoçamos e fomos descansar na enorme varanda da casa, onde o astro rei se despedia todas as tardes.

Por coincidência ou não aquela noite era de lua cheia. Mais tarde, quando o luar espalhou a sua luminosidade sobre aqueles jardins imensos de sua casa, vivenciamos momentos de muita ternura e romantismo. Jantamos, tomamos champanhe e voltamos aos nossos aposentos, para vivenciar esses momentos fantásticos de troca de emoções e energia.

Os assuntos nunca se esgotavam quando estávamos juntos. Por vezes, ele descrevia determinadas viagens que fizera com uma riqueza de detalhes que até me sentia parte dessas jornadas.

Eu o achava um homem sensacional, para conversar, para fazer sexo, mas não me sentia à vontade para viver o dia a dia ao seu lado, e, sobretudo, às suas expensas. Como tivemos origens diferentes, ele via o mundo por um ângulo e eu por um outro, de forma bem antagônica. O macho que sustenta é o macho que dá as ordens e exige sempre o cumprimento de seus mandos.

Eu me sentia entre a cruz e a espada. Casar ou não casar! Às vezes ficava amedrontada, pensado que, de repente, ele fosse chamar o padre ou o juiz e me fizesse selar aquele compromisso de forma instantânea.

Eu estava feliz com a minha vida simples, ao lado do meu filho, ajudando a minha família quando era necessário e, sobretudo, com dois salários que me davam o conforto de pagar as minhas contas sem maiores preocupações. Por que deveria mudar essa situação que estava em equilíbrio?

Vesti-me com uma armadura de coragem, telefonei-lhe dizendo que queria falar com ele. Talvez pela tonalidade da voz ele teria entendido que o assunto, dessa vez, era sério. Marcamos para o próximo sábado porque se acontecesse alguma eventualidade eu teria mais o domingo à minha disposição e assim não perderia o meu dia de trabalho. Por precaução levei, mais deixei no carro, algumas roupas. Poderia não resistir!

Cheguei à sua casa por volta das catorze horas, e ele estava me esperando para o almoço. Como sempre, recebeu-me envolto em uma felicidade ímpar: um sorriso largo, um abraço apertado e muitos beijos. Parecia estar faminto de amor. Retribuí àquelas carícias com um pouco de indiferença, que foi notada por ele de forma imediata.

– O que está acontecendo?! – assim se expressou.

— Nada — respondi.

Adentramos a sala e sentamo-nos um ao lado do outro, como acontecera em outras ocasiões. O almoço estava divino: o vinho bem escolhido combinando com a comida e a sobremesa deliciosa. Depois fomos para a varanda e lá tomamos café e licor francês, bebida de sua preferência. Tudo, mais uma vez, perfeito. Exceto a minha vontade de deixar todo esse encantamento para trás. Na minha cabeça os pensamentos se amontoavam, deixando-me, em alguns instantes, sem noção exata de como iniciar essa longa conversa que durou muitas horas. Por fim, decisão é decisão, e não me era dado o direito de retroceder. Sempre primei pela integridade de caráter e pensei: "Seja o que Deus quiser, tenho de ir em frente".

Comecei o meu discurso, que não era "de formatura", mas era muito importante para mudar o rumo de nossas vidas. Por vezes, achava-me petulante e muito corajosa! Ele, ao meu lado, quietinho, pronto para me ouvir. A sua passividade deixava-me numa situação desconfortável. E assim comecei:

— Albertino, às vezes adiamos algumas decisões, talvez, com medo do insucesso. Como já fora dito: tudo nesta vida tem o seu tempo certo para acontecer. Hoje, eu tenho consciência de que este dia chegou.

— Você foi e será o meu melhor amigo, enquanto eu viver. Sou-lhe grata, eternamente, por tudo que você me proporcionou: a proteção em meus dias difíceis naquela entidade, o apoio total e irrestrito no desenrolar dos meus trabalhos, a atenção e o carinho que me foram dispensados, os grandes momentos de sexo numa troca de energia que nos elevou ao paraíso, e sobretudo, quando me sentia desamparada e que você me estendeu as mãos, fazendo-me forte e corajosa.

— A nossa amizade, que é verdadeira, continuará crescendo ao longo dos anos, assim eu desejo, mesmo que outras pessoas adentrem em nossas vidas. Alguém já afirmou que: "aqueles que passam por nós não vão sós. Deixam um pouco de si, e levam um pouco de nós". Confesso que estou levando comigo muito de você.

— Espero e gostaria muito que você encontre uma mulher que preencha a sua vida, porque você é um homem de imensa bondade, muito simples apesar de todo o aparato de riqueza que sempre fez parte de sua vida. E falei: alguém movido de muita inspiração um dia escreveu: "No caráter, na conduta, no estilo, em todas as coisas, a simplicidade é a suprema virtude".

— Eu vou continuar caminhando nessa estrada que sedimentei e espero, também, um dia ter um companheiro com as suas qualidades. Acredite que vou me sentir muito feliz se isso acontecer. Ainda, gostaria de lhe devolver o anel que você me presenteou, porque não faz sentido mantê-lo comigo.

Percebi que ele ficou chocado, talvez porque não esperasse essa minha reação. Ficou mudo e sem argumentos para rebater o que ouvia. Apenas, falou:

— Voltaremos a falar em breve, porque, agora, eu não tenho condições de levar adiante a nossa conversa.

Ficamos, ainda, um ao lado do outro, por quase meia hora. Prometeu que me telefonaria. Levou-me até a porta e nos despedimos chorando: ele e eu. Aquele foi um dia amargo. As minhas lágrimas impediam-me de dirigir, por isso parei um instante em uma rua qualquer e aguardei que elas se estancassem.

Sentindo-me melhor, fui para o meu apartamento. Por sorte o meu filho não estava em casa, e assim fiquei à vontade para sentir toda a minha dor. Ninguém mais tinha o direito de chorar, porque eu roubei todas as lágrimas do mundo.

Uma semana depois, ele me telefonou e fui encontrá-lo. Não poderia, em nenhuma hipótese, imaginar o que me esperava. Nunca sabemos as reações dos seres humanos em determinadas situações. Fosse o que fosse, eu precisava ir e encarar de frente os acontecimentos. Ao chegar, ele me cumprimentou, beijou levemente o meu rosto e entrei.

Havia em sua fisionomia uma tristeza que ele não conseguia disfarçar. Sentamos um em frente ao outro, e ele falou-me da semana terrível que tivera, enfatizando que não foi possível nem trabalhar. E também que o seu sono se recusou a lhe fazer companhia. Eu também falei que tive alguns desses problemas, mas as minhas obrigações tinham de ser cumpridas. E, as cumpri, embora sentisse o meu coração amargurado e infeliz.

Ele se aproximou de mim e falou:

— Você não gostaria de tentar outra alternativa, para que as nossas vidas não se separassem?

Retruquei:

— As nossas vidas não vão se separar. A partir de agora, seremos dois grandes amigos, até a eternidade. Onde você estiver, tenha certeza de que a minha presença estará ao seu lado sempre: Nos momentos bons ou ruins. — E acrescentei: — "Bons amigos são a família que nos permitiram escolher".

Sentir piedade de alguém é um sentimento tão grande como sentir amor. Todavia eu já havia tomado a minha decisão depois de pensar longamente sobre todos os prós e contras desse relacionamento. Não voltaria atrás, sob nenhuma hipótese.

Ficamos sem palavras por algum tempo, e finalmente ele falou:

— Não quero que você me devolva este anel. Ele lhe pertence, só peço que, todas as vezes que você olhar para ele sinta que eu estou ao seu lado nos grandes e nos pequenos momentos de sua vida. Quero, também, que você seja feliz porque você tem uma trajetória de vida de valor inestimável.

— Aqui está o número do meu telefone particular, que somente a minha família tem e, se alguma lhe acontecer e você precisar de ajuda, ligue para mim, e eu irei ao seu encontro, em qualquer parte do mundo.

Ouvindo isso abracei-o e chorei copiosamente.

Pensei: "Deus, este homem não existe! Tudo que está acontecendo agora é uma surpresa das mais surpreendentes". Lembrei-me de um grande escritor português que escreveu: "Existem momentos inesquecíveis, coisas inexplicáveis e pessoas incomparáveis". Esse foi um dos grandes momentos de minha vida.

Ele era esse ser humano excepcional! Levou-me até a porta, e eu me fui, com a certeza de ter agido de forma correta e dentro dos meus princípios de vida.

Esse desfecho não foi noticiado na imprensa, por isso tomaram conhecimento de imediato somente a minha família, os seus serviçais e poucos amigos próximos.

Senti a sua falta, sob todos os aspectos. Por vezes, a solidão me visitava deixando um rastro de tristeza em minha alma. Mas deixá-lo foi uma opção minha, e eu tinha de assumir as minhas torturas.

Voltamos a nos encontrar, como amigos, e por vezes como amantes, por toda a vida. Um dia, a morte nos separou. Voltarei a falar dele em outras oportunidades.

Capítulo 33

A COMPRA DA CASA NA PRAIA

O trabalho passou a ser o centro de minha vida e cumpria todas as minhas tarefas, diuturnamente, com toda a satisfação que essas ocupações me proporcionavam.

Como morei grande parte da minha vida ao lado do mar, numa manhã de domingo, levantei-me cedo e convidei o meu filho para irmos a uma cidade litorânea próxima, pois eu queria comprar uma casa naquela localidade. Ele se recusou a me acompanhar, e fui sozinha.

Procurei um corretor que era famoso no ramo imobiliário, fui ao seu escritório e manifestei o desejo de adquirir uma casa. Perguntou-me qual o valor que dispunha para essa compra. Respondi em tom de brincadeira:

– Nenhum tostão! – E acrescentei – Não tenho dinheiro, mas tenho crédito e gosto de trabalhar. Acredito que isso basta.

Saímos à procura. Ele mostrou-me uma muito simples, em um bairro afastado, e recusei comprá-la, porque a casa era horrível. Se a comprasse, iria gastar muito dinheiro para a reforma.

Fomos ver uma outra, recém-construída, nas proximidades da praia em um bairro de classe média. Quando ele estacionou o seu veículo em frente, saí do carro, entrei na varanda, e do lado vi a cozinha, cujo azulejo era cor-de-rosa com desenhos geométricos. Imediatamente, olhei para ele e falei: – Eu quero comprar esta casa.

Ele se assustou porque nem ao menos falara do valor daquele imóvel.

Essa minha decisão foi movida por um sonho que me lembrei, instantaneamente, que tivera dias antes. E fechamos negócio. Quando já estávamos no escritório, ele, curioso, perguntou-me a razão daquela compra sem, ao menos, ter visto antes todas as demais dependências da casa.

Contei-lhe que, durante a vida, sempre tomei decisões baseadas no meu instinto natural. E que a menos de uma semana eu havia sonhado com essa casa e, de repente, ela surgiu na minha frente, quando ali chegamos.

O valor daquele imóvel foi-me revelado e as condições de pagamento. Como não havia levado talão de cheques, marquei um encontro na quarta-feira seguinte para pagar a primeira parcela. Ao voltar para casa falei para o meu filho que havia comprado a casa.

— Mãe, você é louca! — assim ele falou.

— Não filho, para você ter mais motivação para trabalhar, às vezes, torna-se necessário assumir compromissos que lhe impulsionem enfrentar com mais coragem os problemas do dia a dia.

Paga a primeira parcela daquele imóvel, recebi as chaves e saí daquele escritório sentindo o gosto da vitória. Voltei à casa, revi cada detalhe, imaginei como iria mobiliá-la e como vivenciaria ali todo o tempo livre de minhas obrigações.

Ao voltar à minha cidade, telefonei para a família informando sobre a compra desse imóvel. A alegria foi geral. O meu filho, assim, meio desconfiado, aceitou a minha decisão, e apenas acrescentou:

— Mãe, você é muito corajosa! Que Deus ajude para que tudo dê certo.

— Já deu, filho. A partir de agora temos essa casinha para os nossos fins de semana, feriados e férias, à beira-mar.

Nesse instante, lembrei-me: "Direcione um novo rumo para a sua vida e acredite nele".

A distância da praia era de apenas cinco minutos, andando pela avenida. Estando em frente da casa, avistávamos o mar.

Desde que viera para São Paulo, essa seria a primeira vez que teria a oportunidade de ter um lugar próximo da praia. O mar sempre me fascinou desde criança. Com certeza, iria ter momentos de muitos devaneios.

Providenciei a compra de alguns móveis, e assim, de etapa em etapa e, sempre que me sobrava algum dinheiro, fui arrumando aquele novo lugar. Era emocionante, cada coisa que comprava, sentia uma alegria imensa. Era como se eu tivesse pela primeira vez arrumando uma casa. Mandei fazer um jardim simples em volta e com algumas plantas penduradas na varanda, para torná-la mais aconchegante.

Trabalhava das oito da manhã às onze da noite. Todavia nas sextas-feiras, nesse horário, eu pegava meu carro, acompanhada do meu filho ou de pessoas de minha família, e partia em direção ao meu paraíso, para passar os meus fins de semana. Também se ninguém quisesse me acompanhar, eu ia sozinha, mas ia.

Era realmente prazeroso dirigir naquela estrada cheia de encantamento, no silêncio da noite. O ar que exalava da vegetação invadia os meus pulmões e trazia à minha alma uma sensação de incrível bem-estar. Nas noites de lua cheia, era um cenário de beleza ímpar. A claridade da lua distribuída em todas as direções fazia-me sentir como se eu estivesse voando pelo infinito à procura de algo indefinido, e lembrei-me: "O luar é a luz do sol que está sonhando".

Como a casa era de esquina, possibilitava a entrada da brisa do mar em todas as suas dependências, deixando aquela sensação de frescor permanente. Havia uma varanda ampla com uma iluminação indireta voltada para as plantas penduradas nas paredes. Aquele cenário fazia-me lembrar de outros jardins que vira antes, e nos quais vivenciei dias maravilhosos.

As minhas músicas preferidas faziam-se presentes, levando-me a lembranças memoráveis. Fui feliz, mas muito feliz mesmo naquela casa que, embora muito simples, deixava a minha alma enlevada e fora da realidade. Não tinha vontade de compartilhar essa felicidade com ninguém que passara em minha vida. A minha solidão fazia-me forte e autossuficiente. Vivia um mundo inacreditável.

Semanalmente, falava ao telefone com Albertino, um dia contei-lhe da compra dessa casa. Ele ficou exultante e me perguntou se podia me fazer uma visita.

– Claro – respondi.

Quis saber detalhes do imóvel e como conseguira comprar. Marcamos um encontro em sua casa, no próximo fim de semana. Ele queria saber tudo em minúcias.

Ele me aguardava com a mesma ansiedade dos tempos idos. Cumprimentamo-nos com um forte abraço e alguns beijinhos na face. Fomos até a varanda, aquele lugar sonhador com um jardim à nossa frente de tirar o fôlego. Foi-nos servido suco de frutas, e entre um gole e outro contei-lhe, em detalhes, como comprara a casa e externei-lhe a minha felicidade por mais essa conquista em minha vida.

Ele me olhava com uma combinação de curiosidade e surpresa. E a falou:

– Você é corajosa e decidida, aliás, essas qualidades são próprias do seu caráter. Estou feliz, porque você está feliz também. – E acrescentou – Se você tiver alguma dificuldade no cumprimento desses pagamentos, por favor, me procure, e eu a ajudarei.

– Obrigada – respondi.

Ele segurou as minhas mãos e, olhando fixamente dentro dos olhos, me perguntou:

— Você não gostaria de reviver, mais uma vez, aqueles grandes momentos que a vida nos ofereceu há algum tempo?

As palavras fugiam. Não sabia o que responder. Uma corrente elétrica percorreu o meu corpo deixando a minha respiração interrompida. Passados alguns minutos, que me pareceram uma eternidade, recuperei-me e falei:

— As amizades verdadeiras são como árvores de raízes profundas: Nenhuma tempestade consegue arrancar. Queria, com esse pensamento, sugerir-lhe que eu havia decidido ser apenas sua amiga e que a nossa amizade estava acima de qualquer outra situação, mesmo a do sexo.

Ele entendeu. Conversamos mais sobre outros assuntos, e, como a noite já iniciava a sua caminhada, decidi me despedir e ir embora. À porta recebi outro forte abraço cheio de calor e ternura. Retribuí na mesma proporção.

Antes de entrar no meu carro, olhei para trás e vi-o passando as mãos sobre os olhos. Eu também chorava.

Capítulo 34

A SAÍDA DA FACULDADE

Mesmo quando uma calmaria se fizer presente em nossas vidas, precisamos estar atentos porque, se porventura uma ventania surgir não seremos pegos de surpresa e, assim, estaremos preparados para enfrentar mudanças inevitáveis em nosso viver.

Em nenhum momento de toda a história da humanidade houve felicidade eterna, porque essa, também tem as suas exigências.

Exceto o meu coração, que continuava solitário, tudo agora na minha vida estava em seus encaixes perfeitos e tomando rumos previsíveis: a família estabilizada, a casa da praia me proporcionando fins de semana inesquecíveis, o meu apartamento quase pago, o meu filho às vésperas de ingressar na faculdade, dois salários responsáveis pelo cumprimento de meus compromissos financeiros, quando fui notificada de que seria demitida de minhas funções de secretária e professora da instituição.

O motivo que me foi exposto era de que o Sr. Sandoval decidiu admitir a sua filha para o meu posto. Ela perdera o emprego em uma outra escola em que trabalhava, ainda acrescentou o chefe do setor de pessoal, que recebera ordens para me pagar todos os valores que tinha direito, e mais dois meses integrais de salário.

A primeira preocupação que tive foi saber o valor a receber. Os demais problemas eu os resolveria ao meu bel-prazer.

Recapitulando a minha permanência de quase quinze anos e fazendo um balanço do que eu tinha quando comecei a trabalhar e do que dispunha hoje, tive um saldo altamente positivo, mesmo porque, além do meu diploma de curso superior, tinha muita experiência de trabalho. Todo esse cabedal de conhecimento levaria comigo.

No dia marcado, fui à repartição pública que trata de rescisão de contrato de trabalho acompanhada do funcionário e lá assinei todos os documentos. Peguei o meu cheque e fui-me sabendo que outras portas se abririam. E, ainda muito empolgada lembrei: "Mudanças fazem parte da vida!"

Derramei algumas lágrimas não por ter perdido o meu posto, mas pelo trabalho que estava realizando com os meus alunos. Esse era de suma importância. Certamente iria sentir saudades desse novo trabalho. Não fui me despedir pessoalmente, porque o meu coração poderia não aguentar essa dor. Enviei-lhes uma carta de despedida nos seguintes termos:

> Queridos alunos,
>
> Com pesar no coração e muita tristeza, faço-lhes esta carta para me despedir de vocês. Não fui, pessoalmente, porque temi que o meu coração não aguentaria este momento.
>
> Fui demitida sem justa causa, pela Autoridade Superior desta Instituição. Os motivos não me foram revelados.
>
> Estava empenhada em fazer um bom trabalho para vocês, mas com certeza outra professora virá e, talvez, até com novas e melhores ideias.
>
> Quero e desejo que vocês alcancem os seus objetivos, estudando com afinco. Somente por meio do conhecimento seremos cidadãos livres, para pensar e decidir sobre o nosso futuro e, ainda, é notório que os investimentos em conhecimento geram os melhores dividendos. Finalmente, direi: "Existem coisas reservadas para nós que fogem ao nosso entendimento, mas que lá na frente, vão fazer todo o sentido. Por isso, nunca percam a fé".
>
> Que Deus os abençoe.
>
> Lenira.

Eu não era mais a "dona do homem e da cidade", mas dona absoluta de mim mesma, dos meus conhecimentos, das minhas experiências e da minha força inabalável de continuar a minha vida.

Cair e levantar são situações inerentes ao ser humano. O importante é que ao levantar-se tenhamos a coragem de prosseguir na luta.

Capítulo 35

O NOVO TRABALHO EM SÃO PAULO

Durante alguns anos, viajei para Brasília, para providenciar a criação dos cursos daquela instituição junto ao Ministério de Educação e Cultura.

Naquelas ocasiões, tornei-me amiga de alguns professores e diretores que também desempenhavam esse mesmo trabalho para as suas comunidades. Havia dentre eles um famoso professor que se chamava João Lopes, que um dia me pediu para refazer um documento de seu processo. Ele me perguntou:

– Você sabe escrever à máquina?

Em tom de brincadeira, respondi:

– Eu escrevo tão rápido que da máquina sai até fumaça!

Voltamos para o hotel, conseguimos uma máquina emprestada no escritório e trabalhamos até quase meia-noite. Quando finalizado, ele me perguntou o valor do meu trabalho.

– Nada, absolutamente nada – e acrescentei: – É sempre bom ajudar os amigos em suas necessidades. Se precisar de mais alguma coisa, disponha.

A criatividade é mais importante do que a inteligência. Ela faz a diferença na hora de atingir os nossos objetivos mais rapidamente.

Encontrando-me desempregada, lembrei-me do meu amigo professor João Lopes, e decidi lhe telefonar avisando-lhe que eu fora demitida da faculdade em que trabalhava, e que possivelmente eu não mais o encontraria em Brasília. Ele, sem querer crer, pediu-me que repetisse o que eu havia falado e a seguir em tom de surpresa falou:

– Eu não posso acreditar! Traga o seu *Curriculum Vitae* e venha, imediatamente, ao meu encontro.

Preparei uma pequena maleta, com algumas coisas e objetos pessoais, telefonei para a minha amiga Doralice que iria precisar acomodar-me em seu apartamento, talvez, por alguns dias. Conversei com o meu filho e a minha família que ficaria em São Paulo, pelo tempo que fosse necessário, e parti.

Enquanto dirigia pela estrada, fiz um retrospecto do meu trabalho realizado naquela entidade, desde o primeiro dia em São Paulo até aquele momento, e sentia-me vitoriosa porque esse trabalho além de me dar conhecimento e experiências, também fora em benefício de muitos moradores dessa cidade. Muitos mudaram sua vida para melhor, muitos tornaram-se cidadãos úteis à comunidade e muitos outros descortinaram o mundo do conhecimento. Tudo valeu a pena! A minha missão estava cumprida.

Sentia que todas as energias positivas estavam comigo naquela viagem em busca de uma nova oportunidade de trabalho.

Mudanças existem e são necessárias. Lembrei-me, também, por quantas vezes mudara o rumo de minha vida, e todas essas mudanças foram para situações melhores. Reconheço que uma mudança implica sempre em deixar o conhecido pelo desconhecido. Mas nasci com espírito aventureiro e concluí que "somos o que temos no coração e em nossa mente. O que passa disso é apenas aparência".

Fui direto para o apartamento da minha amiga, contei-lhe o ocorrido, e ela se prontificou a me ajudar em tudo que fosse possível. Tomei um banho, troquei de roupa e fui encontrar o meu amigo, que já me esperava desde cedo.

Ao entrar no *campus* daquela universidade, senti em minha alma que ali eu encontraria um novo caminho.

Falei na portaria com o segurança, e ele me indicou o local onde eu encontraria o meu amigo. A sua alegria foi contagiante ao me ver. Sentamos e ele pediu-me que lhe contasse todo o ocorrido. Quando parei de falar, ele disse:

— Aquela faculdade não tem consciência da funcionária que perdeu. Eu acompanhei toda a sua luta junto aos órgãos públicos para que aqueles projetos fossem aprovados.

E acrescentou:

— A gente só sabe o que tem quando perde, certamente, eles ainda vão sentir muito a sua falta.

Passei-lhe, em suas mãos, o meu currículo, e ele prometeu que, ainda naquela noite, haveria uma reunião da diretoria e que ele iria submeter à apreciação dos demais esse documento.

Ele convidou-me a visitar todas as dependências da universidade, o hospital, laboratórios etc. Caminhamos por mais de duas horas, e em todos os lugares ele me apresentava aos funcionários como uma grande amiga dele.

Quando chegamos à secretaria, senti arrepios. O meu subconsciente avisou-me de que ali seria o meu futuro lugar de trabalho. Cumprimentei os funcionários desse setor, e arquitetei em minha mente sobre as mudanças que iria fazer, baseada na organização que fizera em meu trabalho anterior. Isso aconteceu, porque lá eram salas individuais e, ao meu ver, uma secretaria de escola deve ter todos os funcionários à vista do chefe. Somente assim o trabalho pode ser executado com precisão e eficiência.

A tarde já se despedia, e nós nos despedimos também. Antes, porém, ele me perguntou:

— Se a diretoria aceitar a sua admissão, posso ligar para você a qualquer hora desta noite?

— Sim — confirmei.

Saí confiante, porque o meu trabalho anterior dera-me todas as ferramentas para ter sucesso em qualquer lugar que fosse trabalhar naquela área.

Já passava da meia-noite quando o telefone tocou. A minha amiga também estava ansiosa por essa notícia. Ela atendeu ao telefone, ele identificou-se e falou que gostaria de falar comigo. Peguei o telefone e senti que tudo dera certo.

— Lenira, você pode começar a trabalhar amanhã?

— Sim! — E acrescentei — Como você sabe que a minha residência é no interior do Estado, eu preciso voltar àquela cidade, para comunicar a minha família, e trazer as minhas roupas e outros pertences.

Era, esse dia, quinta-feira. Daí, ele sugeriu:

— Façamos o seguinte, volte à sua cidade, faça tudo que se tornar necessário, e na próxima segunda-feira você começa a trabalhar conosco.

— Perfeito — afirmei.

Eu ficara apenas três dias desempregada! "Um verdadeiro amigo é aquele que lhe dá apoio e proteção nos momentos em que você mais precisa". E, ainda lembrei-me: "Na prosperidade, nossos amigos nos conhecem; na adversidade nós conhecemos nossos amigos".

Voltei à minha cidade naquela mesma noite. Queria que os meus familiares e o meu filho soubessem, bem rápido, que eu tinha um novo emprego na mesma área em que trabalhava havia tanto tempo.

No trajeto de volta, sentia a alma em festa. O mundo ficou pequeno para o tamanho da minha felicidade. Agradeci a Deus, por tudo, e mais uma vez, senti-

-me recompensada por todo o esforço e as renúncias a que fui submetida, durante todos aqueles anos. Mais uma vez, gritei a plenos pulmões: Obrigada, Deus!

Ao chegar em casa, o meu filho dormia. Acordei-o, e ele assustado me perguntou:

– Você não estava na capital?

Respondi:

– Sim estava, mas agora estou aqui para lhe contar tudo o que aconteceu em São Paulo.

E fui narrando, detalhe por detalhe, todos aqueles momentos vividos. Ele ficou feliz, mas ao mesmo tempo preocupado, porque iria ficar sozinho. Como estávamos às vésperas de ele prestar vestibular, e com certeza iria morar em outra cidade, tudo caminhava para uma solução das mais surpreendentes. E, assim, aconteceu.

Há soluções na vida que convergem para encaixes perfeitos, sem que nos seja dado o direito de premeditar. É como se houvesse uma força acima do nosso entendimento, que fica responsável pelo desenrolar dos fatos.

Tudo se resolveu como num cálculo matemático, na precisão exata dos números. E, ainda, tive um valor extra que me foi pago na rescisão do meu contrato de trabalho.

Voltei o meu pensamento para o Sr. Sandoval, e pedi a Deus que o ajudasse na mesma proporção que ele me ajudou, demitindo-me.

Quando o professor João Lopes me telefonou e me deu a notícia da minha admissão, eu não perguntei o salário. Isso era o que menos importava saber. Eu havia colocado no formulário que preenchi, que fez parte integrante do meu currículo, o valor do meu último salário, com certeza o próximo não deveria ser menor. Assim pensei.

Chegou a segunda-feira, e às oito horas estava eu no meu novo trabalho. Procurei pelo professor João Lopes, cumprimentei-o e agradeci por essa oportunidade de me admitir em sua universidade. Ele ressaltou que o mérito era exclusivamente meu. Pediu-me que fosse ao setor de pessoal, para formalizar a minha admissão. Nesse setor pude ver o tamanho do salário que iria ganhar e que tinha sido aprovado pela diretoria. O dobro, sim, o dobro, repito, do que eu ganhava havia uma semana.

Tinha uma responsabilidade muito grande sobre os meus ombros. Precisava fazer o melhor trabalho, para fazer jus àquele salário e, também, corresponder à expectativa daquela diretoria que me acolheu.

Coloquei em prática tudo o que aprendi antes. Fiz grandes amizades e sentia-me altamente valorizada como profissional.

Aos poucos, fui-me entrosando com todos os funcionários da secretaria, e um dia fizemos uma reunião, expus para eles o que pretendia fazer. Solicitei a cooperação de todos e garanti que nenhum seria demitido. Eu iria acolhê-los e me propus a ensinar-lhes os novos métodos de trabalho que iríamos implantar. Fiz algumas entrevistas para escolher a minha secretária, que em minha ausência, por qualquer motivo, responderia pelos trabalhos daquele setor.

Capítulo 36

O REENCONTRO COM O ALBERTINO EM SÃO PAULO

Tenho certeza de que muitas pessoas daquela cidade ao saber da minha partida, ficaram cheias de felicidade, mas outras, também, iriam sentir a minha falta.

Recebi um telefonema do Albertino relatando-me que soubera da minha demissão e da mudança para São Paulo e questionou por que motivo eu não o avisei de todo esse ocorrido.

Respondi:

– Não tive tempo, porque três dias depois eu já conseguira este novo trabalho.

– Como?! – falou assustado. – Eu preciso vê-la o mais rápido possível. Preciso conversar com você, urgente.

– Eu também quero – respondi.

Todavia informei-lhe que o meu horário de trabalho começava às nove da manhã e se estendia até às onze horas da noite.

– Tenho livre, apenas, os sábados e domingos.

– Tudo bem. Eu vou planejar um encontro com você em São Paulo e lhe avisarei o dia e hora.

– Combinado – falei.

Em menos de uma semana, ele voltou a me telefonar, informando-me de que fizera uma reserva num hotel luxuoso para o próximo sábado, e lá nos encontraríamos. A reserva estava em nome dele, e se eu chegasse primeiro, podia me identificar na portaria e esperá-lo no apartamento reservado. Só que ele chegou primeiro.

Ao entrar no hotel, perguntei na portaria sobre a reserva, e fui informada de que ele já me aguardava no apartamento. Ao entrar no elevador, o meu coração disparou, e todos os grandes momentos que vivemos afloraram em minha mente, trazendo-me muitas recordações.

Bati à porta, ele abriu, e antes que pudesse falar alguma coisa, ele me pegou pela mão e convidou-me a entrar. Ele mandou preparar aquele lugar com todo o primor e sensibilidade que lhe eram inerentes. Flores, frutas, champanhe e alguns pacotes de presentes.

Sentei-me em uma poltrona e emudeci. As palavras foram dar um passeio, bem longe do meu alcance, e como não foi possível trazê-las de volta, de imediato, apenas usufruí de seus beijos cheios de paixão e ternura.

Impossível resistir a todo aquele encantamento. Quedei-me em seus braços, e me esqueci de que havíamos planejado ser apenas amigos. A minha roupa desapareceu do meu corpo, e a dele também, e vivemos os mais apaixonados momentos de amor. Estávamos tão enlouquecidos de prazer que nem vimos o tempo passar. Eu havia chegado por volta das dez horas da manhã, e agora à noite já nos avisava de sua presença.

Tomamos banho juntos, e as nossas mãos ensaboadas deslizavam pelos nossos corpos, sentindo aquela água morninha a nos banhar, dando-nos uma sensação de estar num mundo etéreo e irreal. Como seria bom que o tempo parasse, para nos deixar eternamente naquele estado de plena felicidade!

Ao sair do chuveiro, falei-lhe que apenas trouxera a minha bolsa, documentos e nada mais, mesmo porque pensava que apenas iríamos conversar por algumas horas. Ele envolveu-me numa toalha, trouxe-me de volta ao quarto, e começou a me entregar os presentes que comprara para mim: calcinhas, camisola, um vestido longo esvoaçante e uma corrente de ouro com uma medalha em formato de coração, onde estava escrito: "Eu existo!". Agradeci aquelas dádivas e, de repente, ele falou:

– Você merece todos os presentes do mundo.

Beijei-o, externando o meu agradecimento.

Estávamos famintos. Ele telefonou para o restaurante do hotel e pediu um jantar, que foi servido em nosso apartamento. O almoço se cansara de nos esperar e resolveu ir embora.

Tomamos champanhe, a nossa bebida preferida e degustamos aquela comida de sabor incomparável. Usei uma das calcinhas e o vestido deslumbrante que me presenteara.

Perguntei-lhe quando deixaríamos o hotel, porque eu precisava avisar a minha amiga onde estava hospedada e do horário de minha volta. Imediatamente, ele respondeu:

– Nunca.

Dei uma gostosa gargalhada e falei:

– Na próxima segunda-feira eu preciso estar no meu trabalho por volta das nove horas da manhã.

– Então, diga à sua amiga que você voltará somente na noite deste dia.

E assim procedi. Ela, por curiosidade, me perguntou onde eu estava, e apenas falei que lhe falaria depois.

Ainda tínhamos a noite de sábado, domingo e a noite também para vivenciar aqueles momentos destinados a alguns mortais na face da terra. Não se falou durante todo esse tempo sobre amizade de amigos ou de amantes. Também não era oportuno voltar a falar sobre um tema que se desfizera no calor desse nosso reencontro.

Agora pairava em minha mente a desconfiança de que, se não tivesse sido demitida daquela instituição de ensino e não tivesse conseguido um trabalho de imediato na capital, eu não teria voltado aos seus braços! Mas não podemos prever o que o futuro nos reserva. Há sempre incógnitas difíceis de serem decifradas. O tempo que é responsável pela solução de tudo o que acontece em nossa vida, deixo para ele a incumbência dessa equação.

Capítulo 37

A PROPOSTA DOS DIRETORES DA FACULDADE ONDE FUI DEMITIDA

Na segunda-feira, cheguei pontualmente ao meu trabalho. Sentei-me em frente à minha mesa e fiquei, por algum tempo, parada, pensando naquele fim de semana terrivelmente fantástico. E pensei: "Lenira, o que você está fazendo aqui? Aquele homem te ama. Você poderá estar perdendo uma grande oportunidade de ser feliz". Aliás, feliz eu era, sendo ele meu amante ou meu amigo. Mas esse era um assunto que não condizia com aquele momento. Eu precisava trabalhar.

Iniciei as mudanças que me propusera a fazer, orientando os meus funcionários e percebi que, a cada dia, havia progresso no desenvolvimento dos trabalhos. E tinha sempre em mente que "liderar não é impor, mas despertar nos outros a vontade de fazer". Eu era responsável por mais de mil pessoas, incluindo os diretores das faculdades, os alunos e os funcionários da secretaria. Era prazeroso trabalhar com tantas pessoas de níveis diferentes. Diariamente, eu me sentia diversas pessoas em uma só. No final do expediente, eu sempre pensava: "Meu Deus, quantas situações vivi, em apenas um dia!". O trabalho envolvia-me de tal forma que não tinha a oportunidade de desviar o meu pensamento para outros detalhes da vida.

Um dia, passava do meio-dia, quando o segurança da portaria me avisou que alguém de nome Antonio Oliveira acompanhado de dois outros senhores queria falar comigo. Autorizei a entrada deles. Ao vê-los entrando em minha sala quase tive um ataque do coração. Os três eram diretores da instituição da qual fui demitida. Cumprimentei-os e estendi cadeiras para que eles se sentassem.

Inicialmente, perguntaram se eu estava bem e como eu conseguira um novo trabalho tão rápido. Contei-lhes, em detalhes, tudo o que aconteceu, e acrescentei afirmando:

– Um verdadeiro amigo é aquele que entra quando o resto do mundo sai.

Então, Antonio falou:

– Nós viemos aqui para lhe dar uma notícia e fazer um pedido.

– Pode falar.

E ele acrescentou me fazendo uma pergunta:

– O que você quer saber primeiro, a notícia ou o pedido?

– Tanto faz!

Diante do pouco caso que manifestei a essa sua pergunta, ele preferiu me dar primeiro a notícia.

– O Sr. Sandoval demitiu você porque ele queria o seu lugar para a filha dele. Após a sua saída, nós nos reunimos, decidimos que ela não ocuparia o seu posto e colocamos, provisoriamente, o José até que fosse possível negociar a sua volta àquelas funções.

E a seguir, falou:

– Queremos que você volte a trabalhar em nossa instituição. A sua falta é sentida, por todos, nos mais diversos setores.

Recompus-me do susto, e falei:

– Eu fui admitida aqui há um mês, e estou ganhando o dobro do salário que vocês me pagavam. Portanto, é impossível deixar este trabalho. Ademais, o meu grande amigo, que possibilitou a minha admissão, ficaria muito desapontado se eu o abandonasse. Ele confia que farei um trabalho à altura dos meus conhecimentos e da necessidade que esta universidade precisa. Por esses motivos, sinto desapontá-los. Não voltarei.

Tentaram, ainda, convencer-me dos perigos que a cidade de São Paulo oferece aos seus residentes e o trânsito caótico que se precisa enfrentar todos os dias. Como não conseguiram sucesso em seus argumentos, se foram. Levaram consigo uma frustração que se notava, visivelmente, em suas posturas. É como diz o ditado popular: "Um dia é da caça, e o outro é do caçador".

Um deles, durante o tempo em que trabalhei lá, fora meu inimigo de forma declarada e criou muitas dificuldades para o desenvolvimento do meu trabalho. Agora, estávamos quites!

O Sr. Jutair parecia uma sombra a me acompanhar sempre. Numa tarde, telefonou-me e disse-me que soubera que eu fora demitida daquela instituição de ensino e pediu-me que eu trabalhasse nesse novo lugar com todo o entusiasmo e a dedicação, como fizera antes.

Lembrei-me do primeiro dia que cheguei a São Paulo cheia de esperança e disposta a lutar para conseguir tudo que desejava. O caminho fora muito difícil, mas estava indo na direção certa. Já conseguira muitas coisas que me deixavam mais forte. Muitas soluções foram acontecendo, e agora precisaria apenas ter bom senso nas futuras escolhas, principalmente, com as do coração, que por vezes sufocam a nossa razão, deixando-nos fora do prumo. Necessitava estar alerta para não me envolver com as aparências, que nem sempre elas traduzem a realidade.

A cidade de São Paulo é como um coração de mãe que sempre cabe mais um. E todos encontram, se quiserem, a realização de seus devaneios. Basta, tão somente, trabalhar, acreditar, ter força de vontade e determinação.

Meses depois, tomei conhecimento pela minha ex-secretária de que o Sr. Sandoval fora convidado a deixar a instituição, por improbidade. Apenas pensei: Assim é a vida!

Capítulo 38

O INGRESSO DO MEU FILHO NA FACULDADE

Todas as semanas, até mais de uma vez, Albertino me telefonava para saber as minhas notícias. Se o trabalho caminhava a contento, se estava bem de saúde, e me alertava que São Paulo é uma cidade muito perigosa, e que eu tivesse cuidado para não sair sozinha ou fazer amizade com desconhecidos.

Naquela cidade pequena, ele tinha o controle de todos os meus passos, aqui, era diferente. Fazia sentido a sua preocupação aliada a uma ponta de ciúmes. Um dia, eu lhe disse:

– Eu trabalho doze horas por dia, qual o tempo disponível que eu tenho para fazer outra coisa a não ser trabalhar?

E em tom de brincadeira ele retrucou:

– Mulher é sempre muito criativa, e você tem toda a energia do mundo.

Dei uma boa gargalhada e respondi:

– Fique tranquilo, porque espero gastar a minha energia somente com você.

– Assim espero – respondeu.

Estava colocando mais "palha na fogueira". Os riscos também trazem emoções e, às vezes, colocam-nos à beira de um abismo, deixando-nos vulneráveis aos acontecimentos.

Meu filho foi aprovado no vestibular de engenharia civil, e numa classificação, que lhe possibilitava fazer a matrícula, naquela semana. A felicidade fez-me companhia. Imediatamente, telefonei para o meu querido ex-noivo e lhe passei essa notícia. Ele me perguntou o nome da faculdade que ele iria estudar, bem como a cidade. Ele, também, ficou exultante de alegria. E falou:

– Quando conseguimos encaminhar os nossos filhos pela vida, sentimos que estamos cumprindo os nossos deveres de pais.

Concordei.

No final da tarde, ele me telefonou dizendo-me que mandara o seu motorista àquela faculdade pagar a matrícula e também todo o ano letivo, e que o meu filho precisava passar na secretaria, para assinar os documentos. Somente me pediu para não lhe revelar quem teria feito esse pagamento. Os recibos ele me daria quando nos encontrássemos. Agradeci e pensei que esse gesto era mais um motivo para acontecer um novo encontro. Homem inteligente!

Liguei para o meu filho e dei-lhe a notícia. Realmente, ele foi à faculdade e comprovou que tudo já estava pago, assinou os documentos e sentiu-se aliviado e feliz. Mas em seguida voltou a me telefonar, e queria saber como eu conseguira pagar aquele valor, sem ter ido àquela cidade.

– Segredo, menino! – disse eu.

Prometi que, quando nos encontrássemos, eu contaria tudo.

Nada neste mundo é gratuito. Louvei a atitude do Albertino, mas pensei, que cada ser humano usa as armas que tem. Essas eram as dele. Mais uma vez, ele tinha a intenção de me mostrar o poderio que ele tinha sobre as coisas e as pessoas. Como que querendo me dizer: O dinheiro compra tudo, até a felicidade. Calei-me. Não tinha nada a acrescentar.

Capítulo 39

A VOLTA DO HUGO WEISS, O SUECO

Estava numa reunião da Faculdade de Medicina, quando a minha secretária entrou na sala e me falou que alguém queria falar comigo, com urgência. Disse-lhe que mandasse essa pessoa me esperar em minha sala, porque estava ocupada em uma reunião, e que talvez fosse demorar mais de uma hora.

A minha cabeça rodou, e por instantes desliguei-me dos assuntos que estavam ali sendo tratados, e fiquei imaginando quem queria falar comigo com tanta urgência. Com certeza, não seria o Albertino, porque ele me conhecia o bastante para fazer tal exigência em meu local de trabalho. Mas como eu era responsável pela ata daquela reunião, abandonei o desvio do meu pensamento, e centrei-me nos assuntos que eram discutidos.

Felizmente, em menos de uma hora aquele encontro terminou, e fui ávida e em passos ligeiros descobrir quem me esperava. Dessa vez, por pouco não tive uma síncope. Era Hugo, o sueco que voltara ao Brasil um dia antes, e ao me procurar na faculdade alguém informou-lhe que eu não mais trabalhava ali. Ele pediu o endereço do meu novo local de trabalho, porque também tinha estado em minha casa e o porteiro do prédio falou que eu estava morando em São Paulo, havia algum tempo.

Ele, ao me ver, deu-me um abraço que, por pouco, não me quebrou as costelas. Depois de sentir o calor do meu corpo, falou:

– Vim aqui para levar você comigo, agora.

Tentei falar baixinho, para que ninguém nos ouvisse.

– Você enlouqueceu? Como eu posso deixar o meu trabalho e sair desta forma?

Depois de muita troca de ideias, ele concordou em me encontrar em sua casa da praia, no próximo fim de semana. Levei-o até a porta e, a cada passo que dava, voltava o olhar para mim, querendo ter a certeza de que eu iria mesmo ao seu encontro.

Era uma quarta-feira. Ainda teriam dois dias para o nosso reencontro. Aquela espera pareceu-me uma eternidade.

Na sexta-feira, arrumei tudo que iria precisar, coloquei no carro, e quando o expediente terminou, por volta das onze horas da noite, peguei o meu automóvel, coloquei a música de minha preferência, e fui.

Como eu tinha a minha casa de praia também numa cidade próxima, o que ele não sabia, porque quando a comprei ele estava na Suécia, dormi essa noite no meu imóvel, e somente pela manhã fui encontrá-lo.

Durante o trajeto, voltava o pensamento para Albertino, e refleti que eu não o estava traindo, mesmo porque ele não era mais o meu noivo, e sim um grande amigo. Ademais, ninguém trai ninguém, traímos a nós mesmos. Mas eu fazia sexo com ele, e isso era o bastante para me sentir culpada. Prometi a mim mesma que eu resistiria. De qualquer maneira, estava envolvida com dois homens, que sentiam uma forte atração por mim e diziam-se apaixonados. Mas como tudo na vida tem solução, eu acreditava que poderia sair dos dois, sem grandes danos. Ainda bem que o Sr. Sandoval me demitiu, porque morando naquela cidade, iria ter problemas sérios com os dois.

Como eu era independente e vivia às minhas custas, ou seja, eu era quem pagava as minhas contas, tinha o privilégio de escolher a companhia que melhor me conviesse. No meu entender, nenhum dos dois eu escolheria para marido. Para fazer sexo eram monumentais, cada um tinha o seu próprio sabor e conotações diferentes. Cada ser humano é único no Universo.

Como todos os dias chegam, independentemente ou não de nossa vontade, aquele também chegou.

Ele já estava fora do Brasil havia dois anos, e muitas coisas aconteceram na minha vida: O noivado com Albertino, a demissão do meu trabalho na instituição daquela cidade, a compra da casa de praia e, agora, o meu filho estudando em uma universidade e eu morando na capital. Tudo convergia para que eu pudesse tomar uma decisão baseada, apenas, na minha conveniência, todavia respeitando os pontos de vista deles.

Cheguei à sua casa por volta das dez horas da manhã. Quando antes estávamos juntos, nesse lugar, ele tinha o hábito de sair para velejar em seu pequeno barco, logo ao amanhecer. Nesse dia, ele me esperava. Parei o carro em frente, e ele ao me ver, saiu em passos largos e apressados ao meu encontro. Abraçou-me fortemente e me convidou a entrar.

Tudo estava devidamente arrumado, como se ele não tivesse se afastado por todo aquele tempo. Aquele quadro pendurado na parede, que era uma fotografia que ele tirara do mar em direção à praia, tendo o seu barco e a casa como cenário.

O seu imóvel situava-se em um local privilegiado, bastava sair da porta da casa para ter a praia aos seus pés. O mar com pequenas ondas derramando sobre a areia, e a cor era de um azul intenso, assim como a dos seus olhos. Tudo respirava paz e tranquilidade, exceto o meu coração, que estava disparado pela emoção de revê-lo, e pelas decisões que certamente iríamos tomar.

Sentamos e começamos a conversar. Ele me relatou sobre o que aprendera na Suécia e os momentos vividos com a família e os amigos. Agora, na fábrica do Brasil ele iria ter uma posição de chefe de setor, e por isso ele estava muito feliz, ainda mais porque teria um salário bem mais compensador. E, rapidamente, acrescentou:

– Você não mais precisará trabalhar, porque eu tenho o suficiente para pagar todas as nossas contas.

Quando ouvi essas palavras me senti como estivesse descendo num abismo dos mais aterradores. "Ser sustentada por alguém, viver às expensas de alguém. Repito: alguém pagar as minhas contas e ser dono de mim! Nunca, mas nunca mesmo", gritou dentro de mim, um som mais alto do que todo o barulho do mundo.

Apesar do que eu sentia, ao ouvi-lo falar mantive a calma, mesmo porque ele ainda me amava, e não tinha nada a ver com os meus traumas. Esses problemas eram somente meus, e eu tinha de suportá-lo, com aparente serenidade.

Após expor as suas decisões, perguntou-me:

– Conte-me, em detalhes, tudo o que aconteceu com você nesses dois anos que estive fora.

Da poltrona em que estava sentada tinha o mar à minha frente e, nesse cenário encantador, comecei a relatar os acontecidos sem, todavia, falar do Albertino, e muito menos dos investimentos que havia feito.

Ressaltei que a minha vida mudara muito nesses anos e que eu me sentia mais segura e feliz, apesar da ausência dele. De repente, ele me pergunta:

– Você sentiu saudades de mim?

– Claro – respondi. Você deixou em meu corpo e na minha alma marcas indeléveis.

Pediu-me que lhe contasse o que aconteceu na faculdade em que trabalhava e o porquê de ir trabalhar e morar em São Paulo.

Relatei os fatos em seus pormenores. Ao terminar de falar, ele se levantou, fez-me levantar também, e me deu um abraço e começou a me beijar, freneticamente, com todo o tesão que guardara naqueles anos. Fiquei atônita e quase descontrolada. Ele segurou os meus ombros fortemente e me disse:

— Vamos nos casar o mais rápido possível! Eu te amo, e te amo muito. Você está linda, e eu estou louco por você.

"E agora, Lenira, como sair dessa situação aflitiva?", pensei. Enquanto ele me tocava em miúdos tentando aflorar em mim a vontade de fazer sexo, o meu pensamento voava para o Albertino e fazia as comparações entre um e outro, deixando-me dentro de um cerco sem saída. Ele era alto e forte, envolvia-me em seus braços com força e quase não me dando chance de escapar. Se eu tentasse me afastar, com certeza, seria derrotada. Acalmei-me e deixei que as coisas acontecessem, normalmente. Foi a situação mais prudente que poderia ter.

O sexo é uma magia das mais intrigantes. Talvez tenha sido essa a primeira vez que alguém fez sexo comigo sem atingir a minha alma. Assim, como uma coisa mecânica! Embora o meu corpo respondesse àqueles estímulos porque foi tocado e amassado em meus pontos mais sensíveis, faltou a simbiose do prazer a dois.

Precisava encontrar um motivo para me afastar dali. Sugeri que fôssemos até o mar para nadar e, assim, no meu entender, lavaria o meu corpo com água salgada, tirando os resquícios do contato do seu corpo no meu.

Ficamos no mar por algumas horas, e em seguida ele decidiu pegar o barco e sair para velejar. Essa ideia não poderia ter sido melhor, assim, enquanto ele estava no mar, fui até a sua casa e fiz-lhe um bilhete dizendo que estava indo embora e que, por favor, ele não mais me procurasse. Como ele não sabia o endereço da minha casa de praia, fiquei a salvo o restante do fim de semana.

Na segunda-feira, voltei ao meu trabalho, e logo cedo ele me telefonou e me perguntou o que teria acontecido para eu tomar essa decisão.

— Nada muito importante. Eu decidi que não quero me casar com você, e gostaria que a minha vida fosse apenas eu o meu filho e a minha família.

Então ele falou:

– Um amigo meu me falou na noite passada que os jornais da cidade haviam noticiado que você ficara noiva do interventor da instituição em que você trabalhou. Eu gostaria de saber se essa informação é verdadeira.

– Eu não quero falar desse assunto com você, porque quem decide sobre a minha vida sou eu.

Realmente, ele não merecia um desfecho tão terrível, mesmo porque eu sabia que ele me amava, e queria me fazer feliz casando-se comigo. Mas nem sempre nos é permitido ter todo o controle de nossas vidas. O tempo encarrega--se de mudar o rumo de determinadas coisas que já tínhamos como certas. Ele desligou e nunca mais tentou nenhum contato comigo. Ainda voltarei a falar dele, sobre o que aconteceu quase quarenta anos depois.

Capítulo 40

REFORMA DA CASA NA PRAIA E O APARTAMENTO DO ALBERTINO

Estava feliz com o trabalho que estava desenvolvendo. Os funcionários era solícitos e iam aprendendo as reformas que começara a implantar. Ganhei um espaço bem amplo para instalar a nova secretaria da universidade. No dia da inauguração, a diretoria festejou esse acontecimento com discursos e palmas. A minha realização atingia o seu ápice. Sentia-me recompensada.

Como em todas as atividades de qualquer trabalho, há um lado bom e outro que fica a desejar. No meu eram as atas que, mensalmente, fazia de cada reunião de cada curso. Eram treze todos os meses. Nesses encontros compareciam todos os professores, o diretor e eu. Após a reunião, redigia esse documento, que era assinado por todos. E, ainda, tinha de tomar todas as providências das decisões tomadas. Esse trabalho era-me familiar porque fazia parte da minha rotina anteriormente.

Quando essas reuniões aconteciam à noite, ficávamos até altas horas reunidos. E para cada curso havia uma nomenclatura diferente, termos específicos, bem como soluções diferentes. Cada uma delas era um desafio que tinha de encarar e solucionar.

Revendo as minhas metas para o futuro, decidi fazer uma reforma em minha casa de praia. Ela tinha sala, dois quartos, banheiro, cozinha e área de serviço e uma imensa varanda. Eu queria transformá-la para ter 3 suítes, com um mezanino. Procurei um arquiteto local, que depois descobri ter sido ele o autor do projeto original dessa casa. Conversamos e pedi-lhe que fizesse o novo projeto da reforma e o orçamento.

Eu nunca gastava dinheiro com joias e roupas caras. Sempre que me sobrava um dinheirinho, eu aplicava em bens duráveis. O meu novo salário já me dava condições para fazer esse novo empreendimento.

E assim, com o orçamento em mãos e o novo projeto, iniciei a reforma, que durou seis meses. A casa ficou mais confortável e ampla, com acomodações perfeitas para toda a família. Eu também sonhava que, quando me aposentasse, iria morar nessa casa. Era um perfeito lugar para descansar o meu corpo e a minha mente.

Numa sexta-feira, quando se aproximava o horário de minha saída, Albertino entrou em minha sala e falou:

— Estou aqui para levar você para mais um fim de semana.

Havia planejado ir para a minha casa na praia. Mudei o roteiro. Essa era a primeira vez que nos encontrávamos depois do incidente com o sueco. Tinha certeza de que aquela água do mar não apenas havia lavado o meu corpo, mas também a minha alma. Não deixou nenhum fragmento dele.

O seu motorista foi-se, e ele foi comigo em meu carro. Quando ele entrou, falei:

— É uma honra tê-lo em meu carro e desculpe a singeleza do automóvel. Esse não é igual ao seu, mas garante o transporte.

— Não se preocupe, o seu carro tem você, que é mais importante do que tudo.

Ele nunca se cansava de me elogiar.

Em seguida, perguntei:

— Para onde vamos?

— Siga em frente, e adiante eu lhe indicarei o caminho.

Obedeci. Eu gostava de vez em quando que ele decidisse algumas coisas para mim, porque as suas escolhas eram sempre de um bom gosto e acima do previsto.

Fui em frente, sem perguntas ou conversas. Quando chegamos próximo ao centro, ele orientou-me como chegar ao local. Alguns metros antes, ele falou:

— Você está vendo aquele luminoso com o nome de um restaurante?

— Sim.

E ali paramos para jantar. Antes de entrar, ele fez a seguinte observação:

— Quando estamos na cama esquecemos de tudo, até de comer, vamos garantir o nosso estômago antes que você me mate de fome também.

O jantar foi simplesmente maravilhoso. Tomamos um vinho de sua escolha. Tudo, mais uma vez, perfeito!

— Agora, alimentados, vamos em frente, porque hoje eu tenho uma surpresa para você.

Gelei!

– Siga em frente, e vamos pegar a Avenida Paulista.

Eu conhecia bem aquele local porque quando cheguei a São Paulo, da primeira vez, morei nas proximidades. Viramos em uma rua à direita e depois à esquerda, e assim ele me falou:

– Vamos parar naquele prédio de varandas verdes.

Quando estacionamos o carro, o motorista dele já nos aguardava, e ele ordenou que o meu carro fosse guardado junto ao dele.

Como eu ia passar o fim de semana na minha casa de praia, eu tinha roupas e outros pertences à minha disposição. Avisei-o que tinha uma maleta no carro, e ele pediu ao Justino, o seu motorista, que levasse tudo para cima.

O apartamento não era luxuoso, mas o mobiliário era de muito bom gosto. Amplo, com três dormitórios e demais acomodações. Como sempre, havia flores, muitas flores, frutas e champanhe. Pegou-me pelo braço e me mostrou todas as dependências. Voltamos para a sala, e ele me entregou um presente, que era uma caixa de tamanho médio e me pediu para abrir.

– Surpresa! – falou.

Eram as chaves desse apartamento, que ele colocara à minha disposição para morar, enquanto estivesse trabalhado naquela universidade. Ainda acrescentou que eu teria uma empregada que cuidaria da limpeza e também cozinhava. Sentei-me em uma poltrona ao lado, porque sentia as minhas pernas trêmulas.

– Eu não quero acreditar! – disse-lhe.

Depois de respirar fundo, contei-lhe sobre a minha amiga em cujo apartamento estava hospedada, e que eu planejava alugar uma casa nas proximidades da universidade, porque o trânsito era muito intenso, e eu tinha de sair muito cedo para cumprir o meu horário de trabalho. Também falei-lhe que à noite eu saía por volta das onze horas da noite e sempre chegava na casa da minha amiga à meia-noite. Morando perto, não teria esse dispêndio de energia e correria menos riscos no trânsito. Ponderei, ainda, sobre algumas reuniões que aconteciam à noite e que, muitas vezes, entravam noite adentro.

Essa era mais uma estratégia para ele ter controle absoluto de minha vida e, talvez, abandonasse a ideia de ser apenas sua amiga, e me transformasse em companheira.

Como eu não consegui convencê-lo do contrário, deixei o assunto para outra oportunidade, já que passaríamos o fim de semana juntos.

Confortavelmente sentados e tomando o nosso drinque preferido: champanhe, falei-lhe que também tinha uma surpresa para ele.

— Verdade?! – disse.

— Como é do seu conhecimento, o meu salário agora é o dobro do que eu ganhava antes de vir para São Paulo. Como eu sou econômica, guardei o que me sobrava todos os meses e decidir investir na reforma de minha casa de praia.

Ele me interrompeu e falou:

— Eu ainda não fui conhecer a sua casa, vamos planejar para o próximo fim de semana?

— Não. A casa está em reforma, e só ficará pronta em mais ou menos seis meses.

— Eu não entendo por que você nunca deixa que eu a ajude em suas despesas. E, também, só me deixa saber o que acontece com você quando tudo já está solucionado. Você precisa confiar mais em mim!

— Eu confio. Só que as minhas contas e os meus problemas são meus.

— Eu gostaria que os seus problemas também fossem meus. Eu adoraria! E ficaria muito feliz.

— Eu vou pensar!

Naquele dia, havia trabalhado mais de doze horas, e agora chegando a uma hora da manhã, estava cansada. Pedi-lhe licença para tomar um banho.

— A casa é sua. – E mostrou-me o banheiro.

Tudo impecavelmente arrumado. Toalhas da melhor qualidade, o sabonete de minha preferência e até o meu perfume, Chanel n.º 5. Banhei-me, deliciosamente, naquela ducha de água quentinha, enxuguei-me, usei o meu cheirinho preferido, vesti uma calcinha e uma camisola. Aliás, descobri em nosso primeiro encontro que ele adorava que eu me vestisse assim, antes de fazer amor com ele. Talvez fosse esse um fetiche que o deixava louco de tesão. Também costumava tirar a minha roupa tão devagar que ocupava todo o tempo do mundo. A calcinha, essa não, ele a arrancava em um segundo, como se o que estava escondido dentro dela fosse desaparecer.

Quando saí, ele também já tinha tomado banho e estava a me esperar no quarto.

Como num passe de mágica, o cansaço sentiu-se envergonhado e desapareceu, deixando-me pronta para mais uma noite de grandes emoções.

Acordamos por volta do meio-dia, e ele me avisou que a empregada preparara o nosso café da manhã e que já estava à mesa. Degustamos aquelas iguarias: muitas frutas, bolos, queijos, sucos e, enquanto isso, a nossa conversa girava em torno de se eu iria ou não morar ali.

Após analisarmos os prós e os contras, ele decidiu pelo aluguel de uma casa próxima ao meu trabalho, mas que aquele apartamento ficaria à minha disposição para qualquer eventualidade, até mesmo para os nossos fins de semana ou no meio da semana, quando ele sentisse muita saudade de mim. E afirmou:

– Quando eu vier no meio da semana, eu a encontrarei no seu trabalho, você deixa o seu carro lá, e nós a levaremos no dia seguinte.

– Combinado – afirmei.

Foi mais um excitante fim de semana! Estávamos sempre vivendo novas emoções, porque ele era muito criativo. Um amante cheio de surpresas deliciosas. A minha vida ia caminhando envolta em momentos de extrema felicidade e muita realização profissional. Eu tinha a impressão de que o mundo estava dentro da palma da minha mão e pensava: "Como eu gostaria que esses momentos fossem eternos!".

Em instantes de lucidez, sabia que a vida é mutável, mas por outro lado, quando esses momentos se forem, as marcas ficarão gravadas em nossa alma, e poderão durar para sempre. E, um dia, ao lembrá-los, reviveria cada segundo, como se eles estivessem acontecendo naquele instante, pois: "O passado não reconhece o seu lugar: está sempre presente".

Capítulo 41

A MORTE DE MINHA MÃE

Meu filho já estava quase no cumprimento daquele primeiro ano letivo e, pelas circunstâncias, nos encontrávamos raramente, embora todas as semanas nos comunicássemos por telefone.

Decidi que alternaria os encontros com Albertino, para passar mais tempo com ele. A reforma da casa de praia já estava quase concluída e, assim, podíamos passar fins de semana juntos.

Aproximava-se o concurso vestibular, e sabia que muito trabalho e responsabilidades estavam a caminho.

Organizei todo o aparato para aquele evento, inclusive fiz algumas reuniões com os meus funcionários para que tudo saísse perfeito.

Os dias que antecediam as provas eram envoltos de muita expectativa dos participantes. Cada um com os seus sonhos, querendo torná-los reais, contribuía para um cenário de expectativa e apreensão. Para as faculdades de Medicina e Odontologia, principalmente, o número de candidatos era uma avalanche de jovens ávidos que concorriam àquelas vagas. Via-se no momento da inscrição que todos tinham o mesmo objetivo: obter a aprovação e serem matriculados. E dentro daquele cenário no qual estava inserida, lembrava que: "Nas grandes batalhas da vida, o primeiro passo para a vitória é o desejo de vencer".

Recebi a notícia mais dolorosa de toda a minha vida: minha mãe falecera. Esperei o dia amanhecer e telefonei para Albertino, contando-lhe o ocorrido. Ele externou os seus pêsames e falou que mandaria, nesse momento, o motorista dele me buscar na capital. Fiquei à espera. Em menos de duas horas, ele chegou. Peguei os meus pertences e fomos àquela cidade onde vivi os maiores momentos da minha vida: bons e ruins.

Era mais um instante trágico que me ocorria naquela cidade. As lágrimas brotavam dos meus olhos, e comecei a me lembrar de todo o amor que a minha progenitora me deu durante toda a vida. Ela em determinados momentos não esteve fisicamente ao meu lado, mas sentia a sua presença em todos os segundos do meu viver. Ela foi uma pessoa muito especial: inteligente e sobretudo sábia. Ela tinha o dom de prever os acontecimentos, antes de eles se tornarem realidade. Ouvindo-a, livrei-me de muitos tropeços, como também experimentei muitos sucessos. A saudade iria caminhar comigo para sempre.

Ao chegar ao local do velório, que foi na igreja da qual ela era membro, encontrei a minha família e Albertino, que ao me ver entrar, abraçou-me e falou que sentia muito pela morte da minha mãe. Cumprimentei a seguir os meus familiares, e participamos do culto de despedida. Fomos até o cemitério para o cumprimento final daquele ritual.

Albertino queria que eu fosse para a casa dele, mas preferi ficar com a família e o meu filho. Como esse dia fora uma sexta-feira, eu voltaria a trabalhar somente na segunda-feira. Combinei com ele para que o Justino, seu motorista, me levasse de volta para São Paulo no domingo à tarde.

No horário combinado ele veio com o motorista, e seguimos em direção à capital. Durante aquela viagem, contei-lhe muitas histórias vividas ao lado dela e com toda a família. Lembrei-me das dificuldades que enfrentamos e das vitórias que nos foi dado experimentar.

Ele lembrou daquela noite quando me pediu em casamento, e ela, com toda a simplicidade que lhe era peculiar, disse:

– Concedo a mão da minha filha para casar-se com o senhor.

Nesse momento, ele pegou a minha mão e apertou-a contra o seu peito, como querendo me dizer que eu deveria honrar aquelas palavras.

Dormimos em seu apartamento, depois de um jantar que fora preparado pela sua cozinheira. Ficamos na sala algum tempo, e quando ele percebeu que já estava sonolenta levou-me a um dos quartos, me deitou, cobriu-me com uma colcha, beijou o meu rosto, desejou-me boa-noite e falou:

– Se você precisar de alguma coisa, eu estarei aqui, no outro quarto, perto de você. Ele respeitou aquele momento que eu precisava ficar sozinha com a minha dor.

Capítulo 42

A NOVA PAIXÃO DO MEU FILHO

A distância da cidade onde o meu filho estudava e a do meu trabalho era quase igual até a nossa casa de praia, e decidimos nos encontrar nesse lugar a cada quinze dias. Queria saber, em detalhes, tudo o que estava acontecendo com ele: a convivência com os seus colegas naquela república, as suas notas e seus amigos. E cumprimos esse combinado.

Um dia, ele me telefonou no meio da semana e me falou que tinha algo muito importante para conversar comigo, e que no próximo fim de semana falaria a respeito. Pelo entusiasmo dele, percebi que seria alguma coisa incomum. Ele, nessa época, tinha uma namorada, que se chamava Sabrina. Era uma moça muito interessante, inteligente e de futuro promissor. Estudava Psicologia em uma universidade em outra cidade, mas nos fins de semana eles estavam sempre juntos na casa dela ou na nossa.

Por mais que a minha mente se esforçasse, não conseguia imaginar o que acontecera. Deixei a curiosidade e a expectativa esperando e mantive a calma.

Horas depois, Albertino me telefonou convidando-me para um passeio numa cidade histórica naquele fim de semana. Queria a minha aprovação a fim de fazer reserva no hotel daquela cidade. Falei-lhe que naquele seria impossível e contei-lhe sobre o combinado com o meu filho. Ele demonstrou preocupação e me pediu que, quando estivesse com ele e soubesse o que aconteceu, eu lhe telefonasse. Prometi que faria isso.

O meu filho estava ansioso, e eu ávida para saber o que estava acontecendo. Sentamo-nos na varanda, e ele começou o relato:

– Mãe eu estou apaixonado.

– Pela Sabrina? – perguntei.

– Não. Por uma americana, nascida no Brasil que me foi apresentada pela tia dela que mora em São Paulo e estuda medicina na mesma Universidade onde estudo.

– Meu Deus! Esta notícia é uma bomba atômica! Tenho certeza de que a sua namorada o ama de verdade. Ela tem demonstrado isso em todo esse tempo que vocês estão juntos.

– Mãe, não temos o controle do nosso coração! – E acrescentou: – Há situações tão inusitadas, tão imprevistas que se torna muito difícil explicá-las.

E continuou traçando-me um perfil da moça e afirmando que iria em frente, acontecesse o que acontecesse.

Percebi que naquela empolgação ele tinha um fogo em seus olhos que toda a água do mundo não conseguiria apagar. Pelo que ouvi, a decisão estava tomada. Agora restava-me acompanhar de perto o desenrolar dos acontecimentos, esperando por um final feliz.

Ele sempre foi um filho exemplar. Não fumava, não bebia, nunca usou drogas, era obediente e responsável. Era fruto de uma árvore ancestralmente sólida. Essa certeza deixava-me mais tranquila.

Para lhe dar o apoio de que necessitava, combinamos que no próximo fim de semana ele a traria até a nossa casa para que eu pudesse conhecê-la pessoalmente. Depois desse encontro eu poderia tirar as minhas conclusões, mesmo sabendo que seria inútil externar qualquer opinião contrária ao que ele sentia. Mas tentar era uma alternativa à minha disposição. E concluindo a nossa conversa, falei:

– O verdadeiro ofício de um ser humano é encontrar o seu próprio caminho. – apenas adverti-o. – Se a sua decisão é essa, assuma com coragem e enfrente os bons e maus momentos que serão inerentes ao caminhar de sua vida.

Em seguida, telefonei para Albertino contado tudo que o meu filho falara. Após ouvir esse relato, ele falou:

– Filho de peixe, peixinho é.

Ele conhecia a minha forma de ser e agir.

Capítulo 43

LAURA EM MINHA CASA

O trabalho, as responsabilidades e a atenção do Albertino davam-me o apoio de que necessitava. Ficamos por mais de trinta dias sem nos encontrar. Todavia ele me telefonava, quase que diariamente. E, paulatinamente, fui recompondo o meu coração da perda da minha mãe.

O meu amigo João Lopes, diretor da universidade, chamou-me em sua sala, na diretoria, e informou-me que o meu trabalho estava muito além do que eles esperavam, e por esse motivo eu iria ter um assessor, que era o seu filho. Pediu-me que, na medida do possível, eu lhe ensinasse todo o trabalho que fazia, porque ele planejava no futuro, quando eu me aposentasse, que o seu filho pudesse ocupar o meu lugar. Agradeci o elogio e prontifiquei-me a ajudá-lo. Esse jovem tinha apenas vinte e dois anos e se chamava Edgar Lopes.

O telefone toca, e era Albertino desesperado de saudade convidando-me para passar o próximo fim de semana naquela cidade histórica que havia planejado antes. Concordei. Ele acrescentou dizendo:

– Eu não aguento mais a sua ausência!

– Fique calmo – falei. – Eu também estou sentindo a sua falta.

Na sexta-feira à noite, quando deixei o meu trabalho, o motorista dele já me aguardava em frente à minha casa, que ficava nas proximidades da universidade. Peguei uma pequena maleta e fui ao seu encontro. A residência dele ficava no meio do caminho. Ao chegar em sua casa nos encontramos e juntos fomos viver mais momentos de muito fogo e emoção.

A viagem foi tranquila, mas não foi calma a forma como ele me acariciava, ora as minhas pernas, ora os meus seios. Eu me sentia ao lado de um adolescente tentando descobrir, pela primeira vez, o corpo da namorada. Como era noite, o motorista não testemunhava essas carícias. Também tinha de conter todas essas emoções, caladinha. Foi difícil, mas consegui.

Já era bem tarde quando chegamos ao hotel. Tomamos banho, e eu vestida ao gosto dele, vivemos os melhores momentos de amor e paixão. A cada encontro eu percebia que ele estava cada vez mais louco por mim. Era uma situação que já exigia preocupação. Tudo o que ele me proporcionava deixava-me feliz. Também descobri que estava entrando no clima de paixão. "Perigo à vista!", pensei. Havia algum tempo eu apenas gostava dele. Agora, com tantos cuidados e atenção a mim dispensados, além daqueles insuperáveis momentos de sexo, estava inclinada a tomar outras atitudes bem ao gosto do meu amado.

Sobre esse assunto, eu pensaria depois. Agora, deveria envolver-me nesse clima de amor e ternura e deixar que outras soluções o tempo se incumbisse de dar uma resposta.

À noite, saímos para jantar. Quando começamos a caminhar pelas ruas estreitas e de calçamento irregular, olhando aqueles prédios antigos iluminados por pendentes, senti-me no início do século XIX. Lembrei-me da fase da literatura brasileira, na época do Romantismo, e aquele clima me deixou simplesmente enlevada.

Segurando a sua mão caminhávamos envoltos numa atmosfera indescritível. Ele escolheu um restaurante com luz de velas, e ali ficamos por mais de duas horas. O jantar estava delicioso, e a música, ao vivo, perfeita. A felicidade fazia-nos companhia, esquecendo-se de que há outros seres humanos que também precisam dela. Naquela noite, ela nos pertencia por inteiro.

No domingo ele me levou até a minha casa na capital. Como ele não conhecia essa minha nova moradia, porque alugara em menos de um mês, convidei-o a entrar, e ele olhou todas as dependências com curiosidade e tentou me convencer de colocar mais algumas coisas para que ela ficasse mais confortável. Parei, olhei bem dentro dos seus olhos e falei:

– Este lugar aqui é provisório! O que eu tenho aqui será o suficiente para o tempo que pretendo morar.

Senti que pairou no ar um mistério que, com certeza, ele iria pensar no retorno à sua casa. Foi proposital essa minha observação.

Finalmente, nesse fim de semana, iria conhecer a paixão do meu filho: a americana. Ela chegou à nossa casa acompanhada de alguns familiares. Era uma garota de apenas dezesseis anos, alta, morena, que trazia em seu olhar uma tristeza inexplicável. Ainda tinha os ombros curvados e ares de caipira.

Como eu também era fluente na comunicação da língua inglesa, conversamos ora em português, ora em inglês. Fiquei sabendo quase tudo sobre a família que morava em Miami e a que morava no Brasil. Preparei de forma especial um almoço que foi do agrado de todos. Recebi muitos elogios. Aproveitei o embalo para falar que um dia eu tive um restaurante e muitos pratos que preparava tinha aprendido com o meu *chef* de cozinha da época.

Acomodei-os nos aposentos, e passamos juntos todo o fim de semana. No domingo retornamos a São Paulo, porque as minhas obrigações me esperavam na segunda-feira, e as da família também.

No meu carro vieram ela e a sua tia responsável pela apresentação, e durante a viagem tivemos a oportunidade de conversar sobre diversos assuntos. Ela falou-me sobre a cidade de Miami, afirmando ser um lugar lindo cercado de mar por todos os lados. Ela desejava despertar a minha curiosidade para um dia visitar aquele lugar. Chegando à capital nos despedimos e fomos para lugares diferentes.

A família dela me convidou para um almoço no sábado seguinte, em seu apartamento. Anotei o endereço, e o meu filho me ensinou como chegar àquele local. Nessa oportunidade conheci os outros parentes, bem como as atividades profissionais de cada um. Ao sair senti que não apenas a vida do meu filho mudaria, mas a minha também.

Telefonei para Albertino contando sobre esse encontro com a família da paixão do meu filho, e também sobre as impressões que esse encontro me causou. Só não disse sobre as mudanças que poderiam acontecer na vida do meu filho e na minha. "Segredo é a alma do negócio".

Capítulo 44

A VOLTA DA LAURA PARA MIAMI E A IDA DO MEU FILHO

Depois de três semanas no Brasil, Laura voltou para Miami, e o meu filho ficou desolado.

Aproximavam-se as férias da faculdade. Naquele fim de semana que nos encontramos em nossa casa de praia, ele externou o desejo de ir nesse período aos Estados Unidos, para conhecer a família da sua namorada. Concordei, e logo fomos providenciar tudo o que seria necessário para essa viagem: Passaporte, visto, algumas roupas e sapatos novos, malas etc.

Tudo pronto, compramos a passagem e levei-o ao aeroporto para o embarque. Chorei muito na hora de sua partida, mas confiava em Deus de que tudo daria certo.

Na volta, passei na casa do Albertino e contei-lhe que embarcara o meu filho havia algumas horas, para Miami. Ele ficou surpreso e fez o seguinte comentário:

– Você resolve tudo e só me conta no final. Estou me sentindo um marido traído.

– Um momento – disse eu. – Você ainda não é o meu marido, e sim o grande amor da minha vida.

E abracei-o com ternura. Ele deu uma risada e me abraçou também. Nós não sabíamos que essa primeira viagem dele iria desencadear grandes transformações na vida de todos nós, mas é preciso lembrar que cada um tem o dever de traçar o seu próprio caminho. O meu filho estava em busca do seu.

Como era sexta-feira, resolvi ficar em sua casa mais esse fim de semana. E, mais uma vez, sentia que ele era muito especial e que trazia encanto para a minha vida com simplicidade, doçura e carinho.

Vivemos, mais uma vez, um fogaréu sem limites. O encontro dos nossos corpos nus provocava um incêndio que nos transformava em cinzas. Como por milagre, em poucos minutos voltávamos a ficar vivos, e tudo recomeçava com o mesmo vigor de antes. Era impressionante a energia que tínhamos e o que sentíamos um pelo outro.

Estávamos dormindo quando o telefone tocou. Era o meu filho, avisando ter feito uma viagem tranquila, que já passara pela imigração e já estava na casa da família da Laura. Respirei aliviada. Prometi que ligaria para ele mais tarde, para saber de mais detalhes desse encontro.

No domingo à tardinha voltei a minha casa, porque o meu trabalho me esperava com muitas obrigações a cumprir. Já era noite quando telefonei para o meu filho para saber mais detalhes sobre tudo. Ele me falou que conhecera os pais e irmãos da Laura, e que ele fora recebido com muito carinho por todos. Estava muito feliz e agradeceu todas as minhas providências para que esse seu sonho fosse realizado e acrescentou:

— Você é a melhor mãe do mundo. Estou feliz.

A cada dois ou três dias, telefonava para ele para saber das novidades, e sempre tinha as melhores notícias. Ele ficou todo o período de férias em Miami e só voltou na semana do início das aulas.

Fui esperá-lo no aeroporto no dia de sua volta. Estavam lá, também, a família que morava no Brasil. Foi um reencontro com muita felicidade. Ao descer do avião, ele me abraçou e falou:

— Mãe, nesses quase dois meses, vivi os melhores momentos de minha vida.

Contou-me sobre os passeios que fizera, inclusive à Disneylândia, segundo ele, lugar dos sonhos mais imagináveis. De vez em quando falava palavras em inglês, e eu sentia que ele assimilara a atmosfera daquele país.

Sabrina, sua antiga namorada, quando soube que ele estava apaixonado pela americana, sentiu-se desolada. Ela não podia acreditar que tinha perdido o grande amor de sua vida. Tentou por várias vezes reencontrá-lo, mas em todas essas tentativas não o trouxe de volta.

Ela, ainda, segundo relato de amigos, esperou-o por muito tempo. Talvez pensasse que: "enquanto há vida, há esperança". Mas o tempo em seu estado mais cruel não permitiu que isso acontecesse.

Havia também outra ex-namorada, que se chamava Julia, que não entrou para um convento por falta de vaga para moças desesperançadas. Ela nunca casou e acompanhou a vida do meu filho enquanto viveu.

Eu sentia piedade delas, mas nada estava ao meu alcance para minimizar o sofrimento de suas almas.

Capítulo 45

A MINHA PRIMEIRA VIAGEM A MIAMI

O meu trabalho não apresentava surpresas. Tudo seguia o seu curso normal. Exceto o ensinamento que teria de dispensar ao filho do meu amigo, candidato a ocupar as minhas funções no futuro.

De vez em quando, e de maneira proposital, deixava-o no exercício do meu cargo para sentir melhor o seu aprendizado. Ele estava no caminho certo, só percebia que a sua ambição não tinha limites. E isso era de certa forma uma situação perigosa para quem precisava lidar, também, com pessoas inescrupulosas. Percebi que a atenção que ele dispensava aos demais funcionários tinha um ar de arrogância e superioridade. Eu não estava ali para dizer-lhe como deveria proceder, e sim ensinar a ser um profissional competente naquela área. Quanto ao seu caráter, o problema era dele, e eu não deveria me incomodar com essa sua forma de ser.

Meu filho vivia a cada dia numa empolgação ilimitada. Sempre que nos encontrávamos, ele falava de sua viagem, como se aquele país fosse para ele a principal meta para o futuro.

Em breve teríamos as férias do mês de julho, e um dia ele me sugeriu que fosse a Miami nesse período e, assim, conheceria aquela cidade majestosa, segundo o seu entender, como também a família de Laura.

Comecei tomar as providências para essa viagem. Pedi férias no meu local de trabalho para aquela data. Desde que trabalhava ali, nunca havia saído de folga em nenhum momento. Era, também, uma oportunidade para aliviar a minha cabeça de tantas responsabilidades. Em meu lugar ficaria o meu assessor, Edgar Lopes.

O passaporte, o visto e a passagem foram providenciados, e a duas semanas da minha partida comuniquei ao Albertino a minha decisão. Ele levou o maior susto de toda a sua vida. A impressão de que tive era que o mundo inteiro tivesse desabado sobre a sua cabeça. Nunca em toda a minha vida vi alguém com tristeza maior. Mas apesar do amor que agora tinha por ele, a vida do meu filho tinha conotações maiores. E pensei: "O meu amor por ele é superlativo, todavia o amor pelo meu filho é infinito e ocupa todo o espaço do universo". Ninguém e nada no mundo foi mais importante para mim do que essa minha cria.

Um dia senti-o em meu ventre, e nós dois, sozinhos, enfrentamos o mundo em todos os seus aspectos maravilhosos e cruéis. Éramos unidos, éramos confidentes, éramos amigos. Mesmo nos momentos em que tivemos de nos separar por razões alheias à nossa vontade, ele se fazia presente em minha vida em todos os segundos.

Todo o entusiasmo que tive pela vida deveu-se a ele. Toda a minha trajetória de vida tinha como objetivo encaminhá-lo na vida e fazê-lo feliz, embora saibamos que podemos ser responsáveis apenas por parte da caminhada, porque outras pessoas, inevitavelmente, entrariam no contexto de nossa vida, e tudo poderia tomar novos rumos.

Mas, mesmo se estivéssemos em caminhos diferentes, e até se houvesse terremotos e tsunamis, sobreviveríamos, porque os nossos laços de amor materno e filial são eternos. "Um filho é o nosso coração em outro corpo".

Dias depois voltei a me encontrar com Albertino, que continuava desconsolado e infeliz. Falou-me de sua tristeza e da impossibilidade de me acompanhar nessa viagem, por questões de compromissos em sua indústria. Argumentei que ficaria naquele país apenas durante um mês, e que voltaria aos seus braços no final desse período. E a seguir falou:

– Eu não sei como vou me sentir durante a sua ausência, por isso gostaria que você me desse o endereço e telefone, porque se a saudade resolver me matar, antes que isso aconteça eu abandonarei tudo e correrei ao seu encontro em Miami.

Coitado! Percebi que sua vida perderia sentido se eu o abandonasse. Essa sensação de dependência deixou-me preocupada.

Sempre pensei que a vida deve ser encarada de forma que, se temos uma companhia que nos faz feliz, e se ela por qualquer motivo desaparece, temos de ser fortes para enfrentar o mundo sob outra perspectiva. É claro que sentir saudade de alguém que amamos é da condição humana, mas anular-se como ser humano é perigoso. Devemos antes de amar alguém, amar a nós mesmos, e saber que o Universo sempre nos dá uma alternativa de sobrevivência. Nunca devemos ficar na dependência da respiração do outro, porque Deus dá a cada um o seu próprio ar.

Combinamos que ficaríamos juntos, na capital, durante uma semana antes da minha partida. Assim, poderíamos compartilhar momentos de muita felicidade e deixar que a saudade durante esse período fosse menos sofrida.

Combinamos o dia, e o seu motorista foi à minha casa, pegou as minhas malas, e lá fui eu viver os grandes momentos que me aguardavam. O apartamento estava como sempre, florido e tudo mais que ele sabia que eu gostava. Tudo impecavelmente perfeito! Ele propositadamente deixou que eu chegasse primeiro, a fim de que eu pudesse vivenciar aquela atmosfera de encantamento, e senti que todo aquele cenário só seria completo com a presença dele. "Ele também tinha as suas manhas e seus momentos de lucidez!".

Quando ele entrou, abracei-o e falei:

– Tudo está muito lindo, mas sem você aqui nada tem sentido.

Percebi que aquela sua forma de agir produziu o efeito que planejara.

Tínhamos uma semana inteira para viver grandes emoções, e assim, quando estivéssemos longe um do outro, nos lembraríamos de tudo com muita saudade.

No dia da minha viagem, fizemos o sexo mais gostoso do Universo, o melhor dos melhores. Estivemos fora deste mundo por algumas horas vivenciando um prazer que somente os apaixonados conhecem. Foram momentos de total esquecimento da realidade. Experimentei o delicioso gosto de ser amada e ter à minha disposição o que de melhor a vida pode oferecer.

Fomos para o aeroporto porque aproximava-se o horário do meu voo. Tinha a ansiedade das pessoas que pela primeira vez vão realizar uma viagem internacional, e a saudade que, com certeza, ocuparia o meu coração.

Antes do embarque, ele me entregou um envelope e disse:

– Abra-o somente quando você estiver sentada em sua poltrona.

Obedeci. Após sentar-me, respirei fundo e abri aquele envelope. Nele continha mil dólares e um bilhete que dizia:

> Minha querida. Muito obrigado pela semana de muita felicidade que você me proporcionou. Enquanto você estiver fora, vou degustar com muito prazer cada segundo vivido ao seu lado. Este valor destina-se a compra de um presente para você.
>
> Não me esqueça porque eu estarei aqui a lhe esperar com todo o carinho e amor que tenho dentro de mim. Faça uma boa viagem e prometo lhe telefonar todos os dias. Qualquer problema que, por acaso você tenha, telefone-me, imediatamente. Correrei ao seu encontro.
>
> Beijos mais muitos beijos mesmo em todo este corpo delicioso, ardente e macio e sinta o calor do meu neste abraço.
>
> Albertino.

Capítulo 46

A CHEGADA A MIAMI

A viagem correu tranquila. Não consegui dormir e nem jantei. O meu pensamento ora estava em Miami, para onde o meu filho viajara uma semana antes, ora no Brasil, ao lado do meu amado. Ao chegar ao aeroporto todos me esperavam, cumprimentei-os e iniciamos a nossa viagem em direção à residência da família. Aquelas avenidas imensas, aquelas casas de arquitetura diferente das nossas, aqueles jardins imensos, tudo me deixava curiosa e feliz.

Cheguei no dia de comemoração da independência dos Estados Unidos. As praias estavam lotadas, cada um disputando o seu lugar com os seus aparelhos musicais. Demos algumas voltas pelas avenidas principais de Miami e encantei-me com aquela cidade. À noite presenciei uma explosão de fogos de artifício iluminando o céu num colorido espetacular.

Parecia que a América comemorava a minha chegada. Tudo foi de um entusiasmo surpreendente. Embora cansada, não consegui dormir mais essa noite. A impressão que eu tinha era a de estar sonhando e recusei-me a dormir para sentir que aqueles momentos eram reais e não produto de minha imaginação.

A casa deles era uma residência típica americana, todavia o calor humano era brasileiro. A comida também. Respirava-se América e Brasil numa junção perfeita para eu me sentir bem acolhida.

O telefone toca, alguém atende e me chama afirmando ser para mim aquela ligação. Era o meu querido amante. Eu já nem sabia mais o que ele para mim: noivo, ex-noivo, amigo ou amante. Talvez fosse tudo, menos marido. Esse patamar exige uma forma de proceder que eu ainda não estava disposta a assumir.

Contei-lhe sobre tudo que aconteceu durante a viagem e até e percebi que atrás da tristeza que a sua voz refletia ele estava bem porque eu estava feliz. Agradeci o presente que me dera ainda no aeroporto e prometi que utilizaria aquele valor para o destino que ele havia proposto. Falei também sobre os passeios que estávamos planejando e avisei-o que quando estivesse fora de Miami, eu o avisaria antes.

Respirei aliviada. O telefonema dele trouxe-me alegria e a certeza de que ele estava sentindo saudades de mim. Apesar do envolvimento que aquela viagem estava me proporcionando, sentia que o meu pensamento e o meu coração ora estavam na América, ora no Brasil.

Capítulo 47

A FAMÍLIA DE LAURA E OS PASSEIOS

Naquela convivência com a família da Laura, pude observar o comportamento de cada um, mas principalmente o relacionamento do meu filho com ela. Eles não se separavam durante as vinte e quatro horas do dia. Eles estavam apaixonados, apaixonadíssimos. E certamente faziam planos para um futuro imediato. Essa situação me assustava porque eles não tinham ainda maturidade suficiente para decisões extremas.

Mas eu confiaria no tempo e no desenrolar dos acontecimentos. Estava atenta, e também já planejava diversas alternativas para não ser pega de surpresa. Eu sabia o que era estar apaixonada, porque a primeira vez que isso me aconteceu eu tinha apenas quinze anos.

Fomos visitar a Disney. Um passeio que, segundo o meu filho, estava acima de qualquer entendimento humano. Era o lugar dos sonhos onde todas as pessoas entram numa atmosfera de encantamento e se esquecem da realidade. Antes, porém, telefonei para Albertino contando-lhe sobre essa viagem a fim de que ele não me telefonasse nos dias seguintes, pois estaria fora da casa da Laura.

Depois de duas horas por uma estrada denominada Turnipike, chegamos ao paraíso. O acesso ao parque tinha jardins dos mais deslumbrantes, que os meus olhos até então nunca haviam presenciado: Imensos gramados e flores de todos os tipos que a nossa mente pode imaginar. Um dia passei a mão no gramado para verificar se era verdadeiro. E era.

Os brinquedos e todos os divertimentos deixavam-me extasiada de prazer e curiosidade. Alguns destinados a crianças, outros para adultos e outros mais perigosos, para aqueles que não tivessem problemas de coração.

A Disney é um mundo de grandes fantasias e entretenimento. Imagine-se em um lugar onde todas as pessoas demonstram estar felizes, com saúde e dinheiro para comprar e pagar tudo que ela oferece. É um mundo de sonhos. Todos os problemas do nosso cotidiano caem no esquecimento. Sentimo-nos seres privilegiados por estar vivendo um mundo que a nossa mente até então nunca imaginara.

Em algumas lojas de *souvenirs* comprei alguns presentinhos para o Albertino, talvez o mais interessante de todos foi um saco, que ao apertar, dava uma gostosa gargalhada. Essa viagem durou uma semana, o suficiente até para esquecer, em alguns momentos, do meu grande amor que ficara no Brasil.

Voltamos à realidade e aos nossos costumeiros problemas. Ao chegar em casa, corri ao telefone para falar com Albertino. Contei-lhe do passeio que fizera e do quanto me sentia feliz. Ele me disse que já estivera na Disney por mais de cinco vezes, e que a cada ano havia coisas diferentes para desfrutar. Todavia falou que prefere Nova York: A cidade dos sonhos possíveis e impossíveis. Falou-me de suas atividades na indústria e que tudo estava bem, e que a única coisa que estava fora do seu controle era a saudade que sentia de mim.

E todos os dias ele me telefonava, sempre à noite, porque durante o dia estava passeando pela cidade, pelos shoppings e na praia, pois era verão.

Pude observar por que o americano se orgulha tanto do seu país. A organização, a disciplina e a polidez de sua forma de ser eram sentidos em todos os lugares. A comida típica americana não é de encher os olhos, mas satisfazia o nosso paladar e a nossa fome. Eles nunca falavam com você sem antes pedir licença. "Muito obrigado" ou "obrigado" é uma palavra constante, e "sinto muito", se em algum momento acontecesse algo inesperado.

As grandes avenidas cheias de carros desde os mais baratos até os mais custosos: todos obedeciam às normas de trânsito. Ninguém ultrapassava ninguém. Dirigia-se em segurança em qualquer lugar.

As roupas, os sapatos e acessórios eram de encher os olhos. Um dia entrei em uma loja onde se vendia produtos para casa. Queria comprar tudo, porque a variedade era imensa. Havia uma loja de roupa íntima feminina, e comprei algumas peças bem sensuais para usar quando estivesse ao lado dele para sentir as suas mãos tirando aquelas peças do meu corpo e viver o tesão que isso lhe provocava.

Como já concluíra as minhas observações sobre tudo, decidi uma noite telefonar para Albertino para lhe dizer que voltaria antes do tempo previsto, para aproveitar a minha última de semana de férias ao lado dele. A concordância foi imediata.

– Venha urgente, e vamos passar esses dias na fazenda.

Paguei uma multa pela mudança do dia da minha volta, mas isso não me incomodou, porque o mais importante era ficar ao lado dele.

Capítulo 48

A VOLTA AO BRASIL E A FAZENDA DO ALBERTINO

Conversei com o meu filho, com a Laura e com a família sobre a troca do dia do meu retorno ao Brasil, alegando que tinha algumas coisas para fazer antes de voltar a trabalhar. Agradeci, também, pela hospitalidade que me dispensaram, e no dia marcado embarquei de volta ao meu país.

Aquele retorno pareceu-me uma eternidade. Não conseguia me concentrar no filme que estava sendo exibido, apenas olhava o trajeto do avião em uma tela e contava cada segundo e a distância que ainda faltava para a minha chegada ao Brasil.

Ele me aguardava no aeroporto. Quando nos vimos, abraçamo-nos com tal força, como que querendo sentir que estávamos um ao lado do outro. Foi sensacional esse reencontro.

Fomos direto para a sua fazenda. Durante o caminho relembrei que foi naquele lugar que passamos a nossa primeira noite de amor. Iríamos reviver aqueles momentos e muitos outros que nos aguardavam. Ele apertava a minha mão querendo ter certeza de que eu estava ao seu lado. As carícias foram dispensadas porque era dia, e o seu motorista estava ali bem perto.

Nessa segunda vez que cheguei àquele lugar tudo me pareceu familiar. Entramos. Cumprimentei os serviçais, e fomos diretos para os aposentos porque estava cansada e não havia conseguido dormir durante toda a noite. Tomei um banho, bebi um suco de maracujá, deitei-me, e ele convicto de que eu queria realmente dormir, deixou-me sozinha. Já era tarde quando acordei. Olhei em volta e não queria acreditar que, novamente, estava ali.

Usei o sininho para chamar a minha camareira ou dama de companhia, e logo ela surgiu perguntando-me do que estava precisando. Informei-a que precisava desfazer as malas porque havia roupas para lavar, outras para passar. Ela prontamente ajudou-me nessa tarefa e tomou as providências necessárias. Perguntei pelo Albertino, e ela me falou que ele saíra um pouco, e que provavelmente estaria no jardim. Embora fosse de origem humilde, eu convivia com naturalidade todo aquele aparato que me era destinado.

Voltei ao banho mais uma vez, vesti-me, e quando cheguei ao quarto, ele estava ali sentado me esperando. A impressão que tive foi de que ele tomou conhecimento imediatamente de que eu havia acordado. Abracei-o e agradeci o nosso encontro no aeroporto e falei-lhe que estava muito feliz por ter voltado.

Peguei uma pequena maleta, coloquei-a ao seu lado e pedi-lhe que abrisse. Eram presentes para ele. A cada pacote que ele abria, via em sua fisionomia a alegria de um adolescente, ganhando brindes da amada, e em seguida dava-me um beijo em sinal de agradecimento. Foi sensacional! Eu não esperava aquela reação dele para um homem acostumado a ter tudo o que o dinheiro pode comprar. Ele sentia que cada compra daqueles presentes foi um momento em que o meu pensamento estava voltado para ele.

Junto estava o saco de gargalhadas. Quando ele pegou em suas mãos, eu pedi que apertasse. Assim feito, ouviu-se uma gargalhada das mais estridentes. Rimos como duas crianças. Havia camisetas, chapéus, e outros, todos, porém, tinham as marcas dos personagens da Disney.

Pedi-lhe licença, voltei ao banheiro, vesti uma daquelas roupas íntimas que trouxera, e quando voltei ele me agarrou com tanto tesão que até hoje estou à procura daquela vestimenta, porque eu não sei onde ela foi parar. Foi fantástico o nosso reencontro na cama. Parecia que ele tinha um poder mágico para atrair todo o desejo do mundo para os nossos encontros amorosos. Ele era poderoso sobre todos os aspectos, e tinha à sua disposição todas as coisas que lhe davam prazer, inclusive eu.

Passada toda aquela euforia, ele me falou que precisávamos jantar porque nem almoço eu tive naquele dia. E dirigimo-nos para a sala de jantar. No caminho, ele me falou que a sua cozinheira havia feito uma moqueca de peixe igualzinha à que eu fazia na Bahia. Deliciamo-nos com aquela comida e os nossos drinques preferidos.

E como nunca nos faltava assunto para as longas conversas, dessa vez ele pediu-me que lhe contasse em todos os detalhes da minha viagem, e, assim, fui narrando todo o acontecido. Percebi que ele ficou feliz, porque de vez em quando eu dizia:

– Você estava em meu pensamento em todos os momentos.

Até que era verdade!

Os nossos quartos eram contíguos. Todos os nossos pertences ficavam no quarto de cada um, e eles eram ligados por uma porta. Isso dava-nos muita privacidade. Para fazer amor, usávamos o meu espaço, talvez porque em nosso subconsciente o macho é quem deve sempre procurar a fêmea.

Numa dessas noites ele sugeriu que eu fosse ao quarto dele para dormir. Dormir era força de expressão, porque isso só acontecia depois de estarmos exaustos de longos momentos de êxtase e prazer.

Ao entrar, ele me pediu para sentar numa poltrona e abriu uma caixa grande e me disse:

— Tudo que está aí são presentes para você.

E salientou que enquanto eu estava em Miami ele também comprara presentes para mim. Que surpresa! Uma caixa pequena era uma pulseira de ouro cheia de diamantes. Fiquei sem palavras e apenas agradeci com um beijo em seu rosto. Outra grande era um par de botas que eu deveria usar quando fosse passear pela fazenda montada a cavalo. Ainda havia roupas apropriadas, e um grande chapéu para proteger-me do sol.

Eu fiquei, por uma eternidade, fora do mundo. Eu não esperava receber todas essas coisas, num só momento. Agradeci os presentes com muita emoção e fiquei ao seu lado, segurando a sua mão, num silêncio absoluto e comovente. Ainda, ele acrescentou:

— Você precisa deixar aqui roupas e outros pertences, para não ter necessidade de ficar transportando malas.

A sua intenção era mesmo de que eu decidisse me casar com ele, definitivamente.

Pelo adiantado da hora deitamos. Ele colocou o seu braço debaixo do meu pescoço, abraçou-me e num gesto de carinho fez-me dormir. Sentia-me protegida e segura. Ninguém, em todo o mundo, viveu esse instante de tanta ternura e acolhimento. Ele me amava.

Pela manhã, durante o café ele relatou todos os passeios que faríamos naqueles dias. O primeiro seria sair a cavalo para visitar as terras da fazenda. E conforme o combinado, voltei ao quarto, vesti as roupas apropriadas que ele me dera, calcei as botas, o chapéu e apresentei-me. Ele me abraçou e falou que eu estava linda. Agradeci.

O meu cavalo era uma égua de nome Josephine, dócil e calma. O dele era um macho denominado Jururu, de porte altivo e de olhar faiscante. Montamos, seguramos as rédeas e seguimos viagem. Tudo para mim era encantamento. Eu sabia andar a cavalo porque quando adolescente a minha mãe tinha clientes fazendeiros que ficaram amigos, e eu e meus irmãos íamos passar dias em uma fazenda que se chamava Cascata.

    Cavalgamos por mais de uma hora e nos aproximamos de uma pequena casinha que ficava ao lado de um riacho com uma pequena cascata. Arriamos e entramos nesse lugar. Havia uma sala, quarto e cozinha, tudo mobiliado de móveis simples, mas tudo limpo e organizado. À frente, uma varanda enorme de onde se visualizava o córrego. Sentamos, e bebemos água daquele riacho.

    Trocamos olhares e sentimos uma vontade enorme da fazer amor nesse lugar. Ele havia preparado tudo porque conhecia a mulher que tinha ao seu lado. Foi extremamente fantástico. Nós dois sozinhos, longe do mundo e da civilização, fazendo o sexo mais gostoso que se podia imaginar. Depois desses momentos de prazer, eu vesti uma calcinha e fomos tomar banho naquela água geladinha do córrego. A sensação de prazer foi indescritível. Ele jogava água em meus seios e em seguida acariciava-os com muito tesão. E, em cima do mato, coberto apenas com uma toalha, fizemos amor novamente.

    A natureza participou de toda a felicidade que nos envolvia. O sol brilhava na vegetação como aplaudindo todo o acontecido ao seu redor. A água límpida e fria tentava apagar, inutilmente, aquele fogo que emanava dos nossos corpos.

    Voltamos à casa e dormimos até o entardecer. O sol avisando que estava indo embora fez-nos decidir voltar, mesmo porque estávamos famintos, dessa vez de comida, porque de amor estávamos plenamente satisfeitos.

    No segundo dia fomos visitar todas as plantações: parreiras, frutas, flores, bananeiras, laranjeiras, legumes, e verduras. Havia uma pequena ponte sobre a qual passava um curso d'água. Era lindo demais! Esse jardim fora feito por um paisagista mundialmente famoso, o mesmo que fizera os jardins de sua casa na cidade.

    Era um lugar tranquilo e de uma beleza incomparável. Segundo ele me falou, havia um jardineiro apenas para cuidar desse lugar, e os demais cuidavam das plantações. Tudo era um luxo absoluto.

    Ficamos nessa visita por muitas horas. Tudo respirava felicidade. Tudo estava perfeito, porque talvez o nosso amor tornasse o encantamento daquele espaço mais belo. De vez em quando externava elogios sobre tudo, e ele apenas beijava o meu rosto e agradecia. Em dado momento, ele falou:

— Deus sabia que um dia eu ia conhecer você, e por isso Ele me deu inspiração para realizar este projeto.

Sorri. Apenas, sorri. Era demais para o meu coração o que eu acabara de ouvir! Deixaria o meu agradecimento maior quando estivéssemos em nossos aposentos, à noite.

Fomos visitar um pequeno lugarejo nas proximidades da fazenda, à beira da estrada. Andamos por aquelas ruas, vimos pessoas simples e casas comuns, mas tudo revestia-se de beleza porque respirávamos felicidade. Paramos em uma pracinha onde havia um quiosque e tomamos caldo de cana com limão e outro com abacaxi. O sabor daquela bebida estava além do seu gosto natural porque, também nesse momento, colocamos o nosso paladar a usufruir do que os nossos corações sentiam. Visitamos também uma loja de artesanato. Ele me pediu que comprasse tudo o que eu quisesse. Olhei em volta, e para não decepcioná-lo comprei um sininho florido que quando o vento batia ecoava um som misterioso.

Ele aproveitou essa oportunidade e disse que poderíamos colocar em nossa casa, e que quando os nossos filhos tocassem aquele sino, nos lembraríamos de que o compramos ali.

Levei mais um susto. Por essas palavras eu não esperava: Ter filhos! Mas precisava disfarçar os meus traumas para não constrangê-lo. Afinal de contas, estávamos num patamar de tanto envolvimento que preferi arrancar essa palavra dos meus ouvidos e jogá-la em um lugar bem longe do Universo. E, rapidamente, me refiz do susto.

Voltamos perto da hora do jantar. Ao entrar na casa, a cozinheira, que era uma senhora gorda e amável de nome Augusta, falou para ele que havia preparado para o jantar costela de porco assada na brasa. Ele olhou para mim e perguntou:

— Você gosta desta comida?

— Sim, muito. Perfeito.

Realmente, aquele jantar foi mais um de muitos degustados ali. Essa senhora nasceu para esse ofício: cozinhar. Ela fazia pratos incríveis e de um sabor monumental.

Depois do jantar tomamos banho e fomos para o seu quarto ouvir música. Nessa noite estivemos ao lado de Chopin, Strauss, Schubert, Albéniz e Mendelssohn. Quando ouvimos a *Marcha nupcial* deste último, ele me falou:

— Não será uma boa ideia ouvir esta marcha no dia do nosso casamento?

— Sim, excelente. — completei.

Pelo visto, ele ainda estava convicto de que eu me casaria com ele.

Mas eu tinha um filho, e eu precisava estar ao seu lado na solução de muitos problemas que se avizinhavam. Preocupavam-me os acontecimentos recentes, para os quais eu iria precisar de muita inteligência e coragem para que eles tivessem um final feliz.

Nessa noite ele me deixou inundada de felicidade do que qualquer outro dia ou noite desde que nos conhecemos.

Sentamo-nos um em frente ao outro, tendo uma almofada sobre uma mesa de centro em que nossos pés se apoiavam, ele confessou que antes de me conhecer e até mesmo depois, todas as vezes que ele se sentia triste, bebia até desmaiar. Havia algum tempo essa situação mudou, porque ele sabia que quando eu tinha problemas empenhava-me no trabalho e ficava acumulando energia para os nossos futuros encontros. Olhava em frente e saboreava o prazer a dois.

Esse foi um grande exemplo de vida que eu lhe teria passado. Apertou as minhas mãos num gesto de agradecimento e disse:

– Você é fantástica até para mudar o comportamento das pessoas. Eu serei seu até que a morte nos separe, não importa se como namorado, noivo, ex-noivo, amante ou marido. O importante é tê-la, perto ou longe de mim, porque de qualquer maneira você faz parte da minha vida, nas vinte e quatro horas do dia.

Guardei essa confissão em lugar seguro e pude avaliar o quanto eu era importante em sua vida. Havia uma grande responsabilidade sobre os meus ombros. Eu assumiria essa situação até o ponto de não causar nenhum transtorno para mim ou para o meu filho.

Chegou o nosso último dia nesse lugar. Durante a noite dormimos muito pouco porque ocupamos a maior parte do tempo amando-nos com todo o calor e a vontade que eram próprios de nós dois. Mas ao amanhecer estávamos, pelo menos, inteiros, e depois de um banho fomos tomar café, e enquanto isso a minha dama de companhia, Maria da Paz, arrumava as minhas malas. Separei alguns pertences conforme ele me pedira e deixei ali, na expectativa de voltar.

Capítulo 49

A VOLTA AO TRABALHO

A viagem de volta para a minha casa na capital foi normal, mas eu já sentia saudades daquela primorosa semana de muito amor, carinho, deliciosas comidas e um lugar paradisíaco. Sentia-me leve como uma pluma, e a certeza de que voltaria àquela fazenda, para reviver, novamente, tudo ao seu lado. Ele tinha uma fisionomia tranquila por ter me proporcionado momentos prazerosos que ficariam marcados de maneira profunda no meu corpo e no meu coração.

Como eu havia deixado a minha secretária com o marido hospedados em minha casa, temendo que na minha ausência pudesse acontecer algo desagradável, encontrei tudo na mais perfeita ordem. Havia até almoço. Entramos e comemos frango ensopado com arroz e salada.

Despedimo-nos com muita tristeza. Abraçamo-nos, e as lágrimas correram dos meus olhos. Eu não queria acreditar que, a partir do próximo minuto, eu voltaria a ficar sozinha. Ele percebendo a minha tristeza, falou:

— A opção de ficar aqui é sua. Se você quiser, abandone tudo e venha comigo. Tenho certeza de que farei o possível e o impossível para fazê-la feliz.

Nenhuma dúvida pairava nessa afirmativa, mas a vida não é tão simples, e nada pode ser solucionado num passe de mágica. Havia outros compromissos que eu precisava honrar. Fiquei acompanhada daquela solidão, e o que me confortou era saber que o amanhã será sempre um novo dia.

Ao entrar em minha sala de trabalho, no dia a seguir, o telefone tocou. Era ele querendo saber como passara a noite e se estava bem. Respondi que essa noite passada não foi como aquelas muitas que passamos juntos, mas que em algum momento consegui dormir, mesmo porque as minhas obrigações me aguardavam. Também perguntei como ele estava, e me respondeu com uma única palavra:

— Desolado!

Nada tinha para falar depois que ouvi essa palavra medonha. Despedimo-nos, e ele me prometeu que me ligaria à noite, quando eu estivesse em casa.

Agora, a realidade era outra. Enfrentar os desafios das minhas funções naquela universidade, depois de um mês ausente. Reuni-me com o meu assessor e a minha secretária para inteirar-me de tudo o que tinha acontecido durante a minha ausência. Pelos relatos dos dois, todos os problemas que surgiram foram solucionados. Fiquei tranquila por saber que ele realmente estava no caminho certo do aprendizado.

O meu amigo João Lopes ao saber que havia voltado, fez-me uma visita e externou os seus agradecimentos pelo apoio que estava dispensando ao seu filho. Aproveitei esse ensejo e disse-lhe que já havia me reunido com ele e que ficara satisfeita pelo trabalho que ele realizou quando estive fora. Ele ainda me perguntou sobre a minha viagem, e disse que tudo foi perfeito. Tinha feito uma viagem muito proveitosa e sem nenhum atropelo.

Ele demonstrou felicidade com a minha volta e, consequentemente, aquela felicidade me encheu de alegria.

Capítulo 50

A VOLTA DO FILHO DE MIAMI E AS COMPLICAÇÕES

À noite Albertino me telefonou. Perguntou como eu passara o dia, e também queria saber sobre o meu trabalho. Informei-lhe que tudo estava em ordem.

– E você, como está? – perguntei.

– Estou sentindo muita saudade de você.

E, em tom de brincadeira me perguntou:

– Por aí não tem um helicóptero para trazer você rapidinho para junto de mim?

– Infelizmente, não, mas prometo que em breve, muito breve, voltaremos a nos encontrar.

Tínhamos à nossa disposição a mansão dele, a minha casa de praia, a minha casa nas proximidades do meu trabalho, o apartamento em São Paulo e a fazenda. Era só escolher o local e sair correndo para viver todas as emoções que o mundo se esqueceu de guardar.

O meu filho me telefonou, dizendo que chegaria no próximo domingo em São Paulo. Ele estava voltando de Miami, depois de quase três meses de férias. Telefonei para o meu amante, e ele colocou à minha disposição o carro e o motorista dele para pegar o meu filho no aeroporto.

– Não, meu querido, obrigada. Esta missão eu quero fazer sozinha. Preciso inteirar-me dos últimos acontecimentos em Miami.

Então sugeriu que, como o meu filho chegaria no domingo pela manhã, poderíamos dormir no apartamento de São Paulo na sexta-feira à noite, o sábado e que ele me liberava para o domingo cumprir esse compromisso. E quando o relógio marcou onze horas da noite, peguei o meu carro e fui ao encontro dele no apartamento.

Quando cheguei, a impressão que eu tive era a de que ele não me via há séculos, tamanha a euforia como me recebeu. Tomamos banho juntos, bebemos champanhe, ouvimos música e fomos para a cama loucos de paixão. Mais uma vez, perdemos a noção de tempo, e já era madrugada quando foi possível dormir.

Mais uma vez, perdemos o café da manhã. Ficamos mesmo com o almoço, que foi preparado pela cozinheira que ele tinha no apartamento. Antes, porém, tomamos suco e ficamos ali conversando, até que famintos devoramos aquela comida deliciosa. Ela fizera peito de frango recheado, batata assada, salada e a sobremesa de sua preferência: doce de leite com calda de morango. Tudo isso acompanhado de nosso drinque preferido.

Voltamos para a sala, e agora saciados de prazer e de comida, ficamos conversando e ouvindo música. Assunto não nos faltava. Eu estava sonolenta porque trabalhara a semana inteira e ainda não tinha dormido na noite anterior. Ele sugeriu que fôssemos descansar. Todavia avisou-me, antes:

— Vamos descansar!

— Claro, eu ouvi.

Deitamos, e só foi possível acordar muito tarde. Perdemos, também, o jantar. Fomos até a cozinha, e ele preparou uma salada de frutas e comemos.

Teríamos mesmo que comer algo leve, porque voltaríamos, novamente, para cama. Ele percebendo o meu cansaço acolheu-me em seus braços e me deixou dormir.

No sábado, tudo se repetiu numa sequência absoluta de dois apaixonados.

Chegara o domingo, e logo cedo apressei-me no banho e no café da manhã. O voo do meu filho estava previsto para chegar em São Paulo às seis e meia desse período.

Estacionei o carro no aeroporto e fui esperá-lo no local de saída. Ele ao me ver abraçou-me e disse que queria muito falar comigo. O meu coração perdeu o controle das batidas. Não esperava boas notícias! Coração de mãe sabe, antecipadamente, o que vai acontecer em futuro próximo ou distante. Mantive a calma, mesmo porque eu nunca fugi de problemas de qualquer ordem. Sempre enfrentei todos com coragem e determinação. Aqueles seriam novos desafios, mas estava pronta.

Ao entrar no carro, ele falou:

— Mãe, vou largar tudo e casar com a Laura. Estou apaixonado, e sem ela a vida ficará impossível de ser vivida.

— Você está louco! – berrei, isso mesmo, berrei. – Em primeiro lugar, você não tem nenhum trabalho, nenhum salário e nenhum meio de sobrevivência. Ela também não. – E acrescentei: – Eu não coloquei no mundo um filho, que por causa da primeira mulher que entra em sua vida mergulhe no abismo da loucura.

– A vida é bem diferente de como você imagina nesse momento;

A vida é bem mais complicada do que a sua imaginação possa produzir;

A vida requer atitudes não provindas apenas do coração;

A vida é uma continuidade de fatores que podem nos destruir ou nos fazer felizes;

A vida é confiança na própria estrutura do ser;

A vida é o resultado de todas as ações por nós produzidas;

A vida precisa de coragem e muita determinação para sobreviver aos dias de angústia e desencontros;

A vida é sermos únicos, mas ter a certeza de que não somos sozinhos, e que a pessoa que nos acompanha tenha o olhar na mesma direção;

A vida não é uma brincadeirinha de marionetes;

A vida é um fogo dos mais ardentes, que se você não tiver uma roupa apropriada para se proteger, ela te consumirá;

A vida é ter consciência do discernimento do certo e do errado;

A vida pode lhe ser leve ou pesada. Tudo vai depender da sabedoria de suas escolhas;

A vida é desfrutar de momentos deliciosos construídos com as suas opções;

A vida é o prazer de ser livre para pensar e decidir;

A vida é uma criação de Deus, e Ele espera sucesso desse empreendimento;

A vida é amar-se de forma total e absoluta;

A vida é viver em paz com a sua consciência;

A vida é perdoar aqueles que nos causaram males;

A vida é respeitar o próximo;

A vida é não causar danos a outrem;

A vida é viver em conexão irrestrita com Deus;

A vida é sabedoria;

A vida é luta;

A vida é sentir aquela alegria que brota da alma;

A vida é um mistério dos mais intrigantes;

A vida é acreditar em dias melhores, mesmo que o mundo não nos ofereça essa opção;

A vida é ter esperanças;

A vida é respeitar as diferenças;

A vida é não ter preconceitos de qualquer espécie;

A vida é sentir paz interior;

A vida é ter alegria de viver;

A vida é ter fé, coragem e determinação;

A vida é saber enfrentar os perigos e sair vitorioso;

A vida é ter a certeza de que tudo tem solução;

A vida é cada um ser responsável pelos seus atos e assumi-los de forma total;

A vida é viver momentos de contemplação da natureza e sentir-se parte integrante dela;

A vida é, por vezes, cair e levantar-se, sempre;

A vida é cada um traçar as suas metas e não recuar diante das dificuldades que possam surgir;

A vida é não tomar atitudes precipitadas;

A vida é fazer escolhas acertadas nos seus momentos exatos, para que um dia tenhamos a certeza de que ela não foi inútil e que valeu a pena viver. Ademais, filho, tudo tem o seu tempo certo para acontecer.

Ele ouviu tudo o que falei sem proferir uma única palavra. Ao chegar ao destino, ele apenas falou:

— Vou pensar em tudo o que a senhora falou, e no próximo fim de semana quando nos encontrarmos na casa da praia, conversaremos.

Deixei-o na cidade onde estudava, porque as aulas reiniciariam no dia seguinte. Voltei a São Paulo porque também o meu trabalho me esperava.

Capítulo 51

IDEIAS PARA CONVENCER O MEU FILHO

Ao chegar em casa, telefonei para Albertino contando tudo o que aconteceu com o meu filho. Ele apenas me perguntou:

— O que você pretende fazer agora depois dessa decisão dele?

— Vou lutar com todas as armas disponíveis para demovê-lo dessa ideia absurda.

E expliquei o que pretendia fazer e as diversas alternativas que dispunha.

— Vamos nos encontrar no próximo fim de semana?

— Não — respondi. — Marquei com o meu filho um encontro para conversar a respeito de tudo que se falou durante a viagem.

Daí, ele sugeriu:

— Quando você deixar o seu trabalho na sexta à noite, venha dormir comigo aqui em minha casa, porque fica na metade do caminho da sua. Assim, no sábado você levanta cedo e vai ao encontro dele.

— Não. Eu quero concatenar os meus planos para ter palavras convincentes para demovê-lo a mudar este rumo.

Ele concordou, e planejamos que nos encontraríamos, possivelmente, durante a semana em seu apartamento em São Paulo ou na minha casa da capital.

Aquela segunda-feira não foi das mais felizes que tive, aliás, durante toda a semana. Formulei pensamentos e planejei ações para enfrentar o meu filho. Tinha consciência de que o futuro dele estava em jogo, mas também sabia que baseada em minhas experiências ele iria tomar uma atitude simplista e desconectada com a realidade.

Enquanto trabalhava, ia formulando ideias para convencer o meu filho a mudar as suas decisões. Sabia que a tarefa não seria fácil, porque eu vivi ainda adolescente esse mesmo problema, e somente muitos anos depois tive consciência do poder devastador do sexo em nossas vidas, quando ainda não temos experiência.

Ele pode construir levando-nos a uma vida prazerosa, como também nos destruir. É uma faca de dois gumes.

Eu também, agora na maturidade, estava apaixonada. Só que a minha experiência levava-me a equilibrar a minha cabeça e impor normas ao meu coração. Estava sobrevivendo.

Entendo que há pessoas que pensam de forma diferente e são felizes. Cada ser humano é único, e cada situação tem as suas próprias conotações.

Poderia tomar uma atitude simplista: Deixava o meu trabalho, casaria com Albertino e soltava o meu filho nos States. Certamente, ele se casaria, e aparentemente tudo estaria solucionado. Não! Não! Um não com um som tão alto que pudesse ser ouvido por toda a humanidade.

Os nossos caminhos, meu e o do meu filho, deverão ter, a partir desse momento, a cobertura de materiais sólidos que se chamam: prudência, conhecimento e sobretudo planejamento, visto que as incertezas da vida sempre nos rondam com surpresas que, por vezes, fogem do nosso controle. Todavia se tivermos um alicerce bem construído, mesmo que os ventos soprem de forma violenta e descontrolada, sobreviveremos porque a raiz é profunda e está presa em terreno de boa qualidade.

Homem, companheiro, marido, amante, noivo encontra-se, desde que queiramos, em qualquer lugar, mas filho, não. Ele é parte integrante de você. Ele carrega o seu DNA. Definitivamente, esse relacionamento maternal-filial não acaba nem com a morte, porque as lembranças serão eternas.

Embora tivesse tido uma experiência amarga, com o meu primeiro namorado e marido, essa situação não me impediu que fosse feliz com os homens durante a vida, mas alertou-me que nunca deveria viver às custas deles. Ser sempre independente e ter condições de me manter com o soldo do meu trabalho. As vidas deveriam estar unidas e caminhando numa mesma direção, até quando fosse possível.

Capítulo 52

AS DECISÕES DO MEU FILHO

Conforme combinamos, o meu filho chegou naquele fim de semana em que eu previa que muitas coisas poderiam acontecer. Não sabia como começar, e ele meio ressabiado, também se recusava a falar.

Iniciamos a nossa planejada conversa.

— E aí, filho, você pensou em tudo o que conversamos no domingo passado?

— Sim, pensei e tenho a seguinte proposta, isto é, se a senhora estiver de acordo!

Nesse instante o meu coração pulava de ansiedade, mas por outro lado, acreditei que as ponderações reais que lhe fizera sobre a vida deveriam ter adentrado em sua mente, e com certeza ele teria uma solução mais plausível. Essa era a minha esperança!

— Bem, eu não me casarei com a Laura agora. Vou terminar o meu curso de engenharia, só que um dia após a minha formatura correrei ao encontro dela para realizar este sonho. E tem mais, eu pretendo ir durante o ano a Miami, nos feriados e nas minhas férias. A senhora está disposta a pagar todas essas despesas?

— Sim — concordei, de imediato.

Senti um alívio como se todo o peso do mundo tivesse saído das minhas costas. O dinheiro foi feito, também, ao meu ver, para satisfazer todos os nossos desejos com o objetivo de nos fazer feliz.

Agora respirando aliviada, teria mais um grande problema à minha frente: como conseguir honrar todas essas despesas! Mas criatividade não me faltava, e ainda soltei as rédeas do meu pensar para encontrar uma solução viável e que não comprometesse os meus compromissos assumidos.

Todas as vezes que nos encontrávamos, o assunto era sempre Miami. Ele realmente tinha o pensamento pronto para viver naquele país, que o encantou tanto sobre os mais diversos aspectos.

No domingo ele voltou para a faculdade, e eu para o meu trabalho em São Paulo. Durante o trajeto comecei a pensar sobre as medidas que tomaria logo de imediato, porque cada viagem dele incluindo passagem e dólares me custaria quase a metade do meu salário, ainda as contas de telefone em que ele se esquecia do custo e ficava longo tempo falando com ela. Mas se era para realizar o meu sonho e o dele, todo o empenho fazia-se necessário.

Ao chegar em casa telefonei para Albertino e contei-lhe todos os detalhes da conversa e das decisões que tivera com o meu filho. Depois de ouvir todo o relato, ele falou:

– Eu a ajudarei em todas essas despesas, fique tranquila!

Não respondi nem que sim e nem que não. Apenas agradeci a sua disposição de me ajudar.

Como eu não queria me acostumar a viver com ajuda monetária dele, tomei providências para fazer diante desses compromissos assumidos com o meu filho: A primeira foi vender o meu apartamento, que tinha comprado havia anos e já estava pago. Apliquei o dinheiro, e a renda obtida me ajudava a pagar as despesas de sua viagem. Eu não precisava realmente manter aquele apartamento, porque eu sempre preferia nos fins de semana ficar na casa da praia ou na do Albertino. Ainda tinha o apartamento dele e a fazenda para desfrutar dos nossos encontros.

Capítulo 53

MUDANÇA PARA A CASA DA PRAIA

Tomei mais uma decisão drástica. Deixaria São Paulo, o meu trabalho, e viria morar no litoral. A minha casa era bem confortável, com três suítes e demais dependências e era um lugar que sempre desfrutava de uma felicidade imensa.

Antes de pedir demissão, conversei com o meu amigo João Lopes, diretor daquela universidade e contei-lhe tudo o que estava ocorrendo comigo. Ele entendeu de pronto e agradeceu pelo trabalho que havia prestado à sua entidade, e pela ajuda que dei ao seu filho, ensinando-o a ser um profissional da área. Acrescentou que gostaria sempre de ter notícias a meu respeito, como também do meu filho. Deixei ali um grande amigo.

Estava na casa do Albertino vivendo aqueles momentos maravilhosos, quando contei-lhe que não mais morava em São Paulo e nem trabalhava na universidade. Ele olhou bem dentro dos meus olhos e perguntou:

– O que aconteceu?

Relatei todos os detalhes e percebi que ele não apenas ficara surpreso como também decepcionado, não sobre as ocorrências, mas porque eu não contei com a ajuda dele na solução desses problemas.

Tinha consciência de que o amor que ele sentia por mim era mais forte do que se preocupar com as decisões unilaterais que eu tomava. A vida era minha, e eu tinha o direito de fazer o que bem quisesse. Só não podia, é claro, criar problemas para ele ou desrespeitá-lo.

– Pelo visto, acredito que agora vamos casar!

– Não – falei. Você se esquece de que eu sou professora, e que em qualquer lugar neste mundo há sempre trabalho para esse tipo de profissional!

E adiantei que já havia feito inscrição e levado o meu currículo para uma escola da cidade e que estava aguardando a resposta. Ele emudeceu e ficou assim durante um tempo que me pareceu infinito. Como as minhas decisões já tinham sido tomadas, nada mais ele poderia fazer a não ser aceitar.

Senti o quanto é maravilhoso, fantástico você decidir sobre os rumos de sua vida, sem depender de conselhos ou ajuda de outras pessoas. Esse foi sempre um desafio que assumi por toda a vida.

Capítulo 54

A SEMANA COM ALBERTINO EM MINHA CASA

Eu morava entre os dois. Era igual a distância da minha casa até cidade que o meu filho estudava e até a casa do Albertino. Também alternava os fins de semana entre um e outro. Uma noite, por volta das oito horas, alguém chama à porta. Era o meu amante que viera dormir comigo. Surpresa, grande surpresa! Essa foi a primeira vez que isso acontecia. Ele estivera em minha casa em outras oportunidades, mas nunca para dormir. O susto dessa vez foi suave, só esperava que um dia ele não aparecesse de mala e cuia.

Eu gostava de morar sozinha e ter a minha vida independente. Quando ele entrou, eu lhe falei:

– Este lugar não é igual a sua mansão de vinte quartos, mas é suficiente para passarmos momentos prazerosos.

Ele nem respondeu. Abraçou-me, e quando me dei conta já estava na cama vivendo as nossas costumeiras e profundas emoções. Ele nem esperou pela camisola. Ele era excepcionalmente fantástico na cama, no trato e na companhia. Ninguém no mundo poderia ser melhor que ele.

Acordamos cedo porque ele precisava voltar às suas atividades. Tomamos café, e quando já estávamos na varanda ele agradeceu, e disse:

– Mais uma noite grandiosa!

Beijou o meu rosto e se foi.

Comecei o meu trabalho como professora de Língua Portuguesa. Essa escola abrigava os filhos das famílias ricas da cidade e do entorno. Era um lugar agradável, e eu me sentia feliz. O proprietário era um dos donos da cidade. O seu pai fora muito rico e popular. Ele herdara essas qualidades. O salário que recebia era muito pequeno em relação ao de São Paulo, mas as despesas também eram menores.

No segundo ano, inscrevi-me para lecionar também nas escolas estaduais e municipais, e assim eu passei a trabalhar nos três períodos. Ser professora era um trabalho que me dava muito prazer. Conviver com alunos era, diariamente, um enriquecimento para a minha alma. Causava-me uma felicidade ímpar ao perceber que a cada dia os meus alunos levavam com eles um aprendizado, que lhes dava o direito de ver o mundo de forma diferente.

Aproximavam-se as férias de fim de ano. O meu filho iria para Miami, e eu ficaria sozinha nos próximos dois meses. A passagem e os dólares que ele levaria já estavam comprados. Eu deveria ficar em minha casa ou optar ir para à do Albertino.

Levei o meu filho ao aeroporto, e na volta passei na casa do meu amado, e ele decidiu passar o Natal comigo em minha casa. Dessa vez não tive susto ou surpresa, pois pelo encaminhamento das nossas paixões tudo poderia acontecer. Ele pegou uma mala e uma caixa grande, que foi colocada em meu carro pelo motorista dele, e fomos em meu carro. O seu funcionário foi dispensado.

Como o meu pensar é rápido, concluí que ele planejara passar o Natal comigo em minha casa, porque tudo já estava pronto quando ali cheguei: A mala com os seus pertences, a caixa com presentes e bebidas. Dias antes havia lhe dito que, naquele dia, o meu filho embarcaria para Miami e na volta de São Paulo eu passaria em sua casa.

Ele sabia que durante toda a minha vida eu nunca me permiti fazer sexo debaixo do mesmo teto em que o meu filho estava. Era uma questão pessoal e de princípio. Agora, ele bem longe poderíamos vivenciar momentos fantásticos naquele espaço meu e de minha intimidade. Nos dois quartos havia cama de casal. Era só decidir em que quarto usaríamos para os dantescos momentos de amor. De qualquer maneira, a surpresa valeu! Ainda bem que eu tinha deixado a minha casa em ordem, comprado alimentos e a árvore de Natal, que eu costumava montar todos os anos, onde quer que estivesse.

A viagem que durou quase uma hora foi envolvida de uma atmosfera de encantamento e beleza. Toda a vegetação encontrada pelo caminho brilhava sob a luz do sol, e era como se esse brilho iluminasse os nossos corações. Ouvíamos Tchaikóvski, *Suite*, *O Quebra-Nozes* e *O lago dos cisnes*, e tínhamos a certeza de que estávamos realmente num mundo onde a nossa imaginação flutua e nos leva a um lugar onde há espaço apenas para dois. Monumental! Foi uma viagem realmente fantástica! Nunca antes havíamos viajado sozinhos e, ainda, eu dirigindo.

Chegamos. A minha casa era confortável, limpa e acolhedora. Reservei uma suíte para ele, e outra para mim. Eu sabia que ele gostava de ter um espaço só dele para colocar todos os seus pertences. A caixa grande foi colocada na cozinha, e ele me falou que mais tarde abriria comigo. Devidamente instalados, fiz-lhe uma surpresa: Fui preparar o jantar. Esse deveria ser leve a apetitoso. Deixei-o na sala de estar ouvindo uma música de sua preferência e recomendei que ele aparecesse na sala quando o jantar fosse servido. Ele obedeceu.

Durante a vida fiz muitos jantares para outros amores e para a família, mas aquele tinha algo especial. A expectativa de agradá-lo deixava o meu coração numa pulsação acelerada. Felizmente não houve contratempos.

Tudo pronto sobre a mesa, convidei-o para jantar. Fiz salada de alface com pepino, aspargos tomate-cereja, rabanete, uma macarronada com molho de tomate de minha autoria e queijo parmesão. Para a sobremesa, servi um pudim de queijo.

Ao se aproximar da mesa, ele me abraçou e falou:

– Você também sabe cozinhar? – disse com espanto.

– Sim – respondi.

A minha mãe, desde muito cedo nos ensinou como cuidar de uma casa e também cozinhar. Nessa oportunidade, contei-lhe que fui proprietária de um restaurante em Salvador, quando tinha apenas vinte e três anos. Prometi que lhe contaria detalhes desse negócio após o jantar.

Ele degustava a comida como se aquela fosse única e a mais deliciosa de todas as que ele comera antes. A satisfação de tê-lo agradado me deixou feliz. Ele me ajudou a recolher os pratos, e os colocamos na cozinha. Fiz um café fresquinho, e juntos fomos tomá-lo na sala de estar. A minha casa tinha em todas as paredes luminárias indiretas projetadas para quadros ou para a parede. Esse tipo de iluminação dava um ar aconchegante ao ambiente. Tinha, também, ar condicionado e móveis de boa qualidade. E naquela atmosfera vivenciamos momentos de infinita ternura.

Enquanto eu arrumava a cozinha, ele abriu aquela caixa grande que trouxe de sua casa.

Havia bebidas: champanhe e vinhos, e o licor preferido dele, Cointreau. Outros pacotes embrulhados em papel de presente que ele colocou ao pé da árvore de Natal. Panetone e frutas secas, que eu guardei no armário da cozinha. Agradeci os presentes com um beijo em seu rosto.

Fomos para a sala porque ele queria saber em detalhes sobre o meu restaurante em Salvador. Ele sempre gostava de saber das coisas contadas detalhe por detalhe. Também não se cansava de me ouvir falar sobre qualquer assunto. A sua atenção era-me dispensada com curiosidade e às vezes com espanto. Nunca com dúvidas! Era a certeza de que ele acreditava em minhas histórias.

No dia seguinte o motorista dele chegou, por volta das onze horas da manhã, trazendo frutas e flores. Ele sabia que eu gostava das duas coisas. Agora, a casa estava completa.

Ficamos mais uma semana juntos. Agora em um ambiente completamente diferente dos anteriores. Os outros lugares eram dele. Aquele era meu. Todavia a áurea de felicidade que faz morada permanente em nossa vida estava em todos os espaços que ocupávamos.

Cozinhei em todos esses dias, e a cada prato que fazia, ele me envolvia de elogios. Eu sabia o que ele gostava de comer, portanto caprichei no tempero e na apresentação.

Agora estava agarrando-o pelo estômago. "Perigo à vista!", pensei. Mas eu já estava disposta a correr riscos, contanto que eu pudesse acompanhar a vida do meu filho, porque o bem-estar dele ainda dependia de mim.

A nossa ceia de Natal tinha um cenário de muito acolhimento. Em cima da mesa havia um abajur cuja luz projetava-se sobre a mesa, deixando os nossos rostos em uma leve penumbra. Sentamo-nos um em frente ao outro. Ele saboreava cada garfada de alimento olhando para mim com uma ternura infinita. O olhar de um homem apaixonado é cheio de mistério, e é capaz de nos envolver de forma total e absoluta. De repente, ou propositadamente, as nossas mãos se encontraram e ele apertando as minhas, perguntou:

– Você existe? Você é de verdade? Será que eu não estou sonhando?!

E acrescentou:

– Você é perfeita em tudo: No trabalho, na cama e na mesa, e tem uma estrutura moral sólida. Levantou-se e me deu um forte abraço.

Servi a sobremesa. O licor e o café fomos tomar na sala, que entre um gole e outro as nossas conversas continuavam.

Já era tarde quando decidimos abrir os presentes que ele e eu colocamos junto à árvore de Natal.

Cada pacote que abríamos era uma surpresa, tanto para mim como para ele. Ganhei o meu perfume preferido, Chanel n.º 5, sabonete e alguns cremes para banho da mesma marca. Eu gostava de tomar banho com aqueles produtos porque o meu corpo ficava levemente perfumado, e isso lhe agradava. Também camisolas, calcinhas e muitas toalhas de banho e de rosto, todas com as marcas dos nossos nomes. Quando vi aqueles desenhos senti que o nosso relacionamento teria sem dúvida um caminho definitivo para ficarmos juntos. Abracei-o comovida e pensei: "Será que desta vez eu trocarei de estrada?!". Tinha que pensar mais um pouco.

Também ele não exigia uma resposta imediata, porque a felicidade que estávamos vivendo era tão grande que pouco importava se tínhamos casado ou não. Definitivamente, éramos um do outro, sem qualquer sombra de dúvidas.

Os meus presentes para ele não eram tão pomposos, mas certamente ele ficaria feliz porque o que vale era eu ter me lembrado dele. Ele gostava de sair do banho vestido em um chambre. Dei-lhe um na cor vinho-escuro, chinelos, creme de barbear de excelente qualidade e uma caneca com o nome dele. Esses últimos eu havia trazido de Miami. Eu também gostaria, no meu subconsciente, de ter uma vida ao lado dele, definitivamente.

O telefone toca. Era o meu filho desejando-me feliz Natal. Não passei o telefone para ele porque conhecia o quanto o meu filho não aprovava o nosso relacionamento, desde aquele fatídico dia em que ele ajoelhado aos meus pés afirmou que tudo o que eu quisesse nesta vida ele me daria. Não queria criar problemas para ninguém. Perguntei sobre tudo o que estava acontecendo, e ele me passou somente notícias boas. Falei também com a Laura, que também me desejou feliz Natal. Desejei o mesmo para toda a família e nos despedimos.

Já era madrugada quando subimos aos nossos aposentos. Tomamos banho juntos e ficamos debaixo do chuveiro sentindo a água escorrer em nosso corpo. Em dado momento, ele me virou de costas e começou a acariciar as minhas costas, deslizando as suas mãos pela minha coluna vertebral e subindo até o pescoço. Segurava os meus cabelos, descia as mãos segurando as minhas orelhas e alcançando os meus ombros deslizando-os pelos meus braços até segurar as minhas mãos com força. Ele sabia o que me dava prazer. Com uma toalha sequei o corpo dele, e ele o meu. Fomos para cama dar continuidade a essas carícias terrivelmente deliciosas.

Dia 31 de dezembro. Preparei um jantar especial, e após deliciarmos com aquelas iguarias fomos andando até a praia para presenciar a queima de fogos e entrar no mar pulando as sete ondas. Parecíamos dois adolescentes brincando na água. Quando voltamos, o telefone tocou, era o meu filho desejando-me feliz Ano-Novo. Novamente, falei com toda a família da Laura e nos despedimos.

Começamos o ano envoltos num clima de felicidade e muito amor. Aquela noite foi simplesmente fantástica. Cada novo momento que nos amávamos tinha sabor diferente e emoções acima do nosso pensar. Como era gostoso fazer amor com ele!

Assim como aconteceu em sua fazenda, ele também deixou em minha casa alguns pertences para usá-los em sua próxima visita. Era delicioso ter na minha casa algumas coisas que lhe pertenciam. Em qualquer momento, poderia deliciar-me com o cheiro do seu corpo naquelas roupas. Ele estava presente.

Capítulo 55

O NÃO PARA O ALBERTINO

Na segunda-feira o seu motorista veio buscá-lo. Ele precisava voltar ao trabalho. Sentamos à mesa para o café da manhã e, comovido, me pediu para ir com ele para a sua casa. Ele não queria ficar sozinho. Emocionada, recusei esse convite porque embora estivesse de férias do meu trabalho eu queria ficar para cuidar de muitas coisas relativas à minha vida e à minha casa. Queria ficar só para pensar. Queria afastada dos seus carinhos e de sua presença refletir sobre o que realmente eu gostaria de fazer. Eu tinha certeza de que também estava louca por ele, e que a proteção em que ele me envolvia estava acima da minha imaginação.

Nunca e ninguém em toda a minha vida havia me proporcionado tantas gentilezas e atenção como aquelas que eu vivia ao seu lado. Todavia eu tinha um filho, e ele precisava de mim para ajudá-lo a solucionar problemas financeiros e emocionais. Resolvi ficar.

Na saída, disse-lhe:

– Eu estou aqui. Venha me encontrar, quando você quiser. Eu o amo e quero você, também, por toda vida. Só gostaria que você entendesse que ainda tenho uma missão a cumprir: Encaminhar o meu filho na vida. Eu só serei uma mulher livre no dia em que eu tiver certeza de que a minha cria pode andar sozinho e ter a capacidade de solucionar todos os seus problemas sem a minha ajuda.

E acrescentei:

– Não sei quanto tempo isso vai durar!

Ele abraçou-me, beijou o meu rosto e partiu. Nesse dia eu chorei, mas chorei de verdade. Sentia o coração dele em pedaços, e o meu também. Esse foi mais um desafio que tive de enfrentar.

Nos três anos seguintes, nossas vidas foram vividas de maneira paralela, ora nos encontrávamos na fazenda dele, na sua mansão e até mesmo em minha casa. Tínhamos roupas espalhadas em todos esses lugares. À proporção que o tempo passava ficávamos mais dependentes um do outro e, consequentemente, o nosso amor aumentava.

O meu filho continuava viajando para Miami em todas as suas férias, e por vezes em feriados prolongados. Ele até ganhou um apelido dos colegas de classe: "Pedro Miami".

Minhas economias iam-se minguando, e não tinha perspectiva de melhoras porque o meu salário de professora era apenas o suficiente para cobrir as minhas despesas mais prementes. Não perdia a confiança em Deus, e o mais importante seria aguardar a sua graduação e o desenrolar dos fatos. E lembrava sempre que: "Quando chegamos ao limite, Deus chega com o milagre".

Capítulo 56

GRADUAÇÃO DO MEU FILHO E A SUA MUDANÇA PARA MIAMI

Finalmente, ele concluíra o curso de Engenharia Civil, e a sua colação de grau e a festa de formatura foram marcados para o mês de fevereiro. Havia conseguido atingir o meu objetivo e o dele, embora o preço monetário desse empreendimento da festa tenha me custado todas as minhas economias. Mas diz o ditado popular: "Mas vale um gosto que cem vinténs no bolso". Dinheiro ganha-se outro, todavia a realização de um sonho é maior do que todo o dinheiro do mundo. Estava mais pobre, todavia feliz.

Toda a família da Laura veio de Miami para participar desse evento. Estava na plateia quando o seu nome foi proclamado para a colação de grau. Ajoelhei-me e agradeci a Deus por ter me dado força e coragem para superar todos os obstáculos que precisei transpor, para viver esse momento glorioso. Tinha muitos motivos para comemorar. "Para aqueles que sonham existe a fé; para aqueles que confiam existe Deus; e para aqueles que persistem existem vitórias".

Albertino fez-me companhia nessa ocasião, e quando tudo terminou, ele olhou para mim e falou:

— Missão cumprida, parabéns.

E me abraçou, como se a vitória fosse dele também. E foi.

Meu filho só voltou para casa no dia seguinte. Aproveitei aquela noite com o meu amado e comemoramos com champanhe e muito amor. Foi uma das noites mais felizes da minha vida. Senti que o meu papel de mãe se concretizara.

Agora, caberia a ele dar prosseguimento à sua vida. Um diploma é apenas um papel impresso com o seu nome e outros dados, mas o que vale mesmo é o conhecimento que se obtém em todos os anos vividos na vida acadêmica. O mundo, agora, tem uma amplitude maior e, com certeza, ele fará parte de uma elite diferenciada.

Conforme prometera alguns anos antes disso, cinco dias após a festa ele partiu, definitivamente, para Miami e casou-se com ela. Apenas me comunicaram que haviam casado. Restava-me pedir a Deus que o abençoasse e que eles fossem felizes para sempre.

Todas as semanas falávamos por telefone, e de longe ia acompanhando a sua vida. Sempre queria saber detalhes sobre tudo: trabalho, como e onde estavam morando, e se ele estava feliz. As notícias que me davam eram as melhores, mas coração de mãe não é fácil de ser enganado. Percebia que havia dificuldades que o deixavam preocupado. Para adaptar-se num país estranho enfrenta-se muitas dificuldades. Ele não dominava o idioma de forma satisfatória, e isso o deixava em desvantagem, embora tivesse um diploma de curso superior.

Recebi uma notícia de familiares da Laura de um acontecimento que me deixou muito preocupada e muitas noites sem dormir. E como eu não estava, ainda, com vontade de morrer, decidi ir ao seu encontro.

Previa que essa minha atitude teria um alto preço a pagar, mas estava disposta a enfrentar todos os riscos. A vida do meu filho era mais importante do que tudo. Levaria para ele o meu apoio, a minha presença e a minha ajuda. Achei que era melhor viver os problemas perto dele do que longe, porque a distância deixa a situação mais aflitiva.

Há mães que abandonam os seus filhos após o nascimento. Há outras que não se preocupam em lhes dar uma educação, preparando-os para a vida. Há outras que são indiferentes a tudo que lhes possa acontecer, e há outras que muitas vezes colocam os seus filhos como meta principal de suas vidas. É uma responsabilidade muito grande por um filho no mundo. E para que você não tenha de chorar ou viver dias de angústia, torna-se necessário acompanhar a vida deles dando-lhes orientação e fazendo com que eles percebam que a vida é coisa séria, e que para que possamos ser felizes, é necessário seguir determinadas condutas de comportamento.

No começo da minha juventude o mundo surgiu à minha frente, com grandes responsabilidades, e sem chance de voltar atrás. Fui empurrada para viver o que se apresentasse, e deveria sobreviver a qualquer custo. Aprendi que as dificuldades da vida são inúmeras, e somente os fortes conseguem alcançar suas metas. Também pude observar que o ser humano, em sua maioria, é um desafio a enfrentar. Todos nos ajudam para os caminhos do mal, mas poucos nos dão a mão quando queremos ser diferentes.

Essas despesas de viagem dele, que duraram quatro anos, foram suficientes para zerar os meus investimentos e o capital. Não lamentei em nenhum momento a perda do dinheiro de que dispunha. No meu entender não houve perda, e sim investimento no futuro dele.

Providenciei a minha demissão das escolas em que lecionava, vendi todos os meus móveis, peguei o meu fundo de garantia, aluguei a minha casa e decidi partir.

Todos os pertences do Albertino que estavam em minha casa coloquei--os em uma mala e no dia da minha viagem entreguei para ele, dizendo que uma amiga ficaria na minha casa e que eu não gostaria de deixar as suas coisas lá. Também falei que todas as minhas roupas que estavam na fazenda e na casa dele poderiam ficar lá, se ele quisesse, à minha espera, embora eu soubesse que a possibilidade de uma volta imediata seria remota.

– Mas esperança que a última que morre.

Uma semana antes conversei longamente com Albertino sobre essa viagem. Todavia não afirmei que ela seria definitiva. Eu não poderia prever a reação que ele teria ao saber que eu me afastaria para sempre de sua vida. Por isso tive a cautela de lhe falar sobre os grandes problemas que o meu filho estava enfrentando e outros piores que poderiam surgir. Ainda ponderei que os filhos não têm experiência necessária para sobreviver, sozinhos, em situações temerárias, e ainda mais num país estranho.

Capítulo 57

A MUDANÇA PARA MIAMI E O PRIMEIRO TRABALHO

Ele me levou ao aeroporto. Acredito que eu nunca havia chorado tanto em minha vida. Sentia uma sensação de desamparo. A impressão que eu tinha era a de que a vida tinha aberto um buraco escuro e profundo, e eu estava prestes a cair nesse precipício. Ele, ao meu lado, nada falou. Apenas acariciava as minhas mãos e enxugava as minhas lágrimas. A sua melancolia também era visível. Quando foi anunciado o número do meu voo, ele me abraçou e prometeu que se eu demorasse para voltar que ele iria me buscar em Miami. À proporção que caminhava, olhava para trás, para vê-lo por mais alguns instantes.

Aquela foi a pior viagem de toda a minha vida. O meu subconsciente avisava-me da tormenta que iria enfrentar. Talvez a pior de tantas outras vividas. Mas o que importava agora era ficar perto do meu filho e ajudá-lo no que fosse necessário. Também, olhando de outro ângulo, poderia ser que esse fosse o caminho para a realização de outras utopias. Quando se tem fé, forças superiores nos ajudam a chegar ao lugar, onde Deus houver por bem escolher para nós.

Logo ao chegar, percebi que não fui bem-vinda. Disfarcei aquele mal-estar, como não querendo entender aquela atmosfera de desconforto.

Vivia, diariamente, num mar revolto, numa embarcação frágil e sem salva-vidas. Para continuar ali fiquei surda, muda e nem me era dado o direito de me comunicar por sinais. Quem iria se preocupar com os gritos do meu coração!

Mas o tempo me dizia para ter paciência e coragem para ultrapassar esses momentos tempestuosos, e ele garantia que, um dia, tudo se acalmaria. "Nada é para sempre". Tudo se renova e tudo se transforma.

E assim, de esperança eu vivia pulando os meus pés sobre brasas, tendo o cuidado para que o meu corpo não virasse cinzas.

Consegui, um dia, telefonar para Albertino. Ele ao atender ao telefone, falou:

– Até que enfim você se lembrou de mim!

Ele não sabia e nem lhe disse os momentos desagradáveis que estava vivendo. Esses problemas eram meus, e não havia necessidade de relatá-los para ele. Para mim, era melhor que ele pensasse que estava feliz com essa minha escolha.

Ele me pediu o número do meu telefone e o meu endereço. Eu não tinha nenhum dos dois. Prometi que iria escrever. E que, ainda naquela semana, eu lhe enviaria uma carta sobre tudo o que estava acontecendo comigo. Ele acrescentou que estava louco de saudades e que esperava que eu voltasse logo.

Eu não tinha nenhum dinheiro comigo. O valor que tinha levado estava depositado na conta deles no banco.

Um dia, alguém na casa falou que iria pegar um jornal na esquina, por curiosidade acompanhei-o, e naquele lugar ele colocou uma moeda no lugar apropriado, abriu a porta da caixa de vidro transparente e retirou um exemplar. Foi valiosa essa descoberta, porque dias depois eu pedi ao meu filho uma moeda igual, fui lá, peguei um exemplar e li os classificados na esperança de encontrar um trabalho.

Como eu fluente na língua inglesa, foi fácil encontrar uma atividade, não em minha área, é claro, mas na de doméstica. Quando o meu filho chegou à noite do trabalho, pedi-lhe que me levasse àquele endereço. Ele se recusou, todavia minha nora me levou.

Ao chegar ao local, pude ver uma mansão majestosa, com paredes envidraçadas numa área que deduzi serem casas de milionários. Chamamos à porta, e alguém veio nos atender. Falei-lhe do anúncio do jornal. A senhora, proprietária da casa, convidou-nos a entrar, sentamos em cadeiras numa pequena saleta e fez-me uma série de perguntas: De onde eu era, o meu país de origem, e depois dessa entrevista me perguntou se eu podia começar a trabalhar imediatamente. Ela deve ter percebido que podia confiar em mim. Afirmei que sim, e dois dias depois cheguei ao local de trabalho. Ainda por não ter carro, dependia da ajuda do meu filho para me levar, e me buscar no meu dia de folga.

Ela me mostrou todas as dependências da casa. Aquela construção deveria ter, pelo menos, mais de mil metros quadrados. Tinha dois pavimentos ligados por escada e elevador. A escadaria lembrou-me, imediatamente, aquela cena do filme *E o vento levou* em que Scarlett O'hara desce as escadas correndo atrás do seu amado, que estava indo embora, e quando ela chega no final dos degraus ela diz:

– *After all, tomorrow is another day.*[1]

---

[1] Afinal, amanhã é um novo dia.

Iniciava, agora, uma nova etapa da vida, pois eu teria o meu dinheiro para as minhas necessidades e também esperava que o amanhã pudesse me trazer novas perspectivas do meu viver. Eu sempre pensava: eu não sou doméstica, eu estava doméstica. Embora saiba que todo o trabalho é digno desde que você o encare dessa forma. Mas eu tinha outras habilidades. Por enquanto, eu deveria me contentar com essa oportunidade, mesmo porque eu estava em um país que não era o meu.

Eu trabalhava das oito horas da manhã até às onze da noite. Apenas limpando a casa. Havia apenas três pessoas: o casal e uma filha, que durante o tempo que trabalhei lá, nunca me cumprimentou. Achava, talvez, que eu tivesse vindo de outro planeta. Eu sabia que muitos milionários são assim: prepotentes, donos do mundo e vivendo num patamar além dos mortais.

Só que eles se esquecem de que tudo de bom e de mal pode acontecer a qualquer um de nós, sobretudo, a morte, que é um final para todos. Ninguém está a salvo de todas as coisas inerentes aos seres humanos.

Aquela primeira semana foi desastrosa para os meus músculos, que não estavam acostumados a ser exercitados com tanto rigor. Numa noite tentei me levantar, e as minhas pernas não atendiam ao comando da minha cabeça. Estava exausta! Mas diz-se que "quando a cabeça quer, o corpo obedece". Ele precisava obedecer, por uma questão de sobrevivência.

Eu costumava fazer companhia à patroa nas compras de supermercado, e um dia eu comprei no supermercado papel de carta e envelope, com o meus dólares da minha primeira semana de trabalho. Fiquei feliz, porque assim poderia escrever para Albertino, dando-lhe as minhas notícias. Uma vez por mês enviava-lhe cartas, não lhe contando os fatos reais, mas imaginários. Ele também me respondia e prometia estar à minha espera. Relatou-me que algumas vezes fora à fazenda, mas que a minha ausência causava-lhe uma tristeza profunda.

Nos Estados Unidos você não precisa ir aos correios para enviar suas cartas, basta pôr um selo no envelope e colocar na caixa de correio que fica em frente da casa. Essa situação facilitava a minha vida.

Capítulo 58

A NOVA MULHER DO ALBERTINO E MORTE DE ANTONIO DUARTE

Sentia-me dentro de uma prisão, executando trabalhos forçados, e com direito apenas de sair algumas horas no final da semana. Por outro lado, o trabalho nos ajuda a passar o tempo e distrai a nossa mente. À noite, quando deitava para dormir, o meu corpo desmaiava de cansaço, não me permitindo pensar em nada. Naquela casa, trabalhei por quase um ano. Num daqueles dias de minha folga, lendo outro jornal, descobri que o salário que ganhava era irrisório com relação ao trabalho que executava. Resolvi procurar outro trabalho.

Havia algum tempo eu não recebia carta do Albertino. Estranhei aquele silêncio, e resolvi lhe telefonar de uma central de telefone. Nesse dia tive uma notícia cruel: Ele estava vivendo com uma de suas funcionárias, e ela estava grávida. Desejei-lhe felicidades. Ele reafirmou que embora isso tivesse acontecido, ele continuava sendo o meu mais fiel amigo. Que eu poderia contar com ele para qualquer coisa que precisasse. Que a nossa amizade continuaria forte como uma muralha de ferro. Também me pediu que continuasse escrevendo para ele ou lhe telefonasse quando quisesse.

A tristeza daquela notícia aniquilou a minha alma de forma brutal. Sentei-me no chão e gostaria que fosse tragada por um grande buraco e sepultada viva, porque morta eu já me sentia.

Mas a vida deve continuar, e os meus objetivos da mudança para aquele país ainda estavam a caminho. Eu precisava ter os resultados.

Telefonei para a minha amiga Susana para lhe contar sobre Albertino, e ela me deu uma notícia, também, muito triste: O meu ex-amante Antonio Duarte, que fora o meu professor de Literatura Inglesa e meu amante, por algum tempo, ao saber da minha mudança para Miami, enlouqueceu. Segundo relato de minha amiga, ele não suportou a saudade que sentia de mim. E, um dia, tirou toda a roupa e saiu gritando pelas ruas:

– Ela não volta mais! Ela não volta mais!

Alguém nas proximidades envolveu-o em um lençol, e trouxe-o de volta para casa. Ele morreu dois meses depois de tristeza, segundo disseram para ela.

Realmente, vivemos um grande e profundo amor e agora ao sentir a saudade invadir a minha alma guardo a certeza de que aquele passado valeu a pena. Essa notícia foi mais uma para deixar a minha alma dilacerada.

Agora perdera definitivamente aquele amor antigo, e o mais novo estava vivendo com outra mulher. Nada mais me restava fazer, a não ser tocar a vida para frente, e tentar alcançar a realização dos meus propósitos.

Encontrei outro trabalho, e deveria além de limpar toda a casa cuidar de uma criança de um ano. Havia mais duas, porém elas frequentavam a escola em período integral. O salário era melhor, e por isso resolvi comprar um carro, a fim de não mais necessitar da ajuda do meu filho.

Agora de carrinho novo podia, inclusive, tirar algumas horas do fim de semana e ir à praia ou ao shopping. Os meus panoramas estavam se ampliando.

Meu filho ainda não tinha o trabalho que merecia. Mas eu tinha certeza de que um dia o sol brilharia para ele. De vez em quando eu o ajudava com um pouco do meu parco salário. O mais importante era que eu estava ao seu lado para ajudá-lo no que ele precisasse.

Eu morava com eles apenas poucas horas nos fins de semana, porque eu vivia na casa onde trabalhava. Sempre que possível, eu fazia jantar para eles no dia de minha folga.

Um dia me tornei avó. Fiquei feliz, mas havia alguma coisa que não me deixava à vontade. Não sabia explicar o porquê. Um ano depois nasceu o seu segundo filho, dessa vez, uma menina. E assim a vida ia acontecendo sem muitas comemorações, também sem grandes tristezas.

Estava no meu trabalho, quando ele me telefonou:

– Mãe, eu acredito que consegui um trabalho na universidade do Estado!

Parei o que estava fazendo e implorei a Deus que se fosse da vontade Dele que esse trabalho se concretizasse.

Realmente, tudo saiu a contento, e agora eu respirava mais aliviada. Ele tinha um diploma de engenheiro, mas eles precisavam de alguém que soubesse lidar com computador. Falei-lhe:

– Filho, há muitas pessoas que trabalham com esse instrumento de trabalho, e elas não nasceram sabendo. Aprenderam. Você também pode aprender. Vá em frente e tenha certeza de que se você se esforçar conseguirá.

Ele conseguiu, e em pouco tempo a sua vida mudou de status, e o mais importante, de cabeça.

Começava a senti o gosto da vitória e agradecia a Deus todos os dias de ter tido a coragem de deixar o meu trabalho, a minha casa e o meu amado para ir em busca do sucesso do meu filho. Tudo começou a valer a pena.

Agora trabalhava com uma família melhor, e as crianças me davam amor na proporção direta do esforço e da atenção que lhes dispensava.

A Sra. Rutenberg um dia me perguntou sobre o grau de estudo que eu havia alcançado no Brasil, pois ela precisava de mim para ajudar nas lições de casa da escola de suas filhas.

Antes de sair do Brasil, eu havia traduzido todos os meus diplomas e o currículo para a língua inglesa, e um dia entreguei-lhe aquele enorme material, inclusive atestados de idoneidade moral e boa conduta.

Uma semana depois, ela me devolveu aqueles documentos, e parabenizou-me por todo esse material, e ressaltou que ela estava diante de uma pessoa culta e confiável. Tive aumento de salário, e as atribuições de ajudar as suas filhas em suas tarefas escolares. Agora subia mais um degrau em minha vida.

De vez em quando eu telefonava para Albertino para saber notícias dele, e num desses dias, ele me falou que o seu filho nasceria em pouco tempo e que gostaria de colocar o nome do meu filho no dele. Sugeri outro nome, e ele aceitou e nomeou-o com o que eu havia proposto.

Um ano depois nasceu outro filho, dessa vez era uma menina, e sugeri o nome de Maria Rita, e ele aceitou. Nessa conversa ele me falou que esses filhos ele gostaria de tê-los tido comigo, porque com todas as grandes qualidades que eu possuía, seriam crianças e adultos admiráveis.

Respondi-lhe:

— Deus não quis que eu tivesse filhos com você. Não foi falta de tentar, com tantos momentos de amor que tivemos. Mas meu grande amigo, a vida é como é, e não como a queiramos que ela seja.

Um dia passava pelo centro de Miami quando olhei para um jornal brasileiro, exposto na banca onde noticiava a morte do irmão dele num acidente de aviação. Corri ao telefone e liguei para ele. Externei os meus pêsames, e ele concluiu:

— Você continua sendo a minha grande amiga, quando você vier ao Brasil, venha me visitar. Obrigado pelo telefonema. Realmente a morte dele foi um horror, estamos muito consternados.

Capítulo 59

O ENCONTRO COM HARRY NA PRAIA

O meu filho empenhava-se em aprender tudo sobre esse novo trabalho. Em todos os fins de semana ele me contava o progresso do seu aprendizado. Sentia-me feliz e percebia que estávamos indo numa direção que teríamos sucesso.

O meu trabalho tornou-se agradável, com a convivência diária com aquelas três crianças. Eu fazia tudo para elas, inclusive levar e buscá-las na escola. Às vezes eu ia no meu carro, e por outras dirigia o Continental Lincoln da família.

Era um domingo de verão, dia de minha folga, resolvi ir à praia e depois iria assistir a um filme de uma atriz brasileira que estava sendo exibido em um cinema próximo. Passei em um bar, comprei alguns refrigerantes e frutas e montada em meu carrinho novo de cor vermelha, estacionei próximo da praia. Vestia uma tanguinha bem brasileira na cor verde-claro.

Ao chegar à praia, escolhi um lugar. Coloquei os meus pertences na areia, abri o meu guarda-sol e sentei-me numa cadeira. Estava me sentindo feliz. O mar como sempre tinha uma cor azulada, e as ondas batiam, levemente, na areia. Fiquei por algum tempo admirando o oceano, o qual me proporcionava paz, saudades da minha infância e ânimo para continuar na luta pela vida.

Em dado momento, olhei para o lado e vi um senhor de cabelos grisalhos, vestido com um short vermelho. Ele estava sentado sobre uma toalha estendida na areia. Ele se levantou e foi até o mar. Nadou, saiu da água, caminhou um tempo pela areia e voltou ao seu lugar. Eu observava todos os seus movimentos, talvez pela curiosidade de vê-lo sozinho. A distância que estávamos não era tão grande e pude observar que ele não tinha aliança em nenhuma das mãos.

Uma força qualquer me dizia que eu deveria aproximar-me dele e falar alguma coisa, e assim fiz. Levantei-me e depois de quatro ou cinco passadas estava ao seu lado. Olhei-o dentro dos seus olhos, que eram de um azul profundo e falei:

— *Excuse-me, Sir. Good morning. What time is it, please?*[2]

---
[2] Com licença, senhor. Bom dia. Que horas são, por favor?

Ele consultou o relógio e me falou as horas. Ele se levantou, pegou os seus pertences e veio sentar-se ao meu lado. Perguntei se ele morava em Miami e outras coisas que se pergunta quando conhecemos alguém no primeiro instante.

E ficamos ali conversando por longas horas. Ele elogiou o meu conhecimento da língua inglesa e aproveitei para lhe falar que fora professora desse idioma no Brasil. Trocamos algumas informações sobre as nossas famílias. O nome dele era Harry.

Fazia calor, e ele me convidou para ir até o mar para nadar. Fomos. No caminho, que não era tão distante, ele segurou a minha mão, e assim chegamos ao mar. Eu não era exímia nadadora, mas dava pelo menos para acompanhá-lo em algumas braçadas. Fiquei também algum tempo boiando na superfície da água.

Eu tinha em meu isopor refrigerantes e algumas frutas. Ofereci para ele, e comemos juntos.

De vez em quando eu olhava para ele, e pude observar que ele tinha um peito levemente peludo, com fios de cabelo dourados e brancos, braços fortes, um físico de músculos firmes e que aparentava por volta de cinquenta e cinco anos.

Eu tinha quarenta e nove anos e estava com o meu corpo e a minha cabeça inteirinhos. Ele me olhava e percebi que tirava, também, as suas conclusões sobre a minha idade e o meu corpo. Ainda me falou que sabia que eu não era americana, porque eu vestia biquíni. E acrescentou que as mulheres de seu país preferem maiô inteiro e concluiu:

– Esta vestimenta curtinha dá-nos a oportunidade de ver a mulher por inteiro. Isso é agradável!

Percebi que eu havia despertado interesse nele. A tarde se aproximava, e não tínhamos nos dado conta de que o tempo passara tão rápido.

Ele me convidou para jantar, e eu disse-lhe que naquele dia havia planejado ir ao cinema assistir a um filme que tinha no elenco uma atriz brasileira. O convite eu aceitaria em outra ocasião.

Pegamos as nossas coisas, e ele me ajudou carregando a cadeira. Passamos pelo chuveiro que ficava ao lado da praia, e depois de banhar-nos, fomos para os nossos carros. Quando nos despedimos, ele me pediu para nos encontrarmos no dia seguinte, naquele mesmo lugar.

– Combinado! – afirmei.

Ao entrar em casa, cantava aquela música famosa: "É com esse que vou dançar até cair no chão, é com esse que eu vou entregar o meu coração!", e todos me perguntavam:

– O que aconteceu?

– Segredo – falei. – Segredo! – repeti.

No dia seguinte, cheguei à praia no horário que combinamos. Ele fez-me o primeiro elogio:

– Você é uma mulher séria. Horários são para serem cumpridos, e eu gosto disso.

Fomos, novamente, vivenciar momentos de muitas confissões. Antes, porém, caminhamos na praia, e aquela brisa do mar em nossos corpos nos dava uma sensação de felicidade. Entramos no mar, nadamos e voltamos ao nosso lugar. Dessa vez, ele trouxe também uma cadeira, que foi colocada junto à minha.

Ele me falou que planejava concluir a construção de um barco que ele estava fazendo, e que pretendia viajar pelo mundo nos próximos anos. Falou-me que era viúvo havia quase doze anos, e que durante esse tempo ele estava à procura de uma mulher para lhe fazer companhia. "Estou pronta! Adoro viajar. Ainda bem, que ele não falou em casamento!" (palavra que ainda me aterrorizava!).

Ele morava em New Jersey, próximo da cidade de Nova York, a apenas a 45 minutos de carro, e que nesse lugar ele tinha a sua casa, e ao lado, no jardim, ele construía esse barco. Contou-me que esse sonho veio desde a sua adolescência. Também falou-me do seu trabalho, e que era aposentado da companhia de gás de seu estado e também engenheiro mecânico e eletricista.

Ele tinha família em Miami, e quando estava nessa cidade, hospedava-se na casa do irmão, que era casado e tinha dois filhos.

Contei-lhe a razão de ter vindo morar em Miami e alguns detalhes sobre o meu filho. Disse-lhe que em meu país eu era professora e trabalhei, também, como secretária de algumas universidades.

Agora em Miami eu trabalhava em uma casa de família limpando e cuidando de três crianças. Afirmei que adorava o meu trabalho, embora não fosse igual ao que eu fazia em meu país, dava-me muitas alegrias por ter um salário razoável, que era o suficiente para pagar as minhas contas e de vez em quando ajudar o meu filho. Todavia ressaltei: O meu maior prazer de morar aqui era a oportunidade de estar ao lado do meu filho, porque sempre fomos nós dois sozinhos.

Já se aproximava das três horas quando lhe falei que precisava ir embora, porque às seis horas eu deveria voltar ao trabalho.

– Que pena! – disse ele.

Despedimo-nos, e cada um saiu em seu carro. Antes, porém, ele falou:

– Vamos jantar no próximo domingo?

– Sim.

– Nos encontraremos aqui na praia, e depois eu lhe pego em seu endereço.

– Combinado!

A minha expectativa se misturava à vontade de vivenciar um novo amor. Ele era inteligente, culto, calmo, tinha olhos azuis faiscantes, viajado, um corpo atlético e muito interessante como homem. Aproximava-se uma nova chance de voltar a ser feliz com alguém.

Naquele domingo, encontramo-nos no horário previsto pela manhã na praia, e ficamos ali até o começo da tarde. Conversamos, nadamos e caminhamos pela praia. Foi mais um lindo dia de sol a aquecer nosso corpo e nossa alma.

Saímos a tempo de voltar cada um para sua casa para tomar banho, trocar a nossa roupa e nos encontramos para jantar. Passei-lhe o endereço do meu filho e o número do telefone. Ele também me deu o número do telefone dele, apenas ressaltando que aquele número era da casa do irmão. Cinco minutos antes do combinado, ele chegou. Eu já estava pronta, aguardando-o.

Ao nos aproximar dos carros, ele me perguntou:

– O que você prefere, ir no meu carro ou no seu?

– Você decide – disse eu.

Pensei rápido: os homens adoram tomar decisões! E fomos no carro dele. Ele, gentilmente, abriu a porta do carro, e eu entrei.

A escolha do local não poderia ser melhor. Da janela do restaurante via-se o mar e os reflexos das luzes dos prédios que haviam ao seu redor. E naquele ambiente encantador tivemos o nosso primeiro jantar.

Depois fomos passear em outros lugares maravilhosos e só voltamos à casa do meu filho bem tarde. Ele estacionou o carro, abriu a porta do meu lado, segurou a minha mão, e eu desci. Encontramo-nos de frente um para o outro. Ele segurou o meu rosto e me deu um beijo agradecendo a companhia que lhe fizera. E antes de se afastar falou:

– Você é uma mulher bela, exuberante, sensual e provocante. Estou feliz por ter lhe conhecido.

Fui dormir saboreando esses elogios.

Capítulo 60

A PRIMEIRA VIAGEM COM HARRY

Como mudei alguns hábitos, um dia o meu filho me perguntou o que estava acontecendo.

– Estou namorando.

– Como?! Com quem?!

– Com um viúvo que mora em New Jersey e que tem família nessa cidade.

– Eu quero conhecer este homem! – falou.

– Qualquer dia eu lhe apresento. Por enquanto, não.

E assim, ainda ficamos algum tempo encontrando-nos na praia e saindo para jantar.

Quando Harry vinha a Miami, ficava apenas um mês. Dessa vez, ele decidiu ficar mais tempo, e um dia ele me convidou para conhecer os familiares dele. Haveria um jantar naquela noite, em que eu participaria. Foi uma agradável surpresa. Fui recebida com muito carinho por todos, e o jantar era bem americano, com direito a milho cozido e outras iguarias. Eles perguntaram sobre a minha origem e outros detalhes sobre a minha família. Nessa época, já nos conhecíamos havia mais de quatro meses.

Aquela atitude dele ensejava que eu também o convidasse para conhecer o meu filho e meus familiares. Mas do meu lado, a situação era diferente. O meu filho acreditava que toda a minha vida deveria ser dedicada a ele, e que eu não tinha o direito de viver a minha própria vida com uma companhia, quer fosse namorado, amante, amigo ou até mesmo marido.

Eu tinha consciência de que eu o deixei mal acostumado, mas agora era muito tarde para consertar, de pronto, essa situação. A minha esperança era um dia dar um basta e seguir o meu próprio caminho. Eu resolveria esse problema, depois que eu sentisse que ele tinha condições de comandar a sua vida sem a minha sombra.

Apesar das grandes adversidades que a vida me ofereceu, ainda tinha esperança de voltar a ser feliz, independentemente de tudo que me cercava. Eu chegaria lá. Com a minha experiência de vida eu sabia como ganhar a guerra. Conhecia as armas e sabia como manejá-las. Era só uma questão de tempo.

Já namorávamos havia mais de seis meses. Quando Harry estava em New Jersey trocávamos cartas e telefonemas, e quando em Miami íamos à praia, e sempre jantávamos juntos no meu dia de folga do trabalho. Como eu tinha sido apresentada à família, também, vez por outra, nos reuníamos com eles, e fizemos longo de início uma amizade familiar.

Às vésperas de mais uma de suas viagens, ele me telefonou e perguntou se eu gostaria de passar o fim de semana em Key West. Tinha noção desse lugar pelo famoso pôr do sol caindo na água. Aceitei de pronto. Estava carente de afeto e de sexo havia mais de dois anos.

A quatro dias de sua chegada, preparei todas as coisas que deveria levar. Não poderiam faltar roupas íntimas, biquíni de praia e outros. Ainda não sabia de suas preferências!

Já tinha vivido muitos momentos de intensa felicidade e sexo, mas um novo amor sempre traz novidades e expectativas. Soltei as rédeas do meu pensamento e deixei-as leves e soltas a vagar pelo espaço, prelibando o que iria acontecer.

Fui esperá-lo no aeroporto já com a minha mala no carro. Pegamos a dele, e seguimos viagem. Essa estrada é a mais encantadora do mundo. Há pequenas ilhas com mansões fantásticas, imensos barcos e iates. Tudo me encantou, porque jamais pensei que pudesse haver lugar tão lindo. Trafegávamos por pontes imensas tendo o Oceano Atlântico de um lado, e o Golfo do México do outro. Foi uma viagem de puro romantismo. Ele não poderia ter escolhido melhor lugar. Quando pensamos que já vivemos o melhor, a vida nos surpreende com outras situações ainda mais primorosas.

Eu dirigia. Enquanto isso, ele me olhava, colocando-me como parte integrante daquele cenário. Certamente, o seu pensamento vagava entre o nosso primeiro encontro na praia e o meu corpo dentro daquele biquíni. Ou talvez, nos nossos encontros em muitos jantares que fizemos.

Para mim não poderia haver distração. A estrada era bela, mas perigosa. Qualquer descuido poderia ser fatal. Guardava o meu pensar para mais tarde, quando estivéssemos no hotel.

Paramos no meio da estrada para almoçar. Ao sair do carro, ele me abraçou pela cintura e me apertou com toda a vontade de quem estava aflito para chegar ao destino.

O hotel era luxuoso, e da janela víamos o mar. Uma vista deslumbrante! Entramos no apartamento que tinha uma antessala, varanda e demais dependências. O mensageiro do hotel colocou as nossas malas sobre um banco, ele lhe deu uma gorjeta, e esse se foi.

– Enfim, sozinhos! – assim ele falou.

Aproximou-se de mim, e os nossos corpos se encontraram pela primeira vez em um lugar apropriado. Beijamo-nos e abraçamo-nos como dois adolescentes que, pela primeira vez, vão experimentar as delícias do sexo. Falei-lhe que precisava tomar banho e que voltaria a seguir. Ele falou:

– Não demore! Estou lhe esperando.

Quando saí do chuveiro, vestia um vestido comprido e simples. Ele me pegou pelo braço e falou:

– Fique aqui – apontando para a cama – eu voltarei logo.

Também tomou um banho, e agora livres da poeira e do suor unimos os nossos corpos e vivenciamos momentos intensos de encantamento. Um fogaréu incendiou os nossos corpos. Sentia o cheiro de sua pele, afogava-me nos seus beijos, e um prazer desmedido tomava conta de nós dois. Todos os prazeres do mundo estavam à nossa disposição, e aproveitávamos como se esse momento fosse único e eterno em todo o Universo.

Capítulo 61

O PRIMEIRO JANTAR COM HARRY

Key West passou a fazer parte dos nossos fins de semana. A rodovia que dava acesso a ela é a US1, e desde a saída de Miami até chegarmos lá temos o sol à nossa frente. A sensação que tínhamos era a de que o sol aquecia os nossos corpos, para vivermos o fogo das emoções. O sol é luz. É esperança e vida.

Uma noite jantamos em um restaurante de comida italiana e pedimos lasanha. Quando esse prato chegou à nossa mesa e após saborear algumas garfadas, disse para ele:

— Desculpe-me, mas eu gostaria de lhe dizer que essa comida está excelente, mas eu preparo uma melhor.

Harry arregalou os olhos e falou:

— Você sabe cozinhar?

— Sim. Segundo a minha família e meus amigos, eu sou exímia cozinheira.

— Desde que fiquei viúvo, eu só como comida congelada! É um horror, mas não tenho outra alternativa.

Aproveitei a ocasião e prometi que iria falar com o meu filho, e pedir permissão para preparar uma lasanha na casa dele, no próximo domingo.

Durante a semana, ele me telefonou para assegurar que eu realmente iria cumprir o prometido. Em tom de brincadeira, falei:

— Quando eu decido, cumpro.

Combinamos também o horário daquele jantar.

O mais complicado era convencer o meu filho desse evento. Mas a força do meu pensamento e a vontade que tinha de agradar o meu namorado eram suficientes para que isso acontecesse. Telefonei para o meu filho informando desse jantar na casa dele, e ouvi o seguinte:

— Você vai fazer lasanha para ele? Coitado desse homem, nunca mais vai te deixar!

Com esse jantar comecei a prendê-lo, também, pelo estômago.

Sempre que ele estava em Miami, jantávamos na casa da família dele ou ele na minha. E eu sempre caprichava no preparo dessas comidas. Essa situação passou a ser corriqueira.

O nosso relacionamento sexual era bem excitante, só não havia aquele arrebatamento dos amantes, porque esses querem viver e aproveitar cada segundo, porque a seguir vão se separar: cada um volta à sua casa. Em nosso caso, não. Sabíamos que a nossa separação era apenas passageira, e que em breve estaríamos juntos para reviver outros momentos prazerosos. Ele me transmitia muita paz e confiança e deixava a minha mente em equilíbrio perfeito. Sentia que devagarzinho estava curando os meus traumas.

Entre uma viagem e outra a Miami Harry trabalhava, diuturnamente, na conclusão do barco, porque quando ele ficasse pronto, as nossas vidas tomariam rumos de aventura, com muitas viagens pelo mundo.

Agora vivia com o coração cheio de esperança, e tudo exalava bem-estar e prazer. É interessante como a vida muda quando temos algo a alcançar. Às vezes sonhava com uma vida ao lado dele, definitivamente. O que eu não me permitia antes com outros namorados ou amantes que tive.

Os anteriores não me inspiravam, efetivamente, uma confiança sólida. Homens que poderiam magoar o meu coração e me deixar profundas marcas de tristeza. Com ele era diferente. Havia metas para realizarmos juntos. Havia segurança e identificação mútua.

Tínhamos muitas coisas em comum: Gostávamos de música clássica, popular americana, geografia, viagens, e tínhamos uma vontade contínua de ficar um ao lado do outro. Por vezes, ficávamos muito tempo, horas, apenas segurando as nossas mãos trocando energias e, muitas vezes, tendo o mar à nossa frente. Sentia-me segura e protegida.

Capítulo 62

O SEGUNDO CASAMENTO DO MEU FILHO E O PEDIDO DE CASAMENTO DO HARRY

Um dia o meu filho me telefonou desesperado. Laura o abandonou com as duas crianças. A segunda tinha menos de um ano. Ela juntou todos os seus pertences pessoais, levou-os para a casa dos pais e ateou fogo. Ao meu ver, foi um atitude como se quisesse transformar em cinzas toda a vida passada ao lado do meu filho.

Foi um choque para todos. Uma atitude drástica das mais imprevisíveis. Mas talvez somente ela soubesse as razões de tal procedimento. A mente humana é um tabuleiro de quebra-cabeça, e quando as peças não são colocadas em seus devidos lugares, de maneira correta e se não forem ajustadas, deixa o visual embaralhado.

Além do meu apoio moral, ainda fazia-se necessário o monetário. Eu recebia o meu salário, semanalmente, e todas essas ocasiões colocava-o à disposição do meu filho. Ainda precisava deixar algum dinheiro para pagar a prestação do meu carro e manutenção.

Nessa tormenta em que vivia, Harry estava em New Jersey trabalhando em seu barco, com a tranquilidade de que necessitava. Esse tipo de notícia não era oportuno passar-lhe. Os meus problemas e os do meu filho eram nossos, e somente nós dois tínhamos o direito de vivenciá-los e de encontrar uma saída.

Há um ditado popular que diz: "Há males que vêm para o bem". Eu certamente acreditava que essa porta que se fechou com tanta intensidade, cuja batida ouviu-se a muitos quilômetros de distância, deveria produzir um eco que alguém ouviria e ficaria em alerta.

Essa pessoa existiu. Não muito tempo depois, ele conheceu uma jovem, de origem latina, calma, prestativa, de fala mansa, bela, trabalhadora e cheia de sonhos, com os pés presos ao chão, que veio em seu socorro. Os dois iniciaram um romance com a tranquilidade dos enamorados, que sabem o que querem e caminham na direção certa para alcançar as suas metas. O casamento foi realizado na cidade do país de sua origem. Foi uma festa suntuosa e cheia de encantamento. Estava presente.

Tínhamos muito para comemorar. O meu filho ao lado de um porto seguro. Eu me encaminhando para também ter soluções definitivas, e o meu trabalho tinha a regularidade que se fazia necessária.

Diariamente, agradecia a Deus pelas realizações que estavam acontecendo, e tinha certeza de que outras e muitas outras melhores viriam.

Já namorava Harry havia quase três anos. Eu já tinha a minha residência definitiva e pagava os tributos necessários à minha aposentadoria. Dessa forma, tinha um futuro promissor porque aquele país é um lugar sério, e onde as pessoas têm os seus direitos garantidos.

Também pensava que estava na hora de seguir o meu caminho, longe ou próximo do meu filho. Tudo que nos foi possível sonhar até ali, já tínhamos realizado. Ele estava casado com uma mulher que o amava, que assumiu os seus dois filhos, e acredito que esse amor era recíproco.

Estava na hora de decidir sobre o meu futuro. Ele já tinha um bom trabalho, e estava prestes a comprar a sua casa própria. Não mais fazia sentido ficar dependendo de passar os fins de semana em sua casa, que ao meu ver esses momentos ele deveria dedicar-se à sua família. A minha presença já não era necessária. Cada um agora deveria assumir o seu próprio destino.

Para minha alegria, duas semanas depois Harry veio a Miami, numa daquelas costumeiras viagens que já fazia havia longos anos. Encontramo-nos no aeroporto e fomos para um hotel onde nos hospedávamos. Estranhei que ele não quisesse ir para a praia. Mas respeitei a sua decisão. Ele sabia o que estava fazendo. Ao chegar ao hotel, ele falou:

— Temos muito para conversar neste fim de semana. Você está disposta a me ouvir?

— Claro – respondi.

— Eu gostaria de fazer hoje o amor mais gostoso do mundo com você, porque a minha saudade chegou ao limite.

E, assim, amamo-nos como da primeira vez. Foram momentos de muito carinho, ternura e tesão. Embora ele tivesse 78 anos, naquele dia aparentava apenas quarenta. Ele tinha todos os dentes em perfeito estado, fruto de cuidados que tivera durante todos os anos de sua vida. E o seu corpo atlético, os seus braços fortes e levemente peludos e aquele cheiro de sua pele que me deixavam louca. Foram momentos inesquecíveis.

Já era tarde quando nos lembramos de que não tínhamos almoçado, e resolvemos sair para jantar. A noite ainda seria longa, e precisávamos repor as nossas energias.

Fomos novamente àquele restaurante que jantamos da primeira vez. Ele tinha nos olhos um brilho faiscante, e a sua presença deixava-me em paz e protegida. Uma sensação que nunca experimentara antes. De vez em quando, pensava: "O que será que ele deseja conversar comigo de tão importante?". Precisava aguardar. Fizemos nosso pedido, e enquanto esse estava sendo preparado, ele chamou o garçom e pediu que nos fosse servido um champanhe. Imediatamente pensei: "Hoje a coisa é séria! Jantar com champanhe!". Fiquei quietinha aguardando as suas decisões.

Ele era um perfeito *gentleman*. Era muitos homens em um só: Por vezes, suavemente autoritário, e por vezes obediente. Tinha atitudes masculinas que me deixavam sentindo-me mais mulher. Era reconfortante estar ao seu lado. O mundo tornava-se ameno, e a vida encantadora.

Descobri que a paixão me cercava, e sentia o meu coração em suas mãos. Eu não tinha mais o controle nem do meu pensar. Ele me proporcionava momentos de muita felicidade. Ele tinha a postura de um homem que sabe como agradar e fazer uma mulher feliz.

Chegou o champanhe dentro de um balde de gelo e duas taças. Ele pediu para que o garçom deixasse sobre a mesa, porque ele mesmo abriria. Em seguida, tirou do bolso uma caixinha, abriu-a e retirou de dentro um anel, que fora da mãe dele, que havia muitos anos, ainda na Irlanda, ela o ganhara no dia do seu noivado. Ao colocar no meu dedo, ele falou:

– Quero que você se case comigo. Você será a minha mulher por toda a eternidade. Eu a amo, muito muitíssimo mesmo, acredite!

Em seguida, beijou a minha face e acrescentou:

– Todos os beijos do mundo eu lhe darei no hotel.

Lágrimas brotaram dos meus olhos, numa emoção nunca antes sentida.

Ele abriu o champanhe, e brindamos esse momento.

– À nossa felicidade eterna – disse ele.

Concordei.

O que eu achei interessante é que ele não perguntou se eu queria casar-me com ele. Ele apenas disse: "Quero que você se case comigo".

Ele sendo um homem vivido e experiente sabia que eu aceitaria aquela sua ordem. Achei fantástico! Homem de verdade quando quer alguma coisa, quer. Não se discute.

De volta ao hotel, agora era oficialmente sua noiva. Só não sabia em que data seria o casamento. É engraçado como o nosso comportamento muda em situações diferentes!

Amamo-nos, agora compromissados. E foi uma longa e deliciosa noite de amor.

Ao amanhecer, telefonei para o meu filho contando-lhe sobre o nosso noivado. Não pude sentir a reação dele. Também, a essa altura da vida, eu tinha todo o direito de decidir sobre os rumos que eu deveria tomar, independente da aprovação dele ou não. Já tinha vivido uma longa vida em função dele. A minha missão já havia sido cumprida.

Capítulo 63

O ENCONTRO COM O MEU FILHO SOBRE O NOSSO CASAMENTO

Agora refeita da declaração do Harry, precisava tomar algumas providências: preparar-me para o casamento, deixar o meu trabalho, porque iria morar em New Jersey e, sobretudo, assimilar esse meu novo status.

O dia já se fazia claro, com o sol em seu mesmo lugar, decidimos ir à praia para um banho de mar. De repente, sugeri para ele:

— Hoje, vamos entrar no mar de mãos dadas no oceano e pedir que essa força da natureza abençoe a nossa união.

Ele também acreditava nisso. E assim fizemos. O mar nos acolheu e nos abençoou.

A nossa conversa girou em torno das providências que tomaríamos nos dias a seguir. A primeira sugestão dele foi a de irmos até a casa do meu filho para lhe comunicar, pessoalmente, o nosso noivado. Antes telefonei, para ter certeza de que ele estaria em casa. Ao chegar lá, fomos recebidos sem grande entusiasmo. Também, não dependíamos da alegria dele para sermos felizes e realizar os nossos planos!

Sentamo-nos na sala, e Harry começou a falar sobre as nossas decisões. De repente, o meu filho perguntou se ele me conhecia o suficiente para me propor casamento. E começou o seu discurso:

— A minha mãe é autoritária, prepotente, assumida e, sobretudo, independente. Acredito que essas não são qualidades para uma esposa.

Ele ouviu, caladinho, todo esse discurso, e quando o meu filho se calou, ele disse:

— Se a sua mãe for tudo isso e muito pior, ainda assim, eu quero me casar com ela. Nós nos amamos, e isso basta.

Ele tinha estrutura moral sólida e firmeza de caráter, e era imune a críticas descabidas.

Eu já previa essa reação do meu querido filho, por tudo o que nos aconteceu durante a vida. Ele talvez tivesse razão, mas as circunstâncias fazem-nos mudar e corrigir a nossa forma de ser. Eu estava decidida a ter um comportamento diferente havia muito tempo, desde que conheci Harry eu já estava me transformado e adaptando-me a uma nova forma de viver.

É bem provável que quando o conheci eu fosse uma pedra bruta cheia de couraças com o objetivo de me defender do mundo que me cercava. Todavia, ele pacientemente lapidou esse material porque sabia que por trás daquela aparência havia uma pedra preciosa e de boa qualidade.

Ele era um homem excepcional e de uma vivência extraordinária. Eu me sentia em boas mãos e tinha certeza de que a nossa vida iria ser uma jornada das mais promissoras, e cheia de encantamento.

Combinamos que eu deixaria o meu trabalho em um mês, assim a família com quem eu trabalhava teria a possibilidade de encontrar outra pessoa para me substituir. Consultamos o calendário e marcamos a data do nosso casamento. Avisamos o meu filho desse dia, e agora as demais providências ficariam a meu cargo.

Ainda vivenciamos mais um fim de semana juntos, e ele partiu a fim de, também, tomar outras providências, na sua casa, que segundo ele deveria tudo estar em ordem no dia da minha chegada.

Capítulo 64

A SAÍDA DO TRABALHO E O CASAMENTO COM HARRY

Quando cheguei ao meu trabalho naquela segunda-feira tinha a missão de comunicar à Sra. Rutenberg que ficara noiva e que me casaria dentro de um mês. Quando fiz-lhe esse comunicado, ela estampou em sua fisionomia uma profunda tristeza, e a sua filha menor, que estava ao lado, me perguntou aflita:

– Lenira, você vai embora? Você não pode fazer isso comigo! Eu a amo como amo os meus pais.

Essa criança chorou como gente grande. Quando as outras chegaram da escola e souberam dessa notícia, também choraram. Eu percebi que eu não era naquela casa apenas uma pessoa que trabalhava, mas também que era amada por todos. Isso me comoveu. Também chorei. Eu também os amava. Mas a minha decisão estava tomada, e não podia retroceder. Agora eu tinha o Harry, que era o ser humano mais importante para mim.

A Sra. Rutenberg queria saber quem era o meu noivo, e então lhe contei como o conheci e o ser humano extraordinário que ele era. Nesse instante, ela me desejou felicidades e prometeu que procuraria outra pessoa para me substituir, e afirmou que iria sentir muito a minha falta.

Antes que o mês findasse, estava com todas as soluções tomadas. No dia que deixei aquela casa, recebi um presente de casamento: Um jogo de cristal, lindíssimo, e o desejo de muitas felicidades, e em seguida ela falou:

– Espero que tudo dê certo, todavia, se alguma coisa falhar, nós estaremos aqui para recebê-la de volta.

Agradeci pelos quatro anos que trabalhei ali e disse-lhes que jamais me esqueceria deles. No último dia, despedi-me de todos, com fortes abraços. Todos choramos. Aquele foi um momento que ficaria para sempre em meu coração. Graças a Deus que temos lágrimas, porque se não as tivéssemos, o nosso coração explodiria.

Coloquei aquele presente no meu carro e todos os meus pertences que naquela casa estavam, e agora saía para viver mais um capítulo da minha vida, que calcada na fé inabalável em Deus, eu teria sucesso.

Juntei mais as minhas coisas que tinha na casa do meu filho, e tudo estava pronto, à espera do Harry. Ele chegou no domingo, e o nosso casamento foi na segunda-feira. Peguei-o no aeroporto e fomos para o hotel. Antes, porém, de conversarmos os detalhes sobre esse evento, ele me abraçou e falou que:

– Amanhã será um dia muito importante em nossas vidas. Quero que você saiba que eu me sinto muito feliz por você ter aceitado casar-se comigo. Prometo que não a decepcionarei, jamais, porque eu a amo muito, e sei que você é uma mulher corajosa, decidida e fiel.

Aproveitei o embalo de sua alegria, e disse-lhe que eu também o amava e que com certeza a nossa vida seria cheia de muita felicidade e compreensão mútua. Depois dessas declarações de amor, amamo-nos com muita vitalidade e tesão. Finalmente, eu teria um homem e um companheiro só para mim, em todos os segundos da minha vida.

Fomos ao City Hall, local onde se preenche um formulário, assina, e que não é preciso apresentar nenhum documento. Para os americanos todas as pessoas são honestas, até provar o contrário. A funcionária, após ler aquele formulário nos perguntou onde gostaríamos de celebrar esse evento: dentro da sala ou no jardim? Preferimos um local florido, no jardim. E, assim, acompanhados do Juiz e das testemunhas, que foram o meu filho e a minha nora, celebramos essa cerimônia que durou menos de quinze minutos.

Estávamos casados e felizes. Trocamos aqueles beijos próprios de uma cerimônia de casamento. Fomos os quatro àquele restaurante onde costumávamos jantar, almoçamos e tomamos champanhe. Eu vestia um vestido leve na cor bege e tinha um chapéu na mesma tonalidade, revestido de renda e com algumas flores em volta da aba. Ele, um terno da mesma cor do meu vestido.

Se felicidade fosse possível medir, a minha, nesses instantes, seria maior que todo o Universo, incluindo aqueles que ainda não foram descobertos pelo homem. "Deus é grandioso!", apenas pensei.

Capítulo 65

A VIAGEM PARA NEW JERSEY

A família dele preparou um jantar para comemorar o nosso casamento. Naquela ocasião, desejaram-nos felicidades. Foi um momento bem familiar.

Na casa do meu filho não houve nenhum tipo de comemoração. Também, não precisava. Estávamos felizes de qualquer jeito. Peguei todas as minhas malas, colocamos em meu carro, nos despedimos e partimos.

Viajamos por uma das mais importantes rodovias dos Estados Unidos em direção à nossa casa, em New Jersey. Eram dois dias de viagem. No meio do caminho, dormimos na casa da irmã dele que morava na Carolina do Sul. Lá, também tivemos outro jantar com direito a champanhe. Eles nos desejaram felicidades, e disseram que a casa deles estava à nossa disposição, sempre que quiséssemos passar por lá.

Seguimos viagem em direção à nossa casa. A estrada era monumental e sem grandes congestionamentos. Nesse caminho fiz um retrospecto de toda a minha vida desde a infância até sair do Brasil. As dificuldades que passei, os amores que tive. Os grandes momentos com a família e nos meus empregos.

Ia em direção a um lugar desconhecido, acompanhada de um homem que dizia me amar, e com o qual estava casada de papel passado. Ele nunca havia me mostrado nenhuma fotografia de sua casa. Não tinha ideia, absolutamente, de nada. Confirmei o meu espírito aventureiro.

Mas sempre pensei que riscos fazem parte da vida. E concluí que era melhor ter casado com ele a ficar naquele trabalho, que me dava muitas alegrias, mas no qual eu me sentia uma prisioneira com obrigações e horários rígidos a cumprir.

Eu tinha um carro americano seminovo, uma casa no Brasil, e nada mais. Estava feliz com esse casamento. Ele era um homem promissor. "Quem investe na fé não precisa contar com a sorte".

Eu confiava nele e em tudo que me contou. Já conhecia a sua família e alguns amigos, e todos me pareceram pessoas de bom caráter. Nada tinha a perder, mesmo porque quando sentimos que todas as portas estão fechadas, qualquer abertura é caminho. Aquela era a única estrada que tinha à minha frente. Poderia ser uma grande oportunidade de voltar a viver e me sentir amada, novamente. Valia a pena tentar!

O sol desmaiava no horizonte quando chegamos à sua casa. Ele estacionou em frente à garagem e falou:

– Aqui está a sua nova moradia!

Eu já estava dirigindo havia dois dias, e embora tivéssemos dormido na casa da irmã dele, a jornada foi cansativa. Apressei-me a descer do carro para ter uma visão mais ampla de tudo.

Era uma casa de estilo gótico com quatro andares, sendo um abaixo no nível da rua, como é comum em lugares que neva. Arquitetura típica da região. Ele abriu a porta da garagem e havia lugar para quatro carros. Ele entrou no meu e coloco-o em um lugar naquele espaço. De repente, surge uma cadela que se chamava Camile, e ele falou:

– Camile, a partir de agora, Lenira é a dona da casa. Espero que vocês se deem bem.

A cachorra levantou a patinha e me cumprimentou. Foi emocionante! Nesse instante ele me abraçou e disse:

– Espero que você goste desta casa. Eu a construí, e ela agora lhe pertence, também.

O seu carro também estava dentro da garagem. Ele me pediu que eu pegasse apenas algumas coisas mais leves, e que as demais ele se encarregaria de levá-las para dentro. Esse primeiro cômodo da casa dava acesso ao jardim, onde havia uma enorme piscina, e do lado esquerdo a cozinha, que se situava ao lado da sala de jantar. Do outro lado, uma enorme sala de estar. Subimos uma escada que dava acesso aos dormitórios. Nesse andar havia três suítes. E no andar superior, mais duas suítes. Era uma casa imensa e muito confortável. Ela foi construída por ele, havia cinquenta anos. Imaginava estar sonhando. Mas não era sonho. Era real, e agora, além de um marido, iria morar em uma casa linda e ampla.

Ele me falou que no dia seguinte me mostraria o restante da casa e o barco que ele estava construindo. Vi-o por uma das janelas do quarto. Tudo que eu queria era tomar um banho, vestir uma roupa confortável e dormir. E assim procedemos.

Havíamos feito uma refeição algumas horas antes, na estrada, e não estava com fome. De qualquer maneira, ele me falou que na geladeira havia algo para comer. Se eu estivesse faminta poderia me servir do que estava lá. Voltei à cozinha e bebi água. Após um banho confortante, deitei-me em sua cama, que já estava arrumada e limpa. Ele fez o mesmo.

Ele estendeu o seu braço, colocou-o debaixo do meu pescoço e fez-me dormir. Aquele gesto de carinho se repetiria em todas as noites seguintes. Ele era dócil e educado.

Ao acordar pela manhã, vi-o ao meu lado, e foi nesse instante que eu me senti realmente casada com ele. Iríamos a partir desse momento ter uma vida em comum: iríamos dividir os nossos espaços, os nossos problemas, as nossas alegrias, as nossas tristezas, e tudo mais que se apresentasse em nossa convivência diária.

Casei-me a primeira vez com apenas dezessete anos, e vivi por vinte e nove dias com o marido. Ao longo da vida tive muitos amores, de longa e curta duração. Por alguns, eu me apaixonei. Outros apaixonaram-se por mim. Eu não sabia e nem tinha ideia de como cuidar de um homem, e muito menos como seria dormir todas as noites numa mesma cama, e fazer sexo quando ele ou eu quisesse.

Tinha agora um grande desafio. O maior de todos a enfrentar. Mas como eu me sentia corajosa e sou dotada de uma inteligência acima da média, eu me adaptaria a esse novo estilo de vida. "Quando você quer, você pode".

Ele, percebendo que eu tinha acordado, começou a me acariciar, e vivemos o nosso primeiro momento de sexo, agora em sua casa, em sua cama. Havia um ar de envolvimento diferente de todos os que vivera antes. Era um aconchego com nuances de seriedade e comprometimento. O prazer que eu sentia elevava-me a uma valorização como ser humano e, principalmente, como mulher. Foi realmente o melhor de todos. "Nunca é tarde para se viver um grande amor!"

Capítulo 66

A NOVA VIDA EM NEW JERSEY

Após um café típico americano, fui conhecer a casa e o barco. Saímos de dentro pela porta principal e nos encaminhamos até a calçada. Era uma casa de esquina. Havia uma placa com o endereço e o nome da família. Essa é uma identificação que há em todas as residências.

Dei-me conta de que o meu sobrenome mudara, e que também estava ali estampado. Senti-me privilegiada e feliz. Lembrei-me da minha origem humilde, que não tive o direito de ter o nome do meu pai, que fui abandonada pelo primeiro marido aos dezessete anos de idade, e com um filho para criar sozinha.

Olhei para o céu e agradeci a Deus do fundo da minha alma por estar ali. Senti o gosto da vitória em sua mais ampla conotação de prazer, e concluí: "Todos os dias chegam! Agora dependia unicamente da minha conduta, para continuar tendo todos esses privilégios, à minha disposição".

A vida me deu uma bagagem recheada de todos os itens que são possíveis aos seres humanos vivenciar. Guardei-os em uma resistente mala, trancada com uma chave forte e poderosa. Somente eu sabia como abri-la e tirar de dentro o que melhor me conviesse. Não me faltaria, em nenhuma hipótese, bom senso e discernimento. Tinha certeza absoluta. Agora, deveria refletir e aproveitar todos os momentos que o meu subconsciente queria e almejava havia muito tempo. Mas é sabido que: tudo tem o seu tempo certo para acontecer. O meu tempo tinha chegado. Definitivamente!

Enquanto o meu pensamento vagava, íamos caminhando em volta, olhando o imenso jardim, a piscina e o barco que estava sendo concluído ao lado da casa, em um lugar de fácil acesso para ser retirado no dia em que fosse para a água. Não podia acreditar no que os meus olhos viam. O barco tinha 17 metros de comprimento, por 4,5 metros de largura em seu espaço mais largo. Subimos uma escada e adentrei naquele seu projeto. Monumental! Fantástico! Era todo de aço com uma ampla sala, duas suítes, cozinha: aparelhada com máquina de lavar roupa e secar, geladeira, fogão e todos os demais pertences. Ele vinha construindo sozinho nos últimos quinze anos. Faltava pouco para ficar pronto. Certamente, ele contava com o meu apoio e minha ajuda para tornar esse seu sonho realidade.

Colocando a modéstia de lado, ele acertou no alvo quando me escolheu para ser sua esposa. Experiência é a maior dádiva que um ser humano pode ter. Em diversas ocasiões, quando contei-lhe algumas passagens notórias da minha vida, ele foi costurando os meus ditos, e um dia deve ter visualizado que estava diante da pessoa certa, para o momento exato.

Continuamos caminhando em volta da casa, que tinha um terreno imenso. Estávamos entrando na primavera. Nessa época tem flores belíssimas. O estado de New Jersey é denominado "Garden State" (estado dos jardins) Esse nome caracteriza bem a beleza daquele lugar. Sentamo-nos em cadeiras em volta da piscina, e ele me falou:

– Tudo que você ver aqui foi feito com estas mãos. – E mostrou-me as suas.

Peguei-as e encostei-as no meu coração, como querendo transmitir-lhe um sentimento de profundo respeito e reconhecimento. Ele beijou o meu rosto, e ficamos algum tempo desfrutando todo o encantamento do cenário que nos rodeava e a emoção que brotava de nossos corações.

Entramos pela porta dos fundos e fomos visitar a parte que fica abaixo do nível da rua, que no Brasil chamamos de porão. Descemos uma escada, e era muito amplo aquele lugar. Havia uma lareira que na época do inverno, quando acesa, e ligada às demais nos andares superiores, deixava a casa quentinha e agradável. Segundo ele me falou. Havia, também, um sistema de aquecimento no piso. Elogiei o seu trabalho, e ele ressaltou:

– Não se esqueça de que sou engenheiro mecânico e eletricista.

– Eu sei.

Dirigimo-nos para o quarto andar, onde havia mais duas suítes. O telhado inclinado fora feito prevendo a época de neve, quando ela se acumula, deixando o telhado pesado. Assim, no degelo a água escorre alcançando as calhas. Um sistema que nunca tinha visto, porque no Brasil não se tem neve. Esse espaço era muito acolhedor, e sugeri que em qualquer noite iríamos dormir ali.

– Fique à vontade, escolha a cama que você quiser, e eu só garanto que as emoções serão iguais, porque se elas ultrapassarem o que sentimos, morreremos.

Ele me abraçou, comovido. Estávamos vivenciando toda a felicidade que podem dois seres humanos suportar.

Voltamos à cozinha, e ele me pediu que, por favor, verificasse o que tínhamos de alimentos em casa e o que seria necessário comprar para que eu pudesse preparar aquelas comidas deliciosas que eu sabia fazer. Primeiro, sentei-me, perguntei-lhe o que ele queria comer naquela semana. Ele respondeu:

– Tudo o que você cozinha é gostoso, faça-me surpresas.

Escrevi o cardápio para aqueles dias, verifiquei o que tínhamos em casa, e em seguida fomos ao supermercado fazer as compras.

No caminho, disse-lhe que tinha por hábito sempre relacionar o que queria comer durante um período, e depois fazia as compras. Ele apertou a minha mão e falou:

– Além de todas as qualidades que você tem, esta é mais uma que me deixa feliz. Eu gosto de pessoas organizadas e sensatas.

– Obrigada!

Que eu me lembre, nunca em toda a minha vida fui ao supermercado fazer compras acompanhada de um homem, muito menos marido, que nunca de fato tive. Era uma sensação deliciosa! Eu compro, e ele paga. Divino! Fantástico! Surpreendente! Finalmente, agora eu me sentia "do lar" e estava feliz com esse novo status.

Diariamente, descobríamos as nossas afinidades, e isso nos deixava mais atraentes um para o outro. Eu não sabia o quanto é delicioso dividir a vida com alguém que tem o olhar voltado para a mesma direção da sua.

Uma noite, depois do jantar, sentamo-nos na sala e conversamos longamente sobre os mais diversos assuntos, inclusive de sexo. Ele me revelou que gostaria muito, se eu aceitasse, que quando eu fosse para cama, tirasse toda a roupa e deitasse nua debaixo do cobertor. Isso lhe proporcionava uma expectativa de muita emoção e prazer. Em tom de brincadeira, falei:

– Só isso?! Prometo que, a partir de hoje, agirei dessa forma.

Com certeza, sabendo que isso lhe dava prazer, certamente eu ficaria também excitada. As nossas relações sexuais foram se tornando mais apimentadas à proporção que os dias se passavam.

Capítulo 67

NOVOS AMIGOS EM NEW JERSEY

Um dia, decidi tomar uma atitude que, certamente, beneficiaria o meu eu como um todo: Sepultei em cova profunda o meu passado com relação aos homens que fiz sexo, que amei e os que afirmaram me amar. Lavei a minha alma de todas as lembranças e, agora, me sentia livre ao seu lado, com a alma imaculada e disposta a viver uma nova vida, sem os traumas ou lembranças que, por muito tempo, atormentaram a minha vida.

Ele merecia essa minha atitude, e eu merecia ser feliz de forma total e absoluta. Foi uma forma que encontrei para honrar aquele casamento, e para emergir de dentro de mim um respeito de que ele era merecedor. Foi uma catarse total.

Enquanto ele trabalhava no barco, eu cuidava da casa: preparava as nossas comidas, as roupas e tudo mais que é necessário ao bom andamento de um lar. Agora, eu tinha um lar com direito a um marido que era também meu amigo, meu pai, meu irmão e, sobretudo, meu protetor. Ele representava todos esses papéis, em todas as situações em que eu precisava. Ele estava abrindo portas que nunca antes me foram permitidas entrar.

Era uma sexta-feira e, na hora do jantar, ele me falou que no dia seguinte eu não preparasse nada porque iríamos atender a um convite para jantar na casa dos familiares de sua ex-esposa. E que eu deveria estar pronta por volta das dezoito horas.

Essa era a primeira vez que sairíamos para jantar fora em casa de parentes de lá.

No horário previsto, aguardava-o vestida discretamente e com aquele anel no meu dedo que tanta satisfação me proporcionava.

Chegamos à casa, e todos já nos aguardavam. Uma mansão maravilhosa, bem decorada, e fomos recebidos com muito carinho. Dessa vez, ele incumbiu-se de falar a meu respeito. De vez em quando, eu respondia a alguma coisa que alguém me perguntava. Tomamos alguns drinques e comemos petiscos. Tudo à moda americana. Um pouco antes do jantar, alguém veio com uma champanhe que foi aberta para comemorar o nosso casamento.

– Felicidades ao novo casal – falaram em uníssono.

Senti-me feliz e confortável naquele lar.

A dona da casa, que se chamava Katy e que fora cunhada dele, levou-me para conhecer toda a casa. Elogiei o seu bom gosto, e ela agradeceu. O jantar foi muito saboroso. Ele elogiou a comida e aproveitou aquela oportunidade para falar:

– Lenira cozinha divinamente. Com certeza, ela irá convidar vocês para um jantar em nossa casa.

Naquela mesma noite marcamos a data. Eles estavam ávidos para conhecer as comidas que eu fazia. Vivi uma noite sensacional! Havia muito tempo não tinha tido momentos como esses, em ambiente familiar. "Na vida se tivermos paciência de esperar e se dermos a nossa parcela de contribuição, todas as coisas boas podem nos acontecer".

Voltamos para casa e, mais uma vez, deitei-me nua debaixo do cobertor à espera dele. E essa maneira de agir foi uma constante, em todos os momentos que fazíamos sexo. Ele chegava devagarzinho, levantava o cobertor e ao encontrar o meu corpo nu, unia-se ao meu numa simbiose de profundo desejo e tesão.

Em algum momento ele me perguntou se eu tinha alguma que gostava que ele pudesse fazer para mim. Respondi que não. Tudo que fazíamos estava perfeito. Eu não queria despertar-lhe ciúmes dizendo de algumas coisas que gostava. Certamente, ele voaria o seu pensamento para alguém e poderia ter uma atitude estranha a meu respeito. Não deveria, em nenhuma hipótese, provocar uma situação de desconforto em nosso viver.

Num final de tarde, fui visitá-lo no barco, enquanto ele trabalhava. Vestia uma saia e uma blusa transparente. Ficamos algum tempo conversando sobre qualquer assunto. Aproximei-me dele abracei-o e pedi-lhe que ele levantasse a minha saia e deslizasse as suas mãos entre as minhas pernas. Feito isso, fiquei de costas e pedi que ele levantasse os meus cabelos, beijasse o meu pescoço e passasse as mãos pelo meu corpo alcançando os meus seios. E ali fizemos amor, pela primeira vez, no barco, ainda em construção.

Eu gostava dessas duas formas de ser acariciada. Ele entendeu, e sempre fazíamos o que ele gostava e o que eu gostava, também. Viver ao lado de um homem experiente e sobretudo inteligente é magnífico!

Capítulo 68

PRIMEIRA VIAGEM COM HARRY AO BRASIL E O ENCONTRO COM O ALBERTINO

Ele externou o desejo de conhecer o meu país. Achei a ideia excelente. Eu estava precisando mesmo ir ao Brasil, porque a minha casa tinha sido desocupada, e eu precisava encontrar outro inquilino. Eu tinha uma faxineira que tomava conta de tudo e limpava-a regularmente. Tinha, também, um advogado que tratava do aluguel ou outras providências que, porventura, houvesse necessidade. Marcamos a data para o próximo mês. Avisei a todos do dia da minha viagem, e falei que havia casado com um americano e que ele iria comigo. Falei-lhe que iria traçar um roteiro para essa nossa primeira viagem, mas que eu não lhe falaria antes, para que tudo se revestisse de surpresas.

Apenas duas pessoas tinham o número do meu telefone de New Jersey: a minha faxineira e o meu advogado. Uma noite, já estava deitada, quando o telefone tocou. Era Albertino. Fiquei transtornada.

— Quem lhe passou o número do meu telefone?

— Não importa — disse ele. — Como sei também que você virá ao Brasil no próximo mês, com o seu marido americano. Eu gostaria muito que você viesse me visitar. Tenho muitas coisas para conversar com você.

Fiquei suspensa no ar! Disfarcei aquele mal-estar e disse para o Harry que quem tinha me ligado foi um grande amigo, que foi o presidente da universidade e com o qual trabalhei, como sua secretária, por mais de cinco anos. Ele soubera do número do nosso telefone pelo meu advogado e que, nessa minha viagem ao Brasil, ele gostaria de me encontrar.

Voltei a dormir, mas o meu pensamento ficou solto, desequilibrado e temeroso. Eu sabia que ele tinha casado e que tivera dois filhos. Apenas isso. Havia muito tempo não me comunicava com ele. Eu ainda o considerava como meu grande amigo. Quase desisti de viajar, todavia se agisse dessa forma, iria levantar suspeita, e eu não queria viver uma situação dessa natureza. Os problemas devem ser encarados de frente, e nunca se deve fugir deles.

Pegamos o avião no aeroporto de New Jersey (Newark) à noite, e ao amanhecer chegamos ao Brasil: Aeroporto de Guarulhos. Pegamos o carro que tínhamos alugado e fomos para o hotel que havíamos feito reserva em São Paulo. Eu queria que ele conhecesse uma das maiores cidades do mundo. Também o meu advogado fez reserva em um hotel da cidade onde morava Albertino, porque essa cidade ficava na metade do caminho de nossa casa. Ficamos dois dias em São Paulo, e levei-o para jantar no restaurante do Terraço Itália. Ele ficou deslumbrado com aquela vista monumental. Levei-o também ao shopping e ao Parque Ibirapuera. Sua empolgação era grande com tudo que via.

– O Brasil é fantástico! Estou surpreso!

O mais terrível me aconteceu nessa viagem. Ficamos hospedados no mesmo hotel e no mesmo apartamento onde um dia eu estivera com Albertino. Eu não podia acreditar! Até parece que o fantasma do homem estava me perseguindo. Não dei muita importância para essa coincidência. Nesse mundo tudo pode acontecer, independentemente de nossa vontade.

Deixamos São Paulo e viajamos em direção à cidade do Albertino. Chegamos ao hotel por volta do meio-dia. Fizemos os procedimentos de praxe e nos alojamos em um apartamento em frente à rua principal. Após um leve descanso e almoço, levei-o para conhecer a universidade onde trabalhei e estudei durante muitos anos, e, ainda, fomos ao cemitério em que a minha mãe foi sepultada.

Foram lembranças que me deixaram feliz e por vezes triste. Mas tudo faz parte da vida. De volta ao hotel, telefonei para Albertino, e percebi que ao ouvi a minha voz ali pertinho dele, foi a sua alma tomada de uma alegria impressionante. Em seguida, perguntou:

– Você virá hoje à minha casa?

– Não – respondi. – Estamos planejando ir depois de amanhã por volta das quinze horas. Esse horário será bom para você?

Ele respondeu afirmativamente, e assim ficou marcado.

Como o meu marido pilotava avião, consegui com o reitor de outra universidade local, que era meu amigo, para que ele pudesse visitar uma fábrica de aviões. O meu amigo, que se chamava Roberto Cavalcanti, quando falou comigo por telefone, externou um contentamento muito afetivo e me perguntou:

– É verdade que você se casou com um americano?

— Sim, é ele quem quer visitar essa fábrica. — E acrescentei: — Durante a Segunda Guerra Mundial, ele serviu ao Exército americano no Japão, pilotando aeronaves.

— Será um prazer recebê-los amanhã aqui por volta das dez horas.

O meu marido ficou muito feliz com essa minha decisão, e também pela oportunidade de conhecer uma fábrica desse porte no Brasil.

A nossa chegada àquele local, pela manhã, foi revestida de muita pompa e alegria. Apresentei Harry ao meu amigo, e esse externou um profundo contentamento de me ver feliz e casada. Roberto falava inglês fluentemente, e a comunicação entre eles foi muito satisfatória. Ficamos na reitoria por quase uma hora e, em seguida, o meu amigo sugeriu que eu deixasse o meu carro no estacionamento local, que o motorista dele nos levaria até a fábrica.

Ficamos toda a tarde visitando aquelas instalações. Foram momentos de muita alegria para o meu marido, que não esperava que isso fosse acontecer em sua primeira viagem ao Brasil. De volta à reitoria, Roberto nos convidou para jantar em sua casa, por volta das oito horas da noite.

Voltamos ao hotel, trocamos de roupa e fomos ao encontro daquela família. Eles moravam em um suntuoso apartamento, e fomos recebidos com muita cordialidade. O meu amigo quis saber da minha trajetória nos Estados Unidos, bem como informações sobre o meu filho. As notícias dadas encheram-no de felicidade. Ainda ele falou para o meu marido sobre o grande ser humano que eu era e alguns detalhes da minha luta para estudar e vencer na vida. Harry falou que quando me conheceu descobriu que eu era uma mulher especial, dotada de muita inteligência e firmeza de caráter. Depois de toda essa troca de boas energias, voltamos para o hotel. Já era muito tarde.

Eu não consegui dormir nessa noite. O encontro com Albertino marcado para o dia seguinte deixava-me apreensiva. Não sabia como iria encontrá-lo. Eu já não tinha notícias dele havia muitos anos. De qualquer maneira, eu deveria me preparar para qualquer eventualidade que pudesse acontecer. Comprei, ainda no aeroporto um licor da marca Cointreau que ele tanto gostava, para presenteá-lo.

Finalmente, chegamos à casa do Albertino. Fomos pontuais. Ele nos aguardava à porta da casa, talvez porque quando entramos o segurança o avisou. Descemos do carro, e ele ao nos avistar, apressou os passos em nossa direção, e mesmo antes de lhe apresentar o meu marido, recebi um abraço muito forte e saudoso. Não tive oportunidade de olhar para a fisionomia do meu marido, mas certamente ele deve ter ficado surpreso com tamanha acolhida. Refeita do susto, apresentei-lhe Harry, eles se cumprimentaram, e em seguida, encaminhamo-nos para dentro de sua casa.

Ao entrar senti um calafrio misturado de tristeza, saudade, e muitas lembranças vividas naquela casa. Contive as lágrimas. Mandei-as para bem longe, porque naquele momento não me era permitido chorar.

Sentamo-nos no grande salão de sua casa, onde muitos anos antes fui pedida em casamento. Aquelas lembranças apertavam o meu coração e me deixavam numa situação de desconforto. Mas precisava representar tranquilidade, para que o meu marido não sofresse o impacto de nossas emoções. Percebia que dos olhos do Albertino saíam rajadas de fogo, e todas as lembranças dos grandes momentos que vivemos afloraram em sua mente, deixando o seu coração dolorido. Certamente, ele pensou: "Um outro homem tomara o meu lugar em seu coração e desfrutava daquele corpo, que tanto prazer me proporcionou". Não haveria retorno.

Entreguei-lhe o presente que trouxera, e percebi que ao abrir aquele embrulho, outras lembranças voltaram à sua mente, porque esse era o licor que sempre tomávamos quando estávamos juntos.

Eles falavam cinco idiomas com fluência, portanto a comunicação entre os dois foi perfeita. Eu entendia em três idiomas: português, espanhol e inglês. De vez em quando, eu me perguntava: "O que eles falam agora?!", às vezes pensava.

Sabia que Albertino jamais me trairia, como também o meu marido não faria confidências a nosso respeito. Eles falavam da vida, e de muitos outros assuntos, que não me tinham como alvo. De repente, Albertino falou:

– Lenira lhe falou que trabalhamos juntos em uma universidade local durante cinco anos?

– Sim. – respondeu o meu marido. – Naquela noite em que você telefonou, ela me contou alguma coisa a respeito.

Ambos eram engenheiros mecânicos, e ambos viajaram muito pelo mundo. Portanto, havia muita coisa em comum para conversarem.

Houve um momento que Albertino entrou com os seus olhos dentro dos meus e me perguntou:

– Será que ele sabe que conquistou o maior tesouro do mundo? Você foi e será sempre um monumento de mulher: Viva, inteligente, corajosa, fêmea e de bom caráter. – E acrescentou: – O casamento fez-lhe bem. Você está linda e viçosa. Espero que ele cuide bem de você. Você merece.

Ainda bem que Harry ainda não entendia bem a língua portuguesa, e ele tinha um gesto de apertar os olhos quando algumas palavras em português não lhe eram assimiladas. Ele me olhou, e falei: – Mais tarde conversaremos sobre o que ele falou agora. Essa conversa nunca aconteceu! Deixei-a, convenientemente, no esquecimento.

Albertino perguntou pelo meu filho e dei-lhe todas as notícias, inclusive, falei que já era avó, e que estava feliz com o sucesso da minha cria naquele país. Ele demonstrou felicidade com essas notícias. E olhando para Harry, falou:

– Estive na formatura do filho dela. Ele sempre me pareceu um homem promissor. Também, filho da Lenira, não poderia nunca ser diferente.

Já passava da meia-noite quando ele saiu por alguns instantes e, na volta, falou que mandara preparar um jantar que em breve nos seria servido. Ao entrar naquela sala de jantar e sentar-me à mesa, lembrei-me daquele primeiro jantar, quando ele comunicou o nosso casamento. Trocamos olhares, e essas lembranças reviveram em nossas mentes, deixando-nos desconcertados. Recuperei o equilíbrio, mas percebi que ele vivia aquele passado como se estivesse presente agora.

Fazia-nos companhia a ex-secretária dele, Durvalina, que também era minha amiga, e sabia de todo o nosso passado. Ela era a nossa confidente e continuava ao lado dele como uma amiga fiel, embora já tivesse se aposentado e não mais trabalhasse com ele. Naquele dia, ele a chamou para me rever e participar de nosso encontro.

Ele reservara as piores notícias para nos dar agora: Falou em inglês para que o meu marido entendesse.

– Estou passando por um grande momento de amarguras em minha vida. O meu irmão faleceu num acidente de aviação, a minha irmã também no exterior, e eu fiquei sozinho. Os nossos filhos não foram educados para dar prosseguimento à indústria, e nossos negócios vão de mal a pior.

– Há alguns anos, juntei-me a uma funcionária da empresa, e com ela tivemos dois filhos. Crianças rebeldes, sobre as quais eu não tenho o controle. Ela praticamente me abandonou. Não me fez muita falta, porque eu, talvez, não a amasse como amei outra mulher em minha vida.

E, em poucos minutos, chorou. Chorou muito. Harry, vendo aquela situação aflitiva, confortou-o, dizendo que a vida deveria continuar, porque sempre haverá "um novo dia". Afastei-me dali com a Durvalina, e deixei os dois sozinhos trocando, talvez, confidências entre homens.

Ela me confirmou que ele estava falido e que, em breve, aquela casa deveria ser tomada pelos credores. Ele estava muito triste porque nem sabia para onde ir. A sua companheira voltara para a casa dos pais e tudo fazia para que ele não visse os filhos, porque ele não pagava pensão alimentícia. Ele não tinha mais dinheiro para nada. Depois de algum tempo voltamos aos nossos lugares e, ao me aproximar dele, vi-o envolto na mais profunda tristeza e desamparo que alguém pode sentir.

Confesso que se eu estivesse sozinha, eu o pegaria no colo, e o levaria comigo e cuidaria dele por toda a vida que Deus pudesse nos conceder. Mas a situação era diferente. Eu estava casada. Estava feliz e tinha muitas metas para cumprir com o meu marido. Senti uma profunda piedade dele. A única coisa que podia fazer era rezar por ele, e esperar por um milagre.

Chegamos a casa dele por volta das três horas da tarde, e agora o amanhecer dava sinais de sua existência. Foi uma longa noite cheia de alegrias, tristezas e reminiscências. Eu não gostaria de me afastar dele, mas não me era permitido esse direito.

Ele nos convidou para receber o amanhecer na varanda de sua casa em frente ao jardim. Fomos. Só que agora os jardins tinham fugido, e restava apenas um mato invasor no lugar. Tiramos algumas fotos juntos. Era bem provável que, no seu subconsciente, ele queria que eu levasse essas fotos como lembranças dos muitos momentos que passamos ali e, que essa certamente seria a última vez que ocuparíamos aquele espaço.

Na despedida, voltamos a nos abraçar e senti o calor do seu corpo e o desalento que ocupava o seu coração. Foi triste para mim essa despedida. Muito triste!

Mas a vida vai continuar independente do que sentimos ou vivemos. O tempo não nos dá o direito de voltar atrás. Ele passou, passou. O que foi feito, foi feito. O que foi vivido, foi vivido. Ele é implacável e segue o seu caminho, independente de nossas tristezas ou alegrias.

Capítulo 69

O HARRY EM MINHA CASA

Voltamos para o hotel, e ao entrar no carro Harry falou:

– Que horror a vida do seu amigo. Ele está se sentindo dentro do inferno, vivo.

– É a vida! – falei.

Não mais quis tecer comentários sobre aquela noite, porque poderia deixar transparecer o quanto nos amamos, anos atrás. Dei essas atribuições para o meu pensamento e ao meu coração. Eles saberiam como proceder.

Quando não se pode resolver um problema, o melhor que fazemos é colocar um risco cruzado, e que ao meu ver já é uma solução. Infelizmente, os nossos destinos tomaram rumos diferentes, e a minha esperança é de que, segundo o espiritismo, nos reencontremos em outras vidas, porque nesta será impossível.

No dia seguinte, deixamos o hotel e fomos em direção à nossa casa, que ficava no litoral. A estrada fica dentro da Mata Atlântica. Um deleite para os olhos e um bálsamo para o nosso coração. Ele não se cansava de elogiar aquela estrada e admirava-a com muita alegria. Sentia o ar entrando nos seus pulmões e desfrutava do cheiro que exalava das árvores.

– Você tem casa em um lugar lindo – falou.

– Realmente! – confirmei.

Antes de começar a descida da serra, avisei-o de que ele poderia ficar tranquilo, porque eu conhecia aquele caminho como a palma da minha mão.

– Esta casa eu já tenho há mais de dez anos, e desde que a comprei, passava todos os meus fins de semana, feriados e férias nela.

– Eu me sinto calmo porque você é uma excelente motorista, e me sinto seguro quando você está dirigindo.

–Obrigada, Sir. – falei.

Chegamos. O jardim estava bem cuidado. Parei em frente da casa, e falei:

– Esta casa é simples e nem se compara com a sua em New Jersey.

Ele falou:

– Não se preocupe, eu a desfrutarei com o mesmo carinho que eu sei que você tem por ela.

Maria estava à nossa espera sentada na varanda. Apresentei-o a ela, e entramos. Ele olhou todas as dependências e elogiou a construção, bem como a iluminação que assemelhava-se à da casa dele: luzes indiretas nas paredes.

Minha faxineira e amiga providenciou uma cama de casal, duas cadeiras, uma mesa e alguns pertences de cozinha, toalhas de banho e de rosto. Havia também um isopor, para que fosse possível manter água gelada. Em seguida, ela saiu, e afirmou que voltaria no dia seguinte, para saber se eu iria precisar de alguma coisa. Avisei-a:

– Não chegue antes das dez horas.

Ela entendeu o meu dito.

Falei para Harry que a casa estava vazia porque estava alugada, e no Brasil, quando alugamos casa, o inquilino é quem traz os móveis, consequentemente, quando ele se muda leva tudo consigo.

– Não tem problema. Amanhã vamos comprar tudo o que você quiser, porque iremos ficar aqui por três semanas.

Como estávamos famintos, saímos para almoçar. Depois fomos dar uma volta pela cidade, que tinha apenas três ruas, e na volta trocamos de roupa e fomos ver o mar. A distância da minha casa até o oceano era de apenas sete minutos andando. Sentamo-nos na areia sobre uma toalha, e agradeci a Deus, de ter voltado, depois de sete anos de ausência. O meu agradecimento, foi também, por ter feito a escolha certa de acompanhar o meu filho para Miami. A minha missão com ele estava cumprida, e de presente Deus me concedeu o encontro com Harry. Não poderia viver momentos de maior felicidade!

Voltamos para casa, pegamos o carro e fomos comprar frutas, água, gelo para sobrevivermos até o dia seguinte.

Quando estávamos chegando em casa, vi um carro parado em frente e duas pessoas dentro. Imediatamente, identifiquei-os. Era aquela minha velha amiga Doralice, que conhecera havia mais de vinte anos, em São Paulo, num cursinho para vestibular e que estava morando nessa cidade numa casa bem próxima da nossa com o seu marido.

Ao vê-la abracei-a, cumprimentei o seu marido e apresentei o Harry para os dois. Informei-os que havia casado. E ela falou:

– Você nem nos comunicou do seu casamento!

– Não houve tempo, lá casamos num piscar de olhos, mas agora estou aqui e vamos colocar a nossa conversa em dia.

– Combinado! – disse ela.

Entramos, e ela percebeu que não tínhamos móveis e nos convidou para nos hospedarmos na casa dela.

– Não. Obrigada. Nós vamos passar a noite aqui, e amanhã vamos comprar o que for necessário.

A Maria, minha faxineira, providenciou algumas coisas, que serão suficientes até amanhã. Ela ainda me falou que soube que eu iria chegar, naquela semana, pelo meu advogado. Da porta da minha casa ela me mostrou a casa dela, que ficava em outra rua, e me deu o número. Prometi que no dia seguinte à tarde iria visitá-la.

– Amanhã vocês vão jantar em nossa casa, vou fazer uma comida de sua preferência.

– Combinado – afirmei.

Em seguida, falei para o Harry do convite, e ele concordou.

Essa foi a primeira noite em nossa casa. A cama de casal era simples, bem como a roupa de cama, mas o que importava era o que sentíamos. Olhei para ele, abracei-o e falei:

– Esta casa é também sua. Desfrute-a.

Ele segurou os meus ombros e falou:

– Vamos planejar viver alguns meses por ano no Brasil, só que eu gostaria de me casar com você também aqui. Tenho medo de que alguns de seus antigos namorados tomem você de mim. Eu me sentirei mais seguro.

– Não se preocupe, no mundo não há ninguém mais fantástico do que você. Eu serei sua até que a morte nos separe. Acredite!

E vivemos aquela noite um amor dos mais deliciosos que se pode viver, com direito a tudo que ele gostava e eu também.

Como não tínhamos como preparar o café da manhã, servimo-nos de algumas frutas e fomos comer em uma padaria nas proximidades. Ele gostou de tudo que nos foi servido e elogiou alguns tipos de pães. É impressionante como tudo é maravilhoso quando estamos felizes!

Capítulo 70

O ENCONTRO COM AMIGOS

A faxineira chegou no horário combinado, e falei-lhe que não iríamos mais alugar a casa porque pretendíamos morar lá alguns meses por ano. Também telefonamos para o meu advogado e comuniquei-lhe essa nossa decisão. Ele visitou-nos dois dias depois, agradeci o trabalho que me prestara enquanto estava nos Estados Unidos, paguei-lhe os valores que lhe eram devidos.

Falei para a minha faxineira que iríamos comprar alguns móveis e que gostaria que no final da tarde ela voltasse para me ajudar a colocar tudo em ordem.

Compramos geladeira, fogão, mesa, cadeiras, máquina de lavar roupa, objetos de cozinha. Montamos a casa com as coisas de primeira necessidade. Esse lugar agora não era apenas uma casa: era um lar com direito a abrigar um casal apaixonado.

Atendendo ao convite da minha amiga, fomos almoçar em sua casa, e a conversa durou algumas horas. Ela preparou baião de dois. Ele gostou e elogiou, afirmando que nunca antes comera aquela comida. Para sobremesa foi-nos servido doce de abóbora com coco. E depois cafezinho. Os meus amigos não falavam inglês, por isso de vez em quando eu traduzia para ele a nossa conversa. Vivemos momentos de muita hospitalidade.

Quando estávamos saindo, a Doralice me falou que o meu grande amigo João Lopes, aquele que me acolheu em sua universidade quando fui demitida do meu antigo trabalho, que ele e a família estavam morando nas proximidades. Mostrou-me a rua e o número da casa.

Não poderia em nenhuma hipótese deixar de lhe fazer uma visita.

Chegamos ao endereço, e me surpreendi com a simplicidade da casa. Tocamos um sininho que havia na varanda, e ele apareceu.

Olhou-me como não querendo acreditar que era eu, Lenira Silveira, que estava diante dele.

Ao assimilar a minha presença, cumprimentou-me e deu-me um forte abraço. Apresentei-o ao meu marido, e ele nos convidou a entrar. Externou o seu contentamento por eu ter casado e demonstrar estar feliz.

Ele envelhecera de forma espantosa. Era outro ser humano, bem diferente daquele que conhecera havia anos.

Tive mais um choque que não conseguia disfarçar: a sua esposa estava há muito tempo com mal de Alzheimer, e já não entendia os acontecimentos ao seu redor.

Acomodados naquela sala, ele quis saber sobre a minha vida e a do meu filho nos Estados Unidos.

Contei-lhe os pormenores de tudo que nos aconteceu. Ele afirmou que sabia que eu teria sucesso, porque sempre fui muito inteligente e honesta.

O meu marido ouvia toda essa conversa, às vezes entendia, às vezes não. Em alguns momentos eu traduzia algumas palavras para ele.

O meu amigo muito emocionado começou a narrar tudo o que lhe acontecera alguns anos depois de minha saída de sua universidade.

– O meu filho assumiu as funções de secretário-geral da instituição, e a sua atuação foi um desastre total. Os funcionários não o respeitavam, e ele foi acusado de outros delitos. Eu fui afastado da diretoria, e ele demitido por justa causa. Houve um processo criminal, e os advogados levaram até o último centavo de que dispunha. Hoje, tenho apenas uma aposentadoria e cuido de minha esposa nesse estado deplorável que você está vendo.

Tudo o que pude expressar foi:

– Deus não nos dá um fardo maior do que aquele que podemos carregar. Tenha paciência e creia em Deus.

O meu coração sentia a sua dor, mas nada podia fazer diante de tudo o que ouvira e presenciara.

Conversamos mais um pouco sobre os outros filhos e netos. Felizmente, os demais estavam vivendo com uma relativa dignidade.

Contei-lhe que ficaria no Brasil mais duas semanas, e que se ele precisasse de mim, que eu estaria à sua disposição, para ajudá-lo. Ele agradeceu. Despedimo-nos.

Quando entramos no carro, o meu marido quis saber mais detalhes sobre tamanho sofrimento. Contei-lhe alguma coisa, e encerramos esse assunto.

Com a alma invadida pelos problemas do meu amigo, concluí que: A vulnerabilidade da vida pode acometer todos nós, em qualquer momento. Essa é uma afirmativa cruel, mas verdadeira.

Encontrei-me com a minha vizinha, que era minha amiga havia muitos anos, desde que comprei aquela casa. Ela me abraçou e ficou muito feliz por me rever. Apresentei Harry para o casal, e eles afirmaram que se nós precisássemos de alguma coisa, que eles estavam à nossa disposição.

Olhei na folhinha, e vi que aquela noite era de lua cheia. Precisava levá-lo a uma praia próxima, onde a lua nesse dia brota de dentro do mar, tendo uma ilha em cada lateral. É um espetáculo maravilhoso! Por volta das sete horas, falei:

— Esta noite vou lhe levar a um lugar que você vai ficar muito contente. Você vai presenciar um espetáculo da natureza dos mais belos.

Saímos, e em todo o percurso ele continuava os seus elogios sobre tudo.

Parei o carro em frente ao mar, e ficamos esperando a lua aparecer. Eu já tinha visualizado aquele espetáculo inúmeras vezes, mas naquela noite a impressão que eu tinha era a de que no mundo só havia nós dois. Quando ela apareceu e foi se levantando, ele enlaçou-me pela cintura, agradeceu a Deus e a minha companhia diante do que presenciava. Ele também era romântico e dotado de muita sensibilidade. Abraçamo-nos e trocamos muitos beijos. As nossas carícias continuaram quando chegamos em casa.

Durante as três semanas que ficamos nessa cidade levei-o a diversos lugares paradisíacos e a praias maravilhosas. Ele ficou impressionado com tudo o que viu, e decidimos que ficaríamos grande parte do ano aqui.

Chegou o dia de nossa volta. Visitamos os amigos e nos despedimos. Prometemos que voltaríamos em breve.

Capítulo 71

A VOLTA A NEW JERSEY

Deixando o Brasil, trazia comigo a certeza de que voltaríamos inúmeras vezes, porque todos os instantes que vivemos foram de um envolvimento amigável e familiar. A atenção, a hospitalidade e o carinho que todos nos dispensaram, comprovaram que eu era uma pessoa querida e confiável. E do fundo meu coração, agradeci a Deus por ter tido a oportunidade de lhe mostrar um outro lado da minha vida que ele ainda não conhecia.

No avião, ele segurou a minha mão e falou:

– Obrigado por todos os momentos que você me proporcionou junto aos seus amigos. Adorei a sua casa, e vamos voltar muitas vezes. Prometo!

Levava em meu coração resquícios da situação e da tristeza do Albertino. Era impossível esquecer tudo o que ocorreu naquela noite, em um passe de mágica. Ele foi para mim um grande protetor, um grande amigo e amante. Proporcionou-me grandiosos momentos de sexo e me amou de verdade.

Ainda a minha tristeza foi mais cruel, porque fui eu que o abandonei para morar em Miami ao lado do meu filho. Ele não poderia ficar me esperando sem saber, ao menos, quando voltaria. No dia em que tomei conhecimento de que ele tinha outra mulher, o meu sofrimento foi amargo e dolorido. Agora, só me restava refazer a minha vida.

Chegamos ao nosso lar. Harry voltou às suas atividades no barco, e eu aos cuidados de nossa casa. Diariamente, ele falava do Brasil, de nossa casa e das pessoas que conhecera lá. Revelou-me que nunca poderia imaginar que o meu país fosse tão grandioso.

Num dia qualquer, ele me pediu para telefonar para o Albertino, para saber notícias dele. Disfarcei aquele pedido, dizendo-lhe que qualquer dia eu faria isso. Mas nunca fiz, porque não queria sofrer. Deixava-o apenas no meu pensamento, que sendo inviolável, ele não teria conhecimento dos meus sentimentos sobre ele.

Acredito que essa lembrança do Albertino demonstrava que, no encontro naquela noite, ele percebeu que entre nós não havia apenas amizade de amigos, portanto não havia problema de lhe fazer um telefonema, porque eu lhe pertencia de forma absoluta e de papel passado. Talvez ele quisesse aumentar o meu sofrimento agindo dessa forma. O meu marido tinha muita agudeza de percepção, todavia era discreto no externar suas emoções. Também poderia ter concluído que o meu passado somente a mim pertencia, e ele não tinha o direito de interferir nele.

Levei muito tempo para deixá-lo fora do meu cotidiano, talvez porque o pensamento dele estivesse, telepaticamente, comunicando-se comigo, e no escondido chorei algumas vezes.

O meu marido tinha rodinhas de avião debaixo dos pés. Agora, planejávamos ir a Fontainebleau, na França, para as festividades de final de ano. A sua filha morava naquela cidade, e ela ainda não me conhecia. Também iríamos dessa vez à cidade do Porto, em Portugal, onde, segundo ele, era um lugar encantador, sobretudo pela qualidade dos vinhos.

A nossa vida corria tranquila e envolvida com muito amor. Parecíamos dois jovens de trinta anos. Às vezes, ficávamos noites inteiras sentindo os nossos corpos unidos e nos recusando dormir, para termos certeza de que não estávamos sonhando. Sentíamos um pelo outro uma atração sexual das mais surpreendentes. Um dia, ele me falou:

– Fomos feitos um para o outro.

Era verdade.

Fizemos um jantar para a família dele, para retribuir aquele que eles nos proporcionaram havia algum tempo. Fui caprichosa nesse evento. Queria causar-lhes boa impressão e, sobretudo, mostrar-lhes os meus predicados de cozinheira.

Preparei salmão na churrasqueira, que fora temperado com alho, pimenta do reino, mostarda dijon, limão e sal. Como americano gosta de batata inteira assada no forno, fiz esse acompanhamento. Havia também salada e petiscos que antecederam o jantar. A sobremesa foi uma surpresa. Quando eles viram-na, ganhei um beijinho de todos em minha face: torta de maçã à moda da Irlanda. Foi uma receita que encontrei em cadernos na casa. A sua ex-esposa fazia essa torta quando havia grandes comemorações. Recebi os mais rasgados elogios. Fiquei feliz. Senti que os conquistara também pelo estômago.

A minha fama de cozinheira se espalhou entre a família, os amigos e os vizinhos. Sempre aos domingos fazia jantares especiais para eles, e sempre em número de oito, que eram os lugares que tínhamos à mesa. Ele se sentia muito orgulhoso de mim. Uma noite, ele me confessou:

– Você é uma mulher completa de cama e mesa. Estou muito feliz por ter me casado com você.

Estava consolidado o meu conceito entre todos. Agora a vida deslizava suavemente sem contratempos e de forma prevista: A nossa conta do banco já era conjunta, tinha o meu cartão de crédito para as minhas compras pessoais, tinha seguro de saúde e de vida, e ainda comandava todos os pagamentos das despesas da casa. Ele apenas cuidava da construção do barco. Tudo me foi confiado. Eu atendia às suas expectativas, em todos os aspectos. "O tempo é o correio da vida, ele trará tudo aquilo que estiver destinado a você". Eu era grata ao Harry pela oportunidade que ele me deu, e a Deus que guiou os meus caminhos e me fez uma pessoa digna e íntegra de caráter.

A nossa viagem à Europa foi marcada para o começo de dezembro, época de frio naquele continente. Quando mudei para New Jersey, que também tem neve e frio, compramos algumas roupas. Dessa forma tinha o suficiente para viajar. Compramos as passagens, arrumamos as malas e partimos. Dessa vez fomos embarcar em Nova York no aeroporto JFK.

Capítulo 72

A VIAGEM À FRANÇA

Descemos no aeroporto Charles de Gaulle, onde a filha dele, Susan, nos esperava. Ele me apresentou a ela, e nos cumprimentamos amavelmente. Seguimos para a sua casa, que ficava mais ou menos a 30 quilômetros de Paris.

Durante o trajeto, ele lhe falou como me conhecera e quando casamos. Também da nossa viagem ao Brasil, e tudo o que aconteceu por lá. Havia tanta empolgação em suas palavras, que ela disse:

– Estou notando que o senhor está muito feliz. Isso é para mim uma boa notícia, porque nos últimos anos, desde a morte da minha mãe, o senhor parecia estar constantemente imerso em tristeza.

E dirigindo-se a mim:

– Obrigada, Lenira, pela transformação que você fez em meu pai.

Acrescentei:

– Há muito ainda por fazer. Estamos planejando colocar o barco na água, no próximo ano, e acredito que esse momento será para ele a maior realização de todos os sonhos.

– Eu sei – disse ela.

E ele emendou:

– Realmente, estou trabalhando com afinco e em todas as horas do dia, porque Lenira se encarrega de todas as demais providências da casa, inclusive paga até as nossas contas.

E pegando em minha mão, apertou-a, como sinal de agradecimento.

A casa era um castelo centenário, situado em uma área enorme, que se perdia de vista. Os jardins não estavam floridos porque era o começo do inverno, e as plantas recolhem-se para voltar a florescer no começo da primavera.

Eu nem podia acreditar que, um dia, eu entraria em um castelo. Mas era verdade. E aquele era da família. Como tínhamos viajado toda a noite, ela serviu--nos um café e fomos descansar.

A noite já se aproximava quando levantamos. Descemos para a sala onde o marido dela e as netas nos esperavam. Fui apresentada a eles, cumprimentamo-nos, trocamos beijinhos e nos deram as boas-vindas. Falamos que fizemos uma viagem excelente e tranquila.

Nessa conversa, Harry, mais uma vez, falou de sua viagem ao Brasil. Ela o interrompeu e falou:

– O meu pai agora tem três paixões: A Lenira, o barco e o Brasil.

Ele confirmou.

O jantar foi um luxo. Serviram-nos muitas comidas diferentes, e como francês come tudo separado, degustamos por um tempo todas aquelas deliciosas iguarias. Quando eu pensei que o jantar havia terminado, foi-nos servido um tabuleiro de queijos, de diferentes marcas e regados a vinho da melhor qualidade. Tudo foi finalizado com champanhe, brindando o nosso casamento e desejando-nos muitas felicidades e uma vida longa. Agradecemos.

Eu tinha vontade de me beliscar para ter a certeza de que tudo era verdade. Mas os meus olhos abertos, em sintonia com o meu coração, diziam que sim. Já era tarde quando fomos dormir. Ao nos despedir, ela prometeu que no dia seguinte iria me mostrar toda a casa, bem como falaria dos passeios que faríamos nos dias de nossa permanência na França.

Quando se construía esse tipo de moradia, há séculos, não se tinha ideia de que o banheiro deveria ficar ao lado do quarto, portanto para se alcançar o nosso, teríamos de passar por um corredor. Nesse andar, estávamos somente nós dois. O restante da família ocupava andares diferentes.

Sempre no café da manhã havia uma quantidade enorme de alimentos. O que eu mais gostei foi um croissant recheado de chocolate amargo, de um sabor inconfundível. Ainda sinto o gosto daquele pão. Os queijos. Ah! Os queijos. Aliás, francês gosta muito de queijos, e eles têm uma variedade enorme e de sabores diferentes.

Fomos conhecer o castelo. Havia pelo menos doze quartos, salas imensas, e demais dependências. O que pude notar de início foi que o número de serviçais era superior ao da família. Havia uma biblioteca numa parede imensa. Livros muito antigos e de todos os países do mundo, até do Brasil: Lá estava Jorge Amado, Paulo Coelho e outros. Seriam necessários muitos anos para ler tudo que ali estava. Monumental! O que me deixou mais impressionada foi o salão de jantar. Não contei o número de cadeiras, mas pelo tamanho da mesa deveria haver mais de cinquenta lugares. As obras de arte eram deslumbrantes. Havia um Di Cavalcanti e Tarsila do Amaral.

Perguntei ao meu marido por que tudo era tão grande e suntuoso para atender a apenas quatro pessoas. Ele me falou que o esposo dela que se chamava Robert, era de origem inglesa e tinha uma família muito grande. Ele era muito rico, provindo de uma família de milionários, do norte da Inglaterra. Fiquei suspensa no ar com tudo o que via.

O salão de festas tinha um piano de calda, um palco e espaço para dança. Imaginei uma comemoração e me senti dançando uma valsa ao som das composições de Strauss.

Os aposentos dos serviçais ficavam fora do contexto da casa principal. Era igualmente grande. Eles tinham jardineiro, cozinheira, arrumadeira, motorista, secretária e restaurador. Você não precisava arrumar a sua cama ao amanhecer. Sempre alguém incumbia-se de todas as tarefas.

Dei asas à minha imaginação e tentava descobrir onde se abrigava a felicidade naquele imenso castelo. Em nenhum momento vi-os em um gesto de carinho. Ninguém olhava nos olhos um do outro. Andavam de forma paralela sem se cruzarem. Também pensei que cada povo tem os seus próprios costumes. Enquanto alguns são expansivos, outros são recatados.

A casa que nos abriga deve estar em sintonia com o nosso sentir. Deve pairar no ar aquele mistério que envolve os seres humanos, que denominamos amor. Tudo era muito frio aliado a algumas paredes internas que eram de pedras. Mas por que eu teria que me preocupar com esses detalhes, se estava ali por pouco tempo! Talvez a felicidade deles estivesse no interior de cada um e, por vezes, não é necessário ser percebida pelos demais. Afastei esse problema da minha mente e comecei a usufruir de tudo, sem maiores preocupações.

Falei com o meu marido que gostaria de enviar cartões de Natal para os meus amigos no Brasil. Ele concordou e achou uma boa ideia e ressaltou:

– Não se esqueça do seu amigo chorão!

– Prometo – afirmei. Havia uma certa ironia de algo que ele não tinha certeza, mas desconfiava. Susan nos levou a uma livraria, compramos os referidos cartões, e depois fomos ao correio para enviá-los.

Para o do Albertino escrevi uma mensagem especial. Tinha certeza de que ele ficaria feliz. De volta ao castelo, senti um aperto em meu coração e fiquei imaginando o que Albertino sentiria ao receber essa lembrança de tão longe, e também qual seria a atual situação dele. O meu coração ficou triste, e até tive vontade de chorar. Em determinadas situações, é verdadeiramente impossível externar os nossos sentimentos de alegria ou de dor. Eles devem ficar em nossa mente e em nosso coração, por ser um lugar de segurança absoluta.

Nessa noite iniciamos os nossos passeios. Fomos jantar na Torre Eiffel, no restaurante 58. De lá do alto, vê-se Paris toda iluminada, a perder de vista. Um espetáculo para os olhos. Enquanto jantávamos, Harry falou do restaurante em São Paulo onde estivemos em uma noite, que também vislumbra-se uma vista semelhante. E continuou falando do Brasil. Ele realmente ficara impressionado com tudo. Os seus olhos brilhavam quando suas lembranças voltavam ao nosso país.

Fomos assistir, também, a um espetáculo no Carrousel. Sensacional! Ainda demos algumas voltas pela cidade, e em seguida voltamos a casa.

Fizemos outros grandes passeios. Durante o dia, as crianças nos acompanhavam. À noite íamos apenas nós quatro, a bordo de um Rolls-Royce.

Visitamos a Catedral de Notre-Dame. Um deslumbramento! Fiquei emocionada quando pensei que foram seres humanos, como nós, que construíram tudo aquilo.

O passeio pelo rio Sena foi inesquecível. Esse rio atravessa o coração de Paris, e é um encantamento deslizar em suas águas admirando toda a beleza em volta. Passamos por algumas ilhas, como a de São Luis, Ilha da cidade e Ilha dos Cisnes.

O Moulin Rouge é um espetáculo à parte. Todos os artistas são belos, e há momentos de muita sensualidade.

Dedicamos um dia inteiro ao Louvre. Embora fosse proibido, eu tirei foto do quadro da *Mona Lisa*, que fica dentro de um envidraçado à prova de balas. Sensacional. Lembrei-me nesse momento da famosa canção "Mona Lisa", cantada e sentida de maneira profunda pelos maiores cantores de nossa atualidade. Aquele sorriso inconfundível é verdadeiramente enigmático.

Ao lado do deus do amor, tirei uma foto do meu marido, e ele imitou a posição daquela estátua. Os dois ficaram perfeitos! Aquele lugar reflete como é grandioso o ser humano e que "A arte é um instante de eternidade e perfeição". O homem a faz com o cérebro, não com as mãos.

Havia uma réplica do castelo do rei Luis XV, com direito a uma ponte removível, que segundo relato, ela era retirada à noite para evitar invasões.

Em todos os lugares que visitamos, compramos *souvenirs*. Eu escolhia, e a Susan não nos deixava pagar nada. Durante as três semanas que ficamos na França, não gastamos um só dólar. Se viajar já é um grande prazer, não pagar nada por tudo que usufruímos, é como estar no paraíso vivendo um sonho além da nossa imaginação. Fantástico!

No penúltimo dia de nossa viagem fomos visitar o Palácio de Versailles. É um lugar em que temos a certeza de que Deus existe e que o ser humano é imortal.

No dia de nosso retorno, toda a família nos levou ao aeroporto de Orly. Havíamos trazido duas malas, e agora voltávamos com quatro. Duas eram só de presentes que ganhamos: perfumes, roupas, cremes, *souvenirs* e muitas coisas para a casa.

Enquanto estávamos esperando o horário do nosso voo, ficamos olhando e observando tudo em volta. Ouvimos pessoas falando línguas que nos era familiar, e outras não. Qualquer aeroporto do mundo há um emocional que nos envolve, e faz-nos sentir que todos os que estão ali, certamente, têm um objetivo: de continuar uma viagem ou voltar para casa. É uma atmosfera de muito suspense e expectativa.

Capítulo 73

O RETORNO A NEW JERSEY

O avião, finalmente, manobrava na pista e quando começou a levantar voo deixávamos para trás aquele país de tantos encantos, de grandes filósofos, escritores, artistas e tantas belezas que ficaram marcadas em nossas retinas, e em nosso paladar.

França dos majestosos vinhos e champanhe.

Paris dos grandes espetáculos.

Paris onde a arte convive com os seus habitantes, de forma natural.

Paris de uma arquitetura singular.

Paris com seus cafés e restaurantes nas calçadas, distribuindo alegria e bem-estar.

Paris de pessoas e noites glamorosas.

Paris que tem uma atmosfera única no mundo, e por isso, talvez, seja denominada de Cidade luz.

França, se não mais voltarmos a vê-la, creia que, em todo esse tempo, você nos deu um colorido marcante em nossas vidas, e eles ficarão em nosso coração para sempre. *Au revoir!*

Deixamos Portugal para uma outra ocasião. Tínhamos pressa para voltar ao nosso lar. O trabalho no barco nos esperava, para colocá-lo na água, e os planos do Brasil que deveriam ser concretizados.

O aeroporto de Nova York estava coberto de neve. O nosso carro ficara no estacionamento, e precisamos viajar por quase uma hora, para chegar até ele. Quando o alcançamos, a neve era densa e viajar naquelas condições, à noite, seria, além de tudo, perigoso. Resolvemos dormir nessa cidade e seguir viagem no dia seguinte.

Ver a neve cair é um espetáculo incrível da natureza. Pequenos flocos como se fosse algodão caem formando camadas de gelo, e eles vão se amontoando uns sobre os outros, e de repente tudo está coberto: ruas, telhados, vegetação, carros, deixando tudo branquinho. Porém, se estamos em casa ou em lugar aquecido, sentimos uma sensação de acolhimento e prazer.

O que acontece antes do período de frio e neve na natureza é impressionante. Todas as folhas envelhecem e caem das árvores. Os galhos ficam desnudos e parecem estar mortos. Tudo se modifica, para acolher esse período de hibernação, que tem a duração de, pelo menos, três meses.

A estrada estava coberta de uma leve camada de gelo. O meu marido era cauteloso na direção de nosso carro. Foi um alívio chegar em casa.

Agora, teríamos outros problemas a enfrentar: Todos os moradores devem remover a neve que se acumula na calçada de suas casas, porque o poder público só as tira nas ruas. Colocamos a nossa bagagem dentro de casa, o meu marido vestiu uma roupa apropriada, e foi fazer esse trabalho, que ao meu ver, é estafante.

Esse procedimento é imperioso fazer, porque se alguém cair nas proximidades de sua propriedade, você é considerado culpado, e o preço a pagar poderá ser bem alto. As leis nesse país são rígidas, e o cumprimento delas faz-se necessário.

Enquanto Harry trabalhava, eu preparei o jantar. Havíamos comprado todos os alimentos antes da viagem, o suficiente, para pelo menos, dois meses. É assim que procedem todas as famílias antes do inverno, porque às vezes é impossível sair de casa quando a neve é densa e contínua.

Durante a nossa ausência, o sistema de aquecimento ficou ligado para que a água não congele, causando danos à tubulação. Portanto, tínhamos água quentinha para tomar banho e sentir-nos confortáveis.

Estávamos, agora, em nosso leito e nem vimos quando o sono chegou. Dormimos.

There's no place like home[3]. É verdade. O nosso cantinho, quer seja simples ou suntuoso, nos pertence. É nele que a felicidade mora. É nele que temos noção de bem-estar e equilíbrio. É nele que nos traz a certeza de sermos possuidores de um espaço, neste mundo de dimensões infinitas. É nele que nos sentimos protegidos de muitas situações perigosas da vida. É, finalmente, um lugar onde a paz deve permanecer sempre.

Eu nem me lembrei de tirar a camisola antes de dormir. Também, estávamos cansados, e a nossa mente nesse estado nos impede de cumprir um ritual antes proposto.

---

[3] Não há lugar como o nosso lar.

Como não tínhamos nada urgente para fazer, ficamos na cama por longas horas, aproveitando aqueles momentos para amar. Foi fantástico, depois de quase um mês, voltar ao nosso leito, e no silêncio do nosso espaço, dar vazão aos nossos desejos e vivenciar com muito prazer o que os nossos corpos juntos sentiam. A felicidade inundou a nossa alma, e sentimos sermos donos absolutos do mundo inteiro.

Capítulo 74

A NOTÍCIA DA MORTE DO ALBERTINO

Em nossa ausência, a correspondência se acumulara. Precisava tomar conhecimento do conteúdo delas. Após o café, Harry foi verificar como estava o barco depois de tanta neve que caíra nos últimos dias, e eu fui abrir aqueles envelopes para tomar as providências necessárias sobre cada um.

Separando-os, vi uma carta da Durvalina, antiga secretária do Albertino. Fiquei temerosa e assustada. Certamente, não continha uma boa notícia. Relutei em abri-la, mas a coragem foi mais forte do que eu, e impulsionou-me a rasgar aquele envelope, rapidamente, e ler o que ali estava escrito.

> Lenira, recebi o seu cartão de Natal que você me enviou da França. Recebi, também, o do Albertino. Infelizmente, ele não leu, porque a sua morte aconteceu no dia 5 de dezembro, uma semana antes do oficial de Justiça chegar, para expulsá-lo de casa, que foi sua e da família por mais de cinquenta anos. Fiquei muito triste com o falecimento dele, e, com certeza, você ficará também. Mas a vida é assim mesmo. Agora, resta-nos rezar pela alma dele porque ele foi um homem, que apesar de ter nascido em berço de ouro, era um ser humano simples e de um coração do tamanho do mundo.
>
> Depois que você e seu marido estiveram aqui, todos os dias ele falava de vocês e, por vezes, chorava muito. Acredito que a tristeza o matou. Mas não se sinta culpada pela morte dele, porque eu acompanhei a vida de vocês em todos os instantes, e, acredito que a vida do seu filho era para você mais importante do que tudo. Talvez, ele nunca tenha entendido esta sua decisão. Ele juntou-se, como você ficou sabendo, com uma moça que era a sua funcionária e com ela tiveram dois filhos. Mas essa união foi um desastre na vida dele e que também, muito contribuiu, para esse desfecho de sua morte. Quando você vier ao Brasil, me avise. Gostaria de revê-la outras vezes.
>
> Um grande abraço da amiga Durvalina.

"Nós não encontramos ninguém, nessa vida, por acaso. Cada pessoa é um teste, uma lição ou um presente". Albertino foi na minha vida um presente de Deus e muito importante em uma fase da vida em que fui cercada de muitas tribulações. Ele amparou-me e deu-me o suporte de que tanto necessitava. Ele foi o meu chefe no trabalho, o amigo, o protetor e, sobretudo, o amante fogoso. Ainda, ele era ele, e eu era eu. Ele me respeitava e, também, as minhas loucuras e decisões. Ele me proporcionou momentos inesquecíveis, que jamais me será possível esquecer. Aconteça o que aconteça na minha vida, ele terá por toda a eternidade um lugar só seu, em meu coração e em minha mente. Ele será insubstituível.

Na noite de sua morte eu estava com o meu marido, a bordo de um avião, voando para passar três semanas na França. Que coincidência terrível!

Enquanto estava com o pensamento vagando pelo espaço e vivenciando todos os grandes momentos vividos com Albertino, o meu marido aproxima-se de mim, levanta os meus cabelos e começa a beijar o meu pescoço. Dissimulei o meu comportamento e escondi, sem que ele percebesse, aquela carta. Aquele assunto somente a mim pertencia. Ninguém mais deveria compartilhar dessa dor que me incendiava. Sentia labaredas de fogo atingindo o meu corpo, o meu coração e a minha mente. Por instantes, temi virar cinzas e parar de viver.

Mas as circunstâncias da própria vida não permitem que tomemos atitudes extremas, porque a vida deve continuar, em qualquer situação. Somente Deus tem o direito de tirá-la e, com certeza, Ele ainda queria que eu vivesse mais tempo, para desfrutar de todo o caminhar do meu filho, pela vida. Deus sabia que muitas alegrias o tempo me reservava e, com certeza, seria um prêmio que eu receberia dele, por ter tomado a decisão de abandonar Albertino, o grande amor de minha vida, e vir morar em Miami.

Em meio a todo esse tormento que me cercava, olhei para o Harry e falei:

– Querido, eu vou terminar de ler as correspondências e se você quiser, depois iremos viver essas carícias juntos. Ele concordou com o proposto, e livrei-me de fingir o que era impossível sentir ao seu lado, diante do envolvimento que aquela notícia me causara.

O meu marido tinha um amigo e que, por vezes, ele saía para tomar lanche em sua companhia. Eram amigos de longa data. Aquele era esse dia, e, era também nessa hora. Pude, finalmente, ficar sozinha. Dirigi-me ao andar superior e guardei em lugar seguro aquela carta. Mas antes, li-a novamente e caí em prantos como nunca antes chorara. A dor da perda de um grande amor é sofrida e triste. Mais ainda se for por morte, porque você tem a certeza de que nunca mais o encontrará.

Quando Harry voltou, que graças a Deus ele se demorou mais tempo do que o previsto, eu já estava envolta em meus afazeres domésticos. Coloquei nos olhos uma compressa de água gelada, para que os meus olhos voltassem ao normal. Ele não percebeu nada. Ele não sabia do meu sofrimento. Eu não queria que ele me visse triste, por causa de um grande amor que tivera no passado, e que morrera. Eu estava vivendo uma nova vida, ao lado de um homem que esperava de mim atitudes sadias e amáveis. Tentei esquecer todo aquele passado, pelo menos, momentaneamente. E assim procedi.

Capítulo 75

A VISITA DA AMANTE DO HARRY. A VIAGEM AO CANADÁ

O barco era, agora, o centro de nossas atenções. Planejávamos levá-lo para a água ainda naquele ano. Depois iríamos viver entre Miami, Brasil e o mundo.

Além das minhas atividades rotineiras, decidi ajudá-lo na decoração do barco. Fiz as cortinas das escotilhas de diferentes formatos e tamanhos. Providenciei a compra de roupas de cama e colchas que foram feitas sob medida. Fiz, também, muitas almofadas, com decoração naval.

Numa manhã, ele me falou que iria trazer a nossa casa uma moça que fora sua secretária por quinze anos e que queria me conhecer. Combinamos o dia e a hora, e ele, ainda, me pediu que fizesse uns cookies de chocolate e café para serem servidos naquele encontro.

Era por volta das dez horas da manhã, quando ela chegou. Estacionou o seu carro em frente a nossa casa, e ele ao vê-la foi ao seu encontro. Devem ter falado alguma coisa, que pela distância não pude ouvir. Ela era mais jovem do que eu em cinco anos, tinha grandes olhos verdes como nunca vira antes. Um corpo delgado e de estatura mediana.

À porta, dei-lhe as boas-vindas, ela me cumprimentou, trocamos beijinhos e entramos.

Sentamos na sala de estar. Ele sentou-se entre nós duas. Ela me falou que fora secretária dele. Nesse instante eu lhe perguntei se era um bom chefe. Ela afirmou que sim. A seguir, fez-me algumas perguntas sobre a minha origem, meu país e sobre a minha família que morava em Miami. Nesse instante, descobri que ela sabia muito sobre mim.

Depois de algum tempo, convidei-a para irmos para a sala de jantar, que eu teria uma surpresa para ela.

— Harry me falou que você gosta de comer cookies de chocolate, e eu os fiz para você.

Ela agradeceu, e me deu um beijo no rosto.

Havia algo estranho que me deixou desconfiada. As suas mãos tremiam, e ela não conseguia disfarçar esse incidente. Para deixá-la mais calma, convidei-a para numa noite de domingo jantar conosco. Falei-lhe que sempre tinha amigos, nesse dia, em nossa casa.

Ele tomou a palavra e fez amplos elogios sobre tudo que sabia cozinhar, e citou alguns pratos que eu fazia, afirmando serem únicos no mundo.

– Ninguém cozinha como ela! – afirmou o meu querido maridinho.

E assim, foi combinado que ela me telefonaria, quando fosse possível aceitar esse convite.

Essa visita demorou por cerca de hora e meia. Avisou-nos que tinha outros compromissos e levantou-se, agradeceu os cookies e falou que ficou muito feliz por ter me conhecido. O meu marido levou-a até o carro e se despediram com troca de beijinhos.

Na volta, elogiei a beleza de sua secretária, e ele ainda acrescentou que ela era muito competente.

Passaram alguns dias, eu estava no supermercado fazendo compras, quando encontrei, acredito, que por acaso, a ex-nora do Harry. Começamos a conversar, e nesse momento ela me revelou que aquela moça que fora em minha casa era amante dele por mais de quinze anos.

– É verdade!

– Que legal. – Coloquei a minha boca bem pertinho do ouvido dela e falei:

– Ele faz amor comigo todas as noites e ainda tem uma amante? Que homem danadinho! Espero que ele continue, assim, por longos anos, dessa forma nós duas viveremos dias felizes.

E acrescentou:

– Se você quiser eu lhe dou o endereço!

– Não precisa – falei. Percebia em sua fisionomia uma áurea de felicidade, pelo veneno que destilou. Ainda convidei-a, para qualquer dia, me fazer uma visita. Agradeci a informação e trocamos beijinhos.

O mais importante agora era ele não saber que eu sabia que ele tinha uma amante. Eu teria, sem dúvidas, um grande trunfo à minha disposição e deveria manejá-lo, não com inteligência, mas com criatividade.

Era importante saber o dia em que eles se encontravam, a partir daí eu colocaria os meus projetos em ação. "O mundo pode até querer que você chore. Mas Deus te quer sorrindo".

"Um novo dia é uma página em branco na sua vida. Escreva apenas o que vale a pena". Aquele incidente não deveria fazer parte do meu cotidiano. Afinal de contas, ela chegou à vida dele muitos anos antes de mim. Eu era quem estava casada, vivendo ao seu lado, desfrutando de tudo o que a lei me permite e, ademais, sentindo o calor de sua presença e aqueles momentos fantásticos de amor que ele me proporcionava. Reclamar, de que? Dentro em breve, partiríamos daquela cidade, para nunca mais voltar. Enquanto o barco ficava pronto, ele colocou a casa à venda.

Pensei, também, que se ele a amasse, não seria eu quem deveria estar ali, e sim ela.

Naquela noite, como sempre fiquei nua, à espera dele, debaixo do cobertor. Ao se aproximar de mim, fechei os olhos e vivi toda aquela emoção com Albertino, e não com ele. Em meu pensamento eu sentia o seu corpo, o seu cheiro, aqueles músculos definidos e até a voz. Portanto estávamos no mesmo embalo dos acontecimentos. Será que ele, também, não fazia amor comigo pensando nela? Eu não sei! E tinha certeza de que nem o tempo teria respostas às minhas dúvidas.

Não poderia, em nenhuma hipótese, pôr tudo a perder. Eu tinha o mundo à nossa frente e muitas oportunidades para viver da melhor forma possível. Ele era companheiro, marido, e tínhamos muitas coisas em comum. Era confortável viver ao lado dele.

Ninguém nos decepciona. O problema é que colocamos expectativa demais sobre as pessoas. Cada um é o que é, e, oferece aquilo que pode oferecer. Eu o perdoei, porque também tinha os meus pecadinhos, e algumas divagações, e usava-os quando me conviesse.

Era começo da primavera, e para espairecer, saímos em viagem ao Canadá. Fomos comer salmão.

Ficamos em Vancouver num hotel próximo à torre giratória de um restaurante que se chama 360 da CN Tower. Lugar lindo e tranquilo. Diariamente, fazíamos longas caminhadas para exercitar os nossos músculos. Esse restaurante situa-se a 350 metros de altura, e, enquanto se está jantando, ele vai girando, dando-nos a oportunidade de ter uma vista da cidade em diversos ângulos.

Estávamos sempre vivendo em países diferentes nas alturas: São Paulo, o Terraço Itália, Paris: a Torre Eiffel e no Canadá, o 360 da CN Tower. Ele amava o luxo, e tínhamos condições de manter essa vida faustosa. Viajamos de carro pela estrada I-95. North. Às vezes ele dirigia, às vezes eu, e assim a viagem não ficava cansativa nem para um nem para o outro.

Come-se salmão nos Estados Unidos que vem das águas geladas do Canadá, agora, comer esse peixe no Canadá é um luxo! Aquele país é fantástico. Come-se comidas de todos os países do mundo. Até churrasco argentino. Há excelentes restaurantes dessa origem. Também é um país de muita segurança, e tudo é muito limpo. Ouve-se as pessoas falando em diversos idiomas embora oficialmente as línguas são inglês e francês.

No café da manhã do hotel, comemos panqueca com maple syrup, xarope tradicional do Canadá que provém da planta, como se fosse mel. Delicioso!

Durante o dia tínhamos esse mundo maravilhoso, e à noite muito amor e um mundo cheio de ternura e encantamento. Depois de uma semana voltamos ao nosso lar.

Capítulo 76

O BARCO NA ÁGUA E A PARTIDA

O barco estava pronto e equipado com GPS e rádio. A casa, quase vendida.

Ele pôs à venda algumas máquinas pesadas que foram usadas na construção do barco, e eu estava separando todas as coisas que deveria levar para Miami. É interessante que quando se vende uma casa nos Estados Unidos, deixa-se tudo: móveis, roupas e tudo que você não quer levar. O novo proprietário aproveita ou não.

Procurávamos um casal para nos fazer companhia na condução do barco. Era impossível, apenas nós dois, comandar aquela viagem que duraria muito tempo. O barco era a motor e vela, e a mais alta tinha 20 metros de altura.

Há sempre alguém disponível para nos ajudar quando necessitamos. Depois de muita procura encontramos um casal que também tinha barco, e eles se prontificaram a viajar conosco. Fizeram um jantar na casa deles, a fim de nos conhecermos melhor, principalmente, para um entrosamento entre as esposas.

O percurso entre a nossa casa e o local onde o barco entraria na água, de carro, era de apenas quinze minutos. Todavia era difícil saber esse tempo, com o barco.

Foi contratada uma empresa especializada em transporte desse tipo e, ainda, houve uma série de providências junto à polícia, o corpo de bombeiros e a prefeitura. Em todos os lugares em que o barco passaria, deveria ser monitorado e acompanhado por policiais com sirenes, inclusive o desvio do trânsito.

Numa manhã, chegou aquele enorme caminhão e estacionou em frente à nossa casa. Lembrei-me daqueles que vimos em filmes que transportam casas inteiras. Esse era igual. A nossa casa era de esquina, e o barco foi construído de forma a ter acesso livre, na retirada, quando ficasse pronto. O meu marido planejou tudo, desde o começo, em seus mínimos detalhes.

Esse carro manobrou e começou entrar devagarzinho por baixo do barco. A vizinhança inteira saiu à porta, e muitos começaram a parar em frente à nossa casa, para assistir a esse espetáculo.

A construção do barco durou quase vinte anos. Muitas pessoas que nasceram nesse período, agora presenciavam a realização dos sonhos do meu marido.

Alguém telefonou para os meios de comunicação, e de repente, estavam ali jornalistas do canal de televisão local. Procuraram Harry para saber informações sobre a retirada do barco, e quanto tempo duraria esse trabalho. Ele falou que não sabia ao certo, mas que pelas previsões da companhia que iria transportá-lo, seria de uma semana.

A nossa cidade era bem pequena, e a impressão que tínhamos era de que todos estavam ali amontoados, fotografando e presenciando algo inédito naquela pacata cidade.

O barco era todo de aço e pesava 35 mil toneladas. O nome dele era *Elan*. Esse nome foi colocado pelo meu marido, por ser fácil a comunicação por rádio, em caso de haver necessidade.

Fomos obrigados a fazer um curso de navegação com direito a diploma. Não era permitido alguém dirigir uma embarcação, daquele porte, sem estar legalmente habilitado.

Durante a semana, a televisão dava notícias sobre o andamento dos trabalhos. Era comovente assistir, todas as noites, àquele noticiário sobre nós mesmos e o barco.

No sétimo dia, já no final da tarde, o barco saiu daquele lugar e ficou em frente à nossa casa. Harry levantou-se da cama de minuto em minuto para ver o barco e se era, realmente, uma situação real. Ele temia que estivesse sonhando.

Por volta das nove horas da manhã, chegaram o motorista da carreta, seus auxiliares que deveriam cortar galhos de árvores para deixar livre o espaço para o barco passar, jornalistas da televisão e uma fila enorme de carro que nos acompanhou até o local. Fomos logo atrás, e percebíamos que em cada rua o número de carros que nos acompanhava ia aumentando. Foi um grande espetáculo para todos. Em todas as casas por onde passávamos, as pessoas saiam à rua, para testemunhar aquele evento. Até as escolas pararam as aulas para que os alunos pudessem ver o barco passar. Em determinado momento, lembrei-me da famosa canção "A banda", pois havia muita semelhança entre as duas situações.

O trajeto durou três horas e meia. No local, centenas de pessoas nos aguardavam. A maré estava vazante. Portanto foi preciso esperar até o dia seguinte, para que ele entrasse na água. Um guindaste enorme ajudava no trabalho de segurança.

Durante algumas horas as câmeras da televisão focaram o rosto do meu marido para sentir a sua reação de alegria no momento em que o barco deslizasse na água. A TV, no noticiário daquela noite, mostrou a fisionomia dele nesse exato instante. Foi emocionante, inesquecível!

Todos temos sonhos, mas alguns para se tornar realidade exigem uma força enorme de sacrifícios, determinação, muita coragem e sobretudo acreditar. Construir esse barco foi uma longa viagem que, um dia, começou com um único passo. Ele tinha metas, e os obstáculos, quando surgiam, eram superados pela sua força de vontade. Certamente, durante a luta, ele já visualizava essa vitória que agora era real. Foi um instante de felicidade total e absoluta tanto para ele como para mim, que também dei uma parcela diminuta de contribuição. Havia convivido com esse seus sonhos nos últimos cinco anos.

Outros desafios surgiriam, certamente, mas o maior de todos já estava concretizado. Os demais seriam superados com facilidade. Os momentos vitoriosos deixam-nos fortes e capazes para enfrentar novas etapas da vida.

Após o barco entrar na água, voltamos para casa e tivemos uma grande surpresa: Havia um número enorme de pessoas à nossa porta, principalmente vizinhos, que vieram dar-nos parabéns pela realização daquele evento. Ganhamos muitas garrafas de champanhe. Foram tantas que muitas fizeram parte da nossa bagagem para Miami.

Muitos nos procuraram para nos entregar fotos que eles tiraram no caminho por onde o barco passara, e em todos os demais momentos. Houve um rapaz que confessou que quando ele nasceu o Harry iniciava a construção daquele barco e que, em muitas vezes, ele ainda criança passeando no carrinho, com a sua mãe, ele apontava o barco e dizia: "O barco! O barco!". Foi um instante de muita emoção para o meu marido.

O barco fez residência em uma marina nas proximidades da cidade de Filadélfia. Diariamente, íamos ao local, para montar os mastros em número de três. O mais alto media quase 20 metros de altura. Os seus amigos, que também tinham barco, ajudaram-no nesse trabalho.

Chegou o dia da partida. Tudo estava pronto: a casa vendida, os nossos carros que foram enviados, por transporte, para Miami junto aos nossos pertences, e a casa limpa e arrumada esperando os novos proprietários.

Na véspera, ele saiu à tarde, dizendo-me que iria ao banco se despedir de alguns amigos. Pedi para ir junto, e ele falou:

– Fique em casa, eu quero ir sozinho.

Eu sabia que ele ia ao encontro dela para despedir-se. Quando voltou, já passava da meia-noite. Aguardava-o na sala. Ele, ao me ver ali esperando-o, apenas falou:

– Eu pensei que você já estivesse dormindo!

– Não. Eu queria ter certeza de que você voltaria.

– Por que não voltaria?! – Retrucou. – Aqui é minha casa, e você minha mulher.

A tristeza, a dúvida e o desalento estavam marcados em sua fisionomia e postura.

Fomos dormir. Deixei-o quietinho e em paz, para que ele pudesse sentir toda a sua melancolia e reviver todas as suas memórias. Eu conhecia de maneira profunda aquele estado de alma. Havia passado por momentos semelhantes, muitas vezes pela vida. Eu fiz de conta que não entendi nada, e deixei-o livre para reviver aquelas recordações. Eu também tinha as minhas que, de vez em quando, vinham à tona no meu pensamento e no meu coração. São coisas da vida que somente os seres humanos que passaram por esses momentos aflitivos entendem.

E, numa manhã bem cedo e com os primeiros raios de sol iluminando a terra, partimos em direção a Miami. Um helicóptero da televisão local sobrevoava sobre nosso barco, reportando aquela saída. Havia muitas pessoas por toda a parte. Alguns amigos com os seus braços levantados, acenavam um último adeus. Não foi possível conter as lágrimas. Foi muito emocionante. Chorar é um alívio que Deus proporciona aos seres humanos para suportar uma dor ou uma alegria. Assim, somos poupados de morrer nesses instantes.

A guerra estava ganha por mim. Nunca mais ele voltaria a encontrá-la. Percebia que durante a viagem ele olhava o horizonte como que querendo dar-lhe um abraço e um último adeus. Com certeza, ela deveria estar em meio àquela multidão.

Capítulo 77

A VIAGEM DO BARCO ATÉ MIAMI

A viagem durou um mês e um dia. Presenciamos belos espetáculos da natureza ao amanhecer ou anoitecer. Também, em alguns lugares, golfinhos nos faziam companhia. Às vezes, navegávamos em mar aberto, e por vezes por um canal profundo que começa no Oceano Atlântico no norte dos Estados Unidos e se estende até o Golfo do México. Esse caminho se chama Intracoastal Waterway. Eu era responsável pela comida, a minha amiga pela limpeza, e os dois na condução do barco.

Nesse caminho encontramos pontes imensas que ao nos aproximarmos delas tínhamos de falar pelo rádio de nossa intenção. Algumas levantavam-se e outras giravam para os lados. Era emocionante atravessá-las.

Como era quase inverno, a noite chegava rápido e tínhamos de nos abrigar em marinas. Algumas muito simples, e outras suntuosas. Nessa ocasião tomávamos banho, jantávamos e voltávamos para dormir no barco. Nas duas suítes havia muita privacidade, porque estavam separadas pela sala de jantar e pelo comando do barco.

Também aproveitávamos para lavar roupas, comprar mantimentos, abastecer os tanques de diesel e colocar água nos compartimentos. Tínhamos um dessalinizador que retirava o sal da água do mar e transformava-a em água potável. Os banheiros eram aparelhados de um sistema químico que ao dar descarga os dejetos saíam direto para o mar, sem causar contaminação.

Era muito agradável dormir em nossa cama do barco. Havia escotilhas redondas em número de oito, que deixava o ambiente fresquinho e confortável. "Algumas pessoas procuram a felicidade, outros a criam".

Os repórteres da televisão de Filadélfia nos acompanharam até Miami. Sempre que chegávamos a uma cidade e aportávamos em uma marina, havia um helicóptero que por rádio se comunicava conosco para saber se tudo estava em ordem. O mais surpreendente foi quando chegamos em Palm Beach, reduto de milionários. Na marina em que aportamos o barco, havia inúmeros iates até com heliporto. Um luxo a céu aberto.

Um helicóptero aproximou-se daquele lugar, fez pouso próximo à marina, e de lá saíram alguns repórteres para entrevistar o meu marido. Foi um alvoroço. Ninguém esperava que um barco simples fosse alvo de tamanha curiosidade.

Mais tarde, os proprietários daquela cidade viram pela televisão as notícias sobre o nosso barco. Eles entenderam o porquê de tudo o que aconteceu naquele local. Não é o barco mais rico e nem o mais luxuoso que pode ser alvo da curiosidade humana, mas aquele que foi um dia um sonho, considerado quase impossível, e que naquele dia tornara-se realidade. Todas as coisas têm o seu valor. Todavia o sentimental supera tudo. O sucesso desse dia foi o resultado de um esforço produzido por quase vinte anos.

Chegamos a Miami. Nessa noite a televisão cultura local deu a notícia da chegada do *Elan*, depois de navegar um mês e um dia. Também a televisão de Filadélfia noticiou o sucesso da viagem. Portanto todos os nossos amigos e vizinhos puderam respirar aliviados, que estávamos bem, e que o barco cumprira o seu caminhar até o destino.

Essa primeira noite dormimos no barco. Estávamos exaustos. Pela manhã, quando o sol derramou os seus raios sobre a nossa cama, Harry se levantou e pediu-me que me que sentasse em frente a ele, segurou as minhas mãos e com os olhos apoiados nos meus, falou:

— Depois de vinte anos, hoje é o dia mais importante de minha vida, porque o primeiro foi quando a conheci. Sou-lhe grato por toda a ajuda que você me dispensou nesses últimos cinco anos, e pelo entusiasmo que você me dava todos os dias.

— Gostaria que você soubesse, que no momento em que a vi na praia de Halouver Beach, a minha sensibilidade avisou-me que você era a mulher que eu procurava há doze anos, desde que fiquei viúvo. Conheci muitas outras, em alguns lugares e até em países diferentes, mas nenhuma foi capaz de despertar no meu eu interior o que vi em você, imediatamente.

— O tempo mostrou-me que estava certo, e no caminho exato, para realizar o meu sonho: Concluir a construção do barco e colocá-lo na água.

— Enquanto você cuidava de nossa casa e de mim, pude me dedicar exclusivamente à construção do barco e, assim, foi possível estarmos aqui hoje. Essa conquista tem uma parcela bem grande de sua ajuda. Fale-me dos seus sonhos futuros e prometo realizá-los para que você seja mais feliz ao meu lado.

Não tive palavras para expressar-lhe esse momento de tanta ternura. Apenas, falei:

– Você é tudo que eu quero por toda a vida. Você, só para mim!

– Eu prometo! – afirmou.

As nossas famílias vieram conhecer o barco, e ficaram admirados do tamanho e dos equipamentos que tínhamos. Era um barco que poderia atravessar qualquer oceano, sem nenhum problema. Em todas as ocasiões tomamos champanhe, daquelas que os nossos amigos e vizinhos nos presentearam. Vivemos dias fantásticos deslizando no mar de Miami. Num domingo, preparei almoço para todos. Éramos quinze pessoas. Tudo preparado na cozinha do barco.

Em menos de um mês, jornalistas da TV Cultura de Miami vieram nos visitar e nos propuseram fazer um documentário sobre o barco, focando que o meu marido iniciara esse projeto aos 55 anos, quando, normalmente, os aposentados acomodam-se, quase vivendo sem mais nenhum projeto de vida. Era necessário dar um grande exemplo para as pessoas e fazê-las entender que estar aposentado não é final de uma existência e que em alguns casos, como, por exemplo, o do Harry, era o começo de um novo surgimento de vivência e realização de sonhos.

Levantamos as velas e fomos em direção ao mar fazer esse documentário. Foram momentos de grande entusiasmo e alegria. Harry sentia-se envolto numa atmosfera de reconhecimento, do seu árduo trabalho e da realização de suas metas, dentro de um contexto de felicidade nunca antes sentida.

A televisão exibiu esse documentário durante muito tempo, e nunca nos cansávamos de presenciar essa exibição. Os nossos amigos de New Jersey nos enviaram algumas cartas e nos telefonaram sobre esse trabalho, afirmando que Harry era merecedor desse reconhecimento dos meios de comunicação. E que eles se sentiam honrados por ter um amigo tão forte, e que a sua visão quando começou aquela jornada estava apoiada na concretização desse sonho, e que ele já o sentia como real. Era só uma questão de tempo.

Esse homem era o meu marido, e eu me orgulhava dele, em todos os aspectos. Um homem íntegro, confiável e que me amava. A nossa vida era sempre recheada de grandes momentos de troca de informações sobre a vida, o mundo e viagens. Era um amante perfeito. Elevava-me às nuvens, em nossos momentos de sexo e prazer. Era perfeito na cama e fora dela.

Descansamos por algum tempo, e agora planejávamos voltar ao Brasil. Ele sentia saudades de nossa casa, dos amigos que lá deixara e, segundo ele, havia outros planos que gostaria de colocar em prática. Todavia falou-me ser esses planos uma grande surpresa para mim. No momento certo, ele me contaria. Apenas fiquei curiosa, mas respeitei as suas decisões. Com certeza deveria ser algo que nos tornaria mais felizes.

Tomamos todas as providências para segurança do barco, que ficara ancorado num canal próximo à nossa casa. Ainda ele tinha um sobrinho que se incumbiria de cuidar dele em nossa ausência. Tudo perfeitamente combinado.

Capítulo 78

A SEGUNDA VIAGEM DO HARRY AO BRASIL. A DECISÃO DA CASA

Partimos para o Brasil. Chegamos ao amanhecer. Viagem perfeita. Alugamos um carro, e fomos direto para nossa casa na praia.

Quando passávamos pela cidade onde morava Albertino, ele me perguntou se eu tinha notícias dele.

– Não. Acredito que ele esteja bem!

Encerrei esse assunto. Não queria reviver memórias que o tempo já tomara as devidas providências para deixá-las no esquecimento.

Agora, estávamos naquela casa, onde as reminiscências faziam-se presentes em minha alma. Por vezes, tentava evitar essas lembranças, mas elas eram muito fortes e teimavam em não sair do meu pensamento. Não era possível esquecê-las rapidamente.

A felicidade e as lembranças vividas foram tão grandes que, por vezes, me sentia sufocada: Aquela última semana do ano com Albertino, enquanto o meu filho estava em Miami; aqueles encontros com o meu filho nos finais de semana; aquela chegada inesperada, à noite, do meu amante para dormir comigo; os grandes momentos de solidão e de esperança; aquela primeira vez que conheci a primeira esposa do meu filho, não sabendo eu, que estava diante de uma pessoa que mudaria toda a minha vida e a do meu filho; E aquela partida, desse lugar, em direção aos Estados Unidos, onde tudo à minha frente era uma expectativa nebulosa e imprevisível.

Agora, deveria encarar esse lugar de outra forma, porque a minha vida mudara, estava acompanhada de um homem que me amava, e que eu tinha obrigação de fazê-lo feliz. Precisava deletar essas lembranças e começar a viver outra fase da vida. Eu conseguiria.

A notícia de nossa chegada espalhou-se pela vizinhança e pelos amigos, e começaram os convites para jantares e almoço.

Providenciamos a compra de mais algumas coisas para deixar a casa completa.

A paz começou a nos fazer companhia, e iniciamos uma nova era de felicidade e de muito amor. Às vezes, sentávamos na varanda, cercados de plantas penduradas nas paredes. Às vezes, sentávamos nas redes e sonhávamos.

Doralice telefonou e nos convidou para jantar em sua casa, no domingo seguinte. Todavia ela me pediu para que chegássemos no começo da tarde, a fim de que pudéssemos conversar. Ela tinha algumas notícias para mim.

Pela manhã fomos à praia, e ele de forma saudosa me lembrou de que foi em frente ao mar que nos encontramos pela primeira vez. Essa era a razão de ele gostar tanto do oceano. E acrescentou:

— É um privilégio termos uma casa em lugar tão aprazível.

Chegamos à casa da minha amiga, por volta das quatro horas da tarde. Ela e o seu marido nos e esperavam sentados na varanda. Cumprimentamo-nos e sentamos perto deles. Dei-lhes notícias do barco, do meu filho e que tudo estava perfeito. Contamos sobre a longa viagem do barco e do documentário que a TV Cultura de Miami fizera conosco. Ela, brincando, falou:

— Agora vocês são celebridades!

— Nem tanto – falei.

Conversamos sobre muitas coisas de nossa vida e do Brasil. De vez em quando eu traduzia para ele o que conversávamos.

— Lenira, você ficou sabendo da morte do Albertino? – falou a minha amiga.

Quando ela pronunciou esse nome ele olhou para mim e ficou, uma eternidade, aguardando a minha resposta, como também a reação que eu teria.

— Sim. – falei, calmamente. – Eu soube pelo meu filho que leu sobre esse evento em um jornal brasileiro. Mas isso já foi há algum tempo!

Ela insistiu:

— Foi há mais ou menos um ano.

Em seguida, traduzi para ele aquela informação, e ao assimilar o que eu dizia, respirou fundo e sentiu um alívio como querendo expressar: "Deste, estou livre! Mas deveria haver outros, porque ela é uma mulher fantástica em todos os aspectos", pensou.

Ele me pediu para falar com a minha amiga que iríamos casar também no Brasil, e que gostaria que eles fossem nossos padrinhos.

– Combinado – afirmou Doralice. – É só nos avisar o dia e o local que estaremos lá.

Essa decisão era, talvez, para que ele se sentisse seguro de que ninguém mais poderia me tirar dele. "Seguro morreu de velho e desconfiado ainda vive". Refletiu.

Fomos jantar na casa dos nossos vizinhos. Quando voltamos, ele me pegou pelo braço e fomos sentar na sala, um em frente ao outro. Essa era uma atitude que ele usava sempre quando queria conversar alguma coisa séria. Imediatamente pensei: "O que virá agora?".

– Lenira eu sei o quanto esta casa lhe representa. Você me contou toda a história desse lugar: Como a comprou, como fez a reforma e os dias fantásticos vividos aqui.

– Eu respeito todo esse passado, todavia você precisa entender que agora a nossa família aumentou, e eu gostaria de convidar a minha filha e minhas netas para nos visitar e conhecer este pedaço do Brasil tão encantador. Ademais você tem, também, a família do seu filho, que juntos passaríamos de pelo menos dez pessoas, por enquanto! – e sorriu. – Portanto eu gostaria de lhe fazer uma surpresa: Vamos comprar ou construir uma casa bem grande nas imediações, contato que seja o mais próximo do mar: que é nosso guardião inseparável.

Senti ao mesmo tempo: tristeza, dor, desamparo e espanto. Sentia-me dentro de um redemoinho, que me lançava sem controle às alturas para um mundo irreal e nebuloso. Vender aquela casa seria a última coisa que faria. Ela estava entranhada em todo o meu ser. Fazia parte integrante do meu passado e de minhas lutas. Vendê-la seria colocá-la em um esquecimento que eu repudiava. Fiquei muda por instantes, e passado esse susto, prometi pensar a respeito e que no dia seguinte lhe daria uma resposta.

Passei uma noite terrível como havia muito tempo não experimentava. Relembrei os grandes dias da minha vida onde as minhas decisões sobretudo dependiam apenas de mim. Senti saudades!

Ele sempre voltava ao assunto, e eu tentava ignorar. Mas a vida é sempre premente de soluções. Adiá-las, é como transferir o problema para um futuro, que de qualquer maneira iremos viver.

Coloquei esse assunto em algum lugar na minha cabeça e deixei que o tempo me desse a solução. Por dias, ele ficou em meu esquecimento.

Depois de muito refletir, pensei: "Eu preciso entender que agora eu tinha um companheiro amoroso, leal e amigo e que para encontrá-lo, precisei viver mais de trinta anos de solidão". Não poderia perder tudo que conquistara nos últimos anos por causa de uma casa, recheada de lembranças do passado. Uma casa é simplesmente uma casa. Os sentimentos estavam dentro de mim, e eles iriam comigo para qualquer outro lugar que fosse. Todavia aquele espaço físico era como uma sombra, com muitas reminiscências que teimavam em não me abandonar.

Talvez essa fosse uma oportunidade de recomeçar em outro lugar, um novo modo de vida que, certamente, me traria outras oportunidades de viver em paz, e desfrutar de sua companhia, sem os fantasmas que ali moravam.

Consciente de tudo e após uma noite de muito amor e carinho, em que ele era capaz de me envolver, decidi vender essa propriedade e com ele encontrar uma outra, ou mesmo um terreno, para construir a casa que ele sonhava.

Tomamos algumas providências: Fomos visitar o corretor que me vendera essa casa havia alguns anos. Ele era o melhor profissional dessa área, na cidade. Ele se chamava Duilio. Externamos o nosso desejo de vender a casa, bem como que gostaríamos de comprar uma outra bem mais ampla ou um terreno. Ele nos mostrou algumas que estavam à venda e fomos informados, também, de preços.

No final desse encontro, o meu marido pediu-me que lhe informasse que iríamos viajar, por pelo menos três meses, e que na volta ao Brasil voltaríamos a nos encontrar para concretizar esse negócio.

Capítulo 79

VIAGEM AO CARIBE

O barco nos aguardava em Miami. Havíamos planejado fazer uma viagem pelo Mar do Caribe, e a expectativa do retorno aos Estados Unidos era urgente.

Depois de dois meses, deixamos, mais uma vez, a nossa casa, os amigos e o Brasil, e voltamos cheios de entusiasmo para vivenciar essa viagem, pelo mar mais belo do mundo: o Caribe.

Equipamos o barco, com tudo que se fazia necessário, para uma viagem longa. Fazia-nos companhia, nessa oportunidade, o sobrinho dele, que se chamava Bob e a namorada, Alice. Ambos tinham, também, experiência de navegação e eram portadores dos documentos necessários.

Partimos antes que o sol aparecesse e quisesse ser testemunha de nossa saída. O mar estava calmo. Era começo da primavera. Planejamos a nossa viagem nessa estação porque durante os meses de julho a novembro é perigoso navegar nessa região devido a grandes furacões que atravessam o Oceano Atlântico, vindos da África.

O primeiro lugar que fizemos parada foi nas Bahamas, onde chegamos ao anoitecer. Aportamos o barco numa marina, e depois do jantar, sentamos no deck para vivenciar uma tremenda noite de luar. A lua foi surgindo aos poucos no horizonte iluminado as águas, que no seu balançar, deixava uma luminosidade aos nossos olhos que ficaram extasiados de prazer.

– Se você nunca esteve nas Bahamas numa noite de luar, dentro de um barco de sua propriedade, certamente, você nunca vivenciou um dos espetáculos mais lindos da natureza!

Deus abandonou todos os demais seres do Universo, e estava a nos fazer companhia. Sentimos a sua presença. Abrimos um champanhe e fizemos um brinde à nossa viagem, ao Harry, ao luar e a Deus por nos ter proporcionado viver esse instante de profunda e incomparável felicidade.

A luminosidade do luar invadiu a nossa cama, para testemunhar o maior momento de amor que podem duas pessoas viver. Havia uma brisa leve que circulava entre as escotilhas roçando os nossos corpos nus cheios de desejo e paixão. O barco, mesmo preso às amarras da marina, balança levemente, dando-nos a impressão de que estamos sendo acariciados por este movimento. Amamo-nos como dois jovens, que descobriram o prazer extremo do sexo. E antes que o sol interferisse nessa atmosfera envolvente, o sono veio em nosso socorro e fez-nos dormir.

Ficamos nas Bahamas por uma semana. Por vezes jantávamos no The Atlantis Resorts. Ainda eu e Alice desfrutamos de algumas massagens corporais naquele hotel, enquanto o marido e o namorado faziam suas caminhadas em torno. Não tínhamos pressa e nem horário para nada. Traçamos um roteiro de viagem e demos essa responsabilidade para o GPS.

Como há escassez de água em toda a região, antes de partir, lavávamos as nossas roupas em máquinas que basta se colocar moedas e elas fazem sozinhas esse trabalho.

O dessalinizador, a cada uma hora, recolhia um galão de água do mar e tornava-a potável. Utilizávamos essa água especialmente para cozinhar.

No deck, tínhamos um chuveiro que captava água do mar, bastando, apenas, apertar um botão de dentro do barco. Em dias de muito calor, não precisávamos descer até o mar. O mar do Caribe é o mais belo em todo o mundo. Suas águas são azuis e transparentes. Via-se peixes nadando pertinho do nosso barco. Quando queríamos comer peixes, colocávamos uma linha com isca e, de repente, algum era fisgado. Tínhamos um lugar especial para limpá-lo e também uma churrasqueira para assá-lo. Para acompanhar, inventava molhos especiais com muito limão, azeite, sal e pimenta do reino ou alguns que aprendi quando estive na França à base de creme de leite, alcaparras e condimentos.

Tínhamos consciência de que não foi preciso morrer, para entrar no paraíso. Estávamos vivendo o nosso, bem vivos e cheios de muito amor e tesão, e cercados por uma imensidão de águas que se perdia de vista.

Partimos em direção à República Dominicana. Um outro paraíso no mar do Caribe. Dessa vez, deixamos o sol aparecer para nos fazer companhia. Quando estávamos em alto-mar, levantávamos as velas e o vento levava o barco, deslizando suavemente, mar afora. Experimentávamos um silêncio e uma beleza ao nosso redor que nos deixava enlevados como se estivéssemos nas nuvens, desfrutando de todo o cenário em volta.

O meu marido vivenciava aquela viagem sentindo-se vitorioso, e que ao relembrar todas as dificuldades que passara na construção do barco, dizia para si mesmo: Tudo valeu a pena! Às vezes, tecia alguns comentários sobre aqueles dias difíceis, principalmente, quando trabalhava durante o inverno. Agora o sol e o calor estavam à sua e à nossa disposição, aquecendo o nosso corpo, preparando-nos para viver noites fantásticas e de muito encantamento.

Esses momentos supremos fazem parte da vida, e vivenciá-los traz-nos a certeza de que os anos não passaram e que somos capazes de sentir as mesmas emoções, de quando éramos jovens e, ainda, com o sabor das experiências que adquirimos durante a vida. Estar na maturidade e próximo à velhice não muda nada. O que vale são os nossos sentimentos que continuam acesos e prontos para senti-los, em qualquer momento. Só não nos esqueçamos de que todos esses fatores dependem da companhia que tivermos. Ela tem uma parcela muito importante para o sucesso dessa realização.

Capítulo 80

IMPRESSÕES DA VIAGEM – REPÚBLICA DOMINICANA

Assim como acontece com os aviões e com as estradas, o mar tem suas rotas. Era preciso estar atento nesses caminhos, e seguir o GPS. A nossa maior tranquilidade era que esse barco fora construído pelo Harry, e se houvesse algum problema, ele saberia como proceder.

Só não estávamos livres das intempéries do tempo: tempestades e ventos. Era primavera, e o clima tropical da região contribuía para esses acontecimentos. Como tínhamos três velas, a segurança era maior quando o vento mudava de direção. Mas era preciso providências imediatas. Ele não nos avisava, *a priori*, dessas mudanças. O tempo sente-se poderoso e atua na vida dos seres humanos e da natureza de forma implacável.

Antes do anoitecer, as âncoras desciam, apenas com o aperto de um botão. E ficávamos toda a noite usufruindo daquele silêncio absoluto. Tínhamos a impressão de que não havia mais ninguém em todo o planeta Terra. Só tínhamos água e céu à nossa volta, e a luz das estrelas iluminando o infinito para tornar a escuridão da noite menos densa.

O meu marido gostava de astrologia e, por vezes, ficávamos olhando o céu, e ele nomeava todas as constelações que víamos. A música dava um toque surpreendente de emoção, preparando-nos para os momentos que vivenciaríamos quando dali saíssemos. Era uma expectativa de muita ternura e amor.

O mar do Caribe tem clima quente o ano inteiro, e a sua fauna e flora é muito rica.

Quando se dispõe de saúde, dinheiro e bom gosto para viver e usufruir tudo o que de bom que a vida nos oferece, é sensacional! Nós vivenciávamos tudo isso. Todos os nossos dias eram diferentes: No sentir, no viver, no amar e nas surpresas que aquela viagem nos oferecia.

Passamos por muitas ilhas que foram colonizadas por diferentes países. Havia florestas tropicais iguaizinhas a muitas que temos no Brasil e isso, por vezes, até me sentia num ambiente familiar.

Viajar é enriquecer a nossa alma e alargar os nossos horizontes. Cada país tem a sua própria cultura, seus hábitos, e principalmente o seu cheiro. Assemelha-se às pessoas. Cada uma tem as suas próprias características. Isso é o que torna o mundo interessante. Mais vivências, mais experiências.

Viajar e aventurar-se é um privilégio para os que são possuidores de atitudes desafiadoras. Certamente, estávamos vivendo uma das aventuras das mais incomparáveis, e isso nos deixava felizes.

Depois de muitos dias de viagem, chegamos à República Dominica. Aportamos o barco na marina La Marina Casa de Campo próximo a capital de Santo Domingo. A língua falada, em sua maioria dos habitantes, era espanhol. Nesse momento, chovia muito e precisamos ficar, algum tempo, dentro do barco antes de pôr os nossos pés em terra firme.

É um prazer, sem tamanho ou medida, quando depois de muitos dias, sozinhos naquela imensidão de céu e mar, vemos pessoas, casas, e tudo mais que compõem uma cidade. A solidão do mar é merecedora dos mais amplos elogios, mas viver ou estar em uma comunidade é a certeza de que somos parte dela e que ela existe. É um momento grandioso!

Diariamente, fazíamos caminhadas para nos exercitarmos. A sensação que se tem depois de um período longo sem caminhar é de que as nossas pernas sentem-se atrofiadas. Todavia essa situação faz parte do contexto da aventura. Nada neste mundo é perfeito. Todas as situações têm os seus prós e seus contras. E, numa avaliação profunda, tudo vale a pena viver.

Quando estávamos em terra, apenas tomávamos o café da manhã no barco. As demais refeições fazíamos pela cidade. Era um deleite comer comidas diferentes em lugares diferentes.

Eu e Alice fomos ao Spas San Felipe de Puerto cuidar da vaidade feminina: manicure, pedicure, cabelo, massagem na hidromassagem e manual. Saímos de lá já era noite, e os nossos companheiros nos aguardavam para mais uma noitada bem divertida. Aproveitamos e caprichamos na maquilagem. Eles ao nos ver com todo aquele trato, teceu-nos elogios, e Harry falou:

– As nossas mulheres hoje estão diferentes, vamos aproveitar o máximo essas mudanças para nos divertir.

Jantamos em um restaurante nas proximidades, e em seguida, fomos ao cassino daquele hotel para arriscar a sorte. Gastamos alguns poucos dólares, não ganhamos nada, mas assistimos a um show de um grupo de música do México – Os Mariachis – que nos lembrou de uma viagem que fizemos àquele país. Pedimos para eles cantarem "Cielito Lindo". E ainda eles cantaram outras melodias mexicanas, como "Mexico Lindo e querido", "Aquellos ojos verdes" e muitas outras. Sentíamos como se estivéssemos de volta àquele país. O meu marido apertava as minhas mãos, e eu percebia a felicidade estampada em sua fisionomia. Aquela foi uma noite perfeita de boas e grandes lembranças.

Quando os Mariachis cantaram "Aquellos ojos verdes" tenho certeza absoluta de que ele se lembrou da Jeniffer, sua ex-secretária e amante. Mas quem estava ao seu lado, era eu. E, ademais, ele tinha, também, o direito de se recordar do seu passado, porque a nossa mente não revela para os demais o que pensamos. Apenas sentimos.

Após duas semanas naquele paraíso de imensas praias de areia branquinha e um povo hospitaleiro e encantador, partimos rumo a Porto Rico. Levávamos muita saudade, principalmente, das noites de uma leve brisa que sentíamos andando pelas ruas ou em nossa cama no barco. Felicidade existe, e ela estava todo o tempo ao nosso lado, esquecendo-se de que outras pessoas, também, precisam dela.

Capítulo 81

A ILHA DE PORTO RICO

Era noite quando chegamos àquela ilha. Esperamos o amanhecer para aportar o barco em uma marina. A proximidade das luzes da cidade nos avisava que em breve estaríamos em terra firme. O sol saudou-nos com os seus raios quentes e coloridos, e fomos colocar o barco em segurança num lugar apropriado. Ficamos, ainda, no deck observando tudo ao nosso redor e prelibando tudo o que vivenciaríamos naquela Ilha de Encantamento, como é denominada.

Andando pelas ruas, observamos que as pessoas falavam inglês e espanhol. Paramos em um lugar para fazer compras e encontramos um casal de brasileiros que morava e tinha comércio nessa Ilha. Foi, para mim, uma surpresa das mais agradáveis. Conversamos por algum tempo, e eles nos disseram que nasceram no Ceará, e que um dia resolveram tentar a vida em outra parte do mundo, e por fim chegaram nesse lugar. Deram-nos muitas informações sobre costumes locais e também os pontos turísticos mais famosos da Ilha. Eles ficaram emocionados quando falamos que o nosso meio de transporte era um barco particular. Externaram o desejo de conhecer o nosso barco, mas havia tantas coisas para fazer que até nos esquecemos desse desejo deles.

Exaustos, voltamos para o barco. Já anoitecia. Fomos dormir acalentados pelo balanço do mar.

Ao acordar, não poderia faltar aqueles momentos gostosos de sexo que somente nós dois sabíamos viver. Não tínhamos horários determinados para vivenciar essas emoções. Eles aconteciam em qualquer horário, contanto que estivéssemos em nosso barco. Havia uma comunicação de troca de olhares entre nós, ou um deslizar de suas mãos em minhas costas, que era um aviso que a hora chegara. Nesse instante, eu sentia um calafrio de prazer.

Durante o café da manhã traçamos o nosso roteiro de visita a alguns pontos históricos e saímos. De início, verificamos que a ilha tinha numerosas fortalezas, para proteger-lhes de invasões nos tempos idos. Hoje, as armas de defesa são diferentes. Aquele passado ficara ali como lembrança, e era comovente visitar esses lugares.

Em todo o tempo que passamos em San Juan, estivemos em lugares fantásticos, como o observatório Radiotelescópio de Arecibo, museus, praias, florestas e muralhas. Tiramos um dia especial para visitar uma queda-d'água. Lá juntamo-nos a outras tantas pessoas que estavam no local e passamos um dia bem divertido. Almoçamos à beira de um lago, que se formara com toda aquela água, provinda das cachoeiras. Comemos uma comida típica da região: uma mistura de peixe com legumes de um gosto inconfundível. Tomamos champanhe para brindar aquele lugar, a nossa felicidade e a vontade de um dia retornar a esse paraíso.

Fomos ao Old San Juan, onde fizemos compras de coisas típicas da região, andamos pelas ruas, observando a arquitetura milenar e entramos noite adentro, onde havia alguns grupos de música cantando canções de diversos países, inclusive ouvimos "Garota de Ipanema", cantada em inglês. Falei para o meu marido e nossos acompanhantes sobre a história dessa canção. E acrescentei: "A musa inspiradora ainda está viva!". Era madrugada quando voltamos para o barco.

O barco se afastava devagarzinho de Porto Rico, e nos lembramos de que naquele lugar vivemos grandes emoções, vimos lugares fantásticos e levava dentro de nossos corações a certeza de que não importa o lugar que estejamos, a nossa felicidade é igual. Ela não pode ser maior, porque, se fosse, morreríamos.

Capítulo 82

A ILHA DE JAMAICA E A VOLTA A MIAMI

Depois de alguns dias navegando, chegamos à Jamaica. A língua inglesa, com um sotaque próprio, é falado na ilha. Por vezes, precisávamos apurar o ouvido para entender o que eles falavam. Mas sendo aquele povo tão amável, qualquer idioma que eles falassem nós entenderíamos. Os turistas são bem-vindos, sempre. Eles nos recebem com muito carinho e atenção.

É um lugar onde se transpira música, especialmente o reggae. É um povo alegre e em sua maioria provindos da África.

Aportamos o barco numa marina de um hotel e resort em cujo lugar havia muitas lojas e praias belíssimas. Do deck do barco tínhamos uma vista deslumbrante, e deixava-nos extasiados de tanta emoção. O que os nossos olhos vêm, ficam guardados em nossa memória e, com certeza, iremos nos lembrar de tudo, sempre que quisermos.

Caminhar era o que precisávamos quando em terra firme, e nesse dia visitamos o Museu Bob Marley, berço do reggae. É emocionante sentir que ele se fora, mas o seu legado continuará para sempre. "A arte é um instante de eternidade e perfeição".

Fizemos algumas compras e voltamos para o barco. A noite já nos avisava de sua chegada, e com ela vinha o prazer que inundava os nossos corpos e a nossa alma. Era impressionante como, em cada momento de sexo vivido com ele, havia sempre nuances diferentes e prazerosas. Não havia rotina, e isso me deixava sempre na expectativa do que virá na próxima vez. Harry era um homem sábio, inteligente, trabalhador, honesto, mas sobretudo o macho que sabe transformar a vida de uma mulher num eterno paraíso. Foi Deus que o colocou, um dia, no meu caminho. O meu coração estava repleto de gratidão e tudo fazia para retribuir o que ele me proporcionava.

Preparamo-nos para visitar um lugar chamado Cachoeiras do Rio. Pelas informações que tínhamos, deveríamos levar o suficiente para passar o dia inteiro porque esse lugar, segundo os moradores da Ilha, é revestido de muita magia e não basta chegar, olhar e fotografar. É preciso deitar e deixar que suas águas frias deslizem em nossos corpos, limpando o nosso físico e a nossa alma. Chegamos. Ao avistar essas cachoeiras sentimos arrepio de tão deslumbrantes que são. É o cartão-postal mais famoso da Jamaica.

E conforme nos foi orientado, vivenciamos durante todo o dia aquele prazer incomum. Por vezes, nos sentíamos leves como uma pluma. A impressão era de que até os nossos pecados deslizavam cachoeira abaixo, deixando-nos livres para entrar no paraíso. Só que esse paraíso era ali mesmo, diante dos nossos olhos e de nossos sentidos. Esse lugar foi um dos mais interessantes e saudáveis que vivemos.

Às vésperas do nosso retorno a Miami, passamos todo o dia numa praia fantástica que se chama Walter Fletcher, e desfrutamos do sol que nos brindava com o seu calor, em contraste com aquela água fria e transparente do oceano. Harry segurou a minha mão e falou:

– Temos o mar aqui, em Miami, e em nossa casa do Brasil. Somos privilegiados!

Havia um restaurante nas proximidades onde almoçamos ao som de Bob Marley. Ele não morreu para aquele povo. É uma alma viva em todos os lugares.

À tardinha despedimo-nos, daquele lugar, levando a certeza de que a praia e aquela parte do infinito ficariam ali, mas o mar continuaria fazendo parte de nossas vidas, e que nos acompanharia até o fim de nossos dias na terra. Senti emoção nesse pensar.

Fizemos mais algumas compras, porque as nossas refeições, quando estávamos navegando, eram feitas no barco.

E, no dia seguinte, partimos. Ficamos no deck olhando aquela ilha até que ela desaparecesse, completamente. Levávamos muita saudade de tudo: do povo acolhedor, das comidas, das memórias do grande Bob Marley, daquela imensa cachoeira de onde saímos purificados, dos passeios em lugares fantásticos, das noites de muito amor e carinho. Guardaríamos em nossa mente essas lembranças até quando nos fosse possível viver neste mundo. *Good-bye.*

Essa viagem durou três meses e quatro dias. Agora avistávamos Miami e começávamos dentro de nós a fazer planos para um futuro imediato. As emoções que sentimos em todo esse tempo vão se somar a tantas outras vividas, enriquecendo a nossa alma e deixando os nossos horizontes mais amplos.

É maravilhoso viajar, mas é confortável voltar à nossa casa e aos nossos pertences. O nosso espaço é o que nos acolhe, de forma permanente, proporcionando-nos um bem-estar incomensurável.

Levamos o barco para um estaleiro, a fim de que fossem retiradas as cracas do casco e para uma revisão geral de pintura. As demais providências, o Harry fazia em seu lugar aportado. Ele tinha uma afeição por esse barco, como parte integrante de sua vida. Afinal, ele construiu-o por quase vinte anos. Ele desenhou e executou-o em seus mínimos detalhes. Era como um filho, que depois de adulto, só lhe dera imensas alegrias e satisfação plena.

Capítulo 83

A TERCEIRA VIAGEM
AO BRASIL DO HARRY

Por alguns dias repousamos. Agora, havia outros projetos no Brasil que deveriam merecer a nossa atenção. Harry pediu-me para telefonar para aquele corretor que ficara incumbido de providenciar um imóvel ou um terreno próximo à praia. Havíamos dito que voltaríamos em três meses, e esse tempo já se cumprira.

Atendi o seu pedido, e ao falar com o Sr. Duilio, o corretor, tive uma surpresa das mais promissoras. Ele encontrara casas e terrenos em um condomínio fechado que com certeza iríamos gostar. Ficava a poucos passos da praia, tinha água própria e muita segurança pelo seu posicionamento geográfico.

Os olhos do meu marido brilharam de tanta felicidade com essa notícia e, assim, marcamos viagem ao Brasil para a semana seguinte.

A bordo do avião sonhávamos com esse novo lar, e o mais importante era que iríamos construir um presente somente nosso, como se tivéssemos começando a vida a partir dali. Não haveria lembranças do passado e nem interferência de velhos amores. Tudo ficaria para trás, num esquecimento eterno e absoluto. Era, exatamente, o que desejava o meu querido maridinho! Era imprescindível "manter o foco no objetivo, centralizar a força para a luta e utilizar a fé para concretizar esse sonho". Certamente, teríamos sucesso nessa nova empreitada, porque vontade e determinação são molas propulsoras do sucesso. E nós as tínhamos.

O avião pousou, e mais uma vez, estávamos, no Brasil. O meu marido amava este país, como poucos brasileiros o amam. Da última vez que estivemos aqui, fomos ao órgão competente e solicitamos a sua residência permanente. Com certeza esse documento já estaria pronto. Todavia o que ele pretendia era um dia ser brasileiro, também. Diariamente, eu lhe dava aulas de português, e ainda assim comprara alguns livros (português para estrangeiros) e os lia em todas as suas horas vagas.

Ele amava a natureza de nosso país: sem neve, furacões, tornados, gelo e, o ano todo, tudo verde e florido. Ele sempre dizia para os seus amigos nos Estados

Unidos que o Brasil lhe dera Lenira, alguns amigos, um lugar de exuberante beleza e um mar dos mais belos. Era uma paixão cheia de entusiasmo e alegria. Eu partilhava de seu alto-astral e, diariamente, tudo fazia para manter essa chama sempre acesa.

Como pretendíamos ficar mais tempo aqui, compramos um carro. E nesse exato momento da compra, o meu marido me falou:

– Quando precisarmos viajar, deixaremo-no na garagem da casa que iremos construir. Ele já visualizava a realização desse sonho, mesmo antes de torná-lo realidade.

Numa manhã, quando o sol ainda estava se decidindo se vai ou não aparecer, e, após um momento extasiante de prazer, ele me abraçou e fez a seguinte revelação:

– Fazer amor com você em qualquer parte do mundo é delicioso, mas no Brasil tem um gosto especial.

Sem dúvidas, ele estava apaixonado por mim e pelo nosso país. A vida tem conotações especiais quando estamos vivendo um momento de extrema ternura, sonhos e deleite.

O Sr. Duilio, o corretor, chegou à nossa casa nessa manhã, para nos levar para ver os imóveis que estavam à venda. Ele estava ávido para nos mostrar aquelas propriedades com a certeza de que aqueles eram, exatamente, o que procurávamos.

E em nosso carrinho brasileiro fomos àquele local. Eu sempre estava na direção, primeiro porque gosto de dirigir, e segundo porque o Harry não se sentia confortável comandando um carro, em lugares que não conhecia. De vez em quando ele afirmava ser eu uma mulher de cama, mesa e direção. O amor que ele sentia por mim não era possível medir a sua extensão nem tampouco a profundidade. Tudo estava muito além do meu pensar. Certamente esse encantamento ficaria comigo até a eternidade.

Quando chegamos à portaria daquele condomínio, sentimos uma sensação de que as portas do Universo em toda a sua plenitude estavam se abrindo à nossa frente. Visitamos algumas casas e vimos alguns terrenos. De alguns gostamos, de outros, nem tanto. Externamos o nosso contentamento para o Sr. Duilio, e prometemos que a partir do dia seguinte iríamos voltar a esse lugar, para nos informar sobre todos os detalhes que são necessários, para quem vai fazer um investimento para toda a vida.

Durante um mês vimos nesse e em outros lugares muitas propriedades. Investigamos sobre segurança, tipo de solo e nascentes. Esse ficava dentro da Mata Atlântica, e comumente esses lugares têm algumas situações peculiares que dificultam uma construção. Harry tinha muita experiência de vida e uma sabedoria que ultrapassava os meus limites. Eu confiava nele e sabia que, com certeza, ele faria uma boa escolha.

Quando alguém constrói uma casa, leva em consideração o seu gosto e o seu mundo vivido e que nem sempre satisfaz a quem compra. Definitivamente, casa não compraríamos, porque todas as que visitamos havia sempre alguma coisa que não era compatível com o nosso gosto e nossas necessidades.

Numa noite, sentados na varanda de nossa casa, conversamos sobre todos os detalhes da compra de um terreno. E, de comum acordo, decidimos: Ele deve ter a frente da casa voltada para o leste, e os fundos para o oeste. O tamanho não poderá ser menor que 600 metros quadrados. E, ainda, se for de esquina, melhor, embora o imposto de uma propriedade assim é sempre mais caro, mas valeria a pena pela privacidade que teríamos.

E ao chegarmos em nosso leito, amamo-nos com as costumeiras emoções e ainda envoltos na confiança que teríamos de, nos próximos dias, encontrar esse terreno que sonhávamos. Essa expectativa nos deixava cheios de júbilo. Adormecemos abraçados, deixando que as forças do Universo estivessem sobre nós.

Capítulo 84

COMPRA DE TERRENO NO BRASIL

Após um mês e alguns dias, encontramos o terreno que almejávamos. Esse achado foi exatamente nesse condomínio que visitamos pela primeira vez com o corretor. Esse espaço tinha apenas quatro ruas. A primeira ficava encostada às montanhas; a segunda era passagem de todos que moravam na parte superior; a terceira era a nossa escolha; e a quarta tinha um rio nas proximidades. Estávamos andando nessa terceira e olhávamos um terreno que se separava da casa ao lado por uma viela de mais ou menos cinco metros de largura. Vimos um senhor que passava, naquele momento na rua, e eu o abordei e perguntei-lhe se esse terreno estava à venda, ele afirmou que sim, e que conhecia o proprietário. Imediatamente, ele se prontificou a nos levar até a residência dele. E fomos à sua procura.

Ao chegar na casa desse senhor, tocamos um sininho e ele apareceu olhando-nos por cima do portão. Nesse instante, o senhor que nos levara, falou-lhe que estávamos interessados em comprar o terreno que ele tinha no condomínio Alvorada. Ele, de maneira grosseira falou:

– O terreno custa cinquenta mil, e eu quero em dinheiro vivo, se vocês não têm este valor, nem precisamos conversar.

Em seguida falei:

– Eu quero falar com o senhor porque o meu marido não fala a língua portuguesa, porque ele é americano.

Imediatamente, ele mudou a sua postura, o tom de voz e abriu o portão, "jogou um tapete vermelho" no sentido mais amplo dessa expressão e nos convidou a entrar. Após mais ou menos vinte minutos de conversa, compramos o terreno. Antes, porém, pedi que ele me mostrasse que não tinha débito com aquela propriedade. Apressadamente, ele abriu algumas gavetas e nos mostrou todos os comprovantes dos pagamentos devidos.

Eu mantinha um talão de cheques na bolsa, porque sabia que a qualquer momento essa compra iria se realizar. Ele fez um recibo, entreguei-lhe o cheque, e marcamos para dentro de cinco dias passar a escritura. Nesse dia, fomos ao cartório e consumamos essa compra.

Naquela noite o céu estava mais estrelado e festejava conosco essa primeira realização do Harry no Brasil. Tomamos champanhe e fizemos amor cheio de emoção e muito tesão. Era assim que comemorávamos todos os nossos dias de grandes contentamentos. O nosso leito sempre estava à espera dos grandes acontecimentos de nossa vida, para testemunhar o prazer que extravasava de nossos corpos e de nossa alma. A vitória tem um gosto sensacional! Todavia aquele era o primeiro passo, para muitos outros desafios.

Começamos a desenhar a casa de nossa imaginação e trocamos muitas ideias sobre esse projeto. Harry queria uma casa de dois pavimentos para ser possível vislumbrar as montanhas ao redor. Eu queria uma casa térrea, porque escada é sempre um perigo constante, e já tínhamos certa idade. Mesmo assim, ele fez dois projetos, e por fim a escolha foi a minha sugestão com uma área construída de 400 metros quadrados, restando, portanto, trezentos para os jardins.

Procuramos um engenheiro para formalizar o nosso projeto e tomar todas as providências legais para o início da construção. Tudo ficou pronto rapidamente.

Voltávamos com muita frequência a esse lugar, para termos certeza de que tudo era verdade. E era. Era verdade! A nossa empolgação era transbordante, e até parecíamos dois jovens quando vão construir a sua primeira casa. Eu já havia construído outras, e ele também. Mas aquele momento era muito especial para nós dois. Era como se o passado tivesse, sem pedir licença, se afastado, para o mais profundo esquecimento: Nova vida, novo país, nova casa e novos amigos. Essas emoções deixávamos etéreos e sentíamos como se a vida fosse eterna, e ali poderíamos viver despidos de todo o nosso passado. Imaginávamos o mundo dentro da palma de nossas mãos, e que poderíamos manipulá-lo ao nosso bel-prazer.

Capítulo 85

INÍCIO DA CONSTRUÇÃO

O engenheiro nos apresentou uma lista dos materiais para o começo da obra. Enquanto isso, foram feitas pesquisas no terreno, e foi procedida a limpeza da vegetação existente.

Iniciamos a construção pela casa de hóspedes. Assim, quando essa ficasse pronta, poderíamos mudar de nossa casa da cidade para essa, e de perto acompanharíamos a obra.

Tudo corria a passos largos e sem grandes problemas. Diariamente, no final de cada dia, Harry reunia os trabalhadores e tomavam uma cervejinha com alguns petiscos que eu preparava. Ele era outro homem. Completamente diferente daquele que conhecera no começo do nosso relacionamento.

Talvez porque ele vivera doze anos sozinho, sem tomar uma decisão de um relacionamento estável com a sua ex-secretária e amante. Embora ele a amasse, ela era uma companhia provisória.

Há diversos tipos de amor entre um homem e uma mulher. A mulher que é namorada ou amante não tem qualidades para ser esposa. Ou a esposa não tem as mesmas para ser amante ou namorada. Quando uma mulher assume o papel de todas, o homem sente a sua vida completa. Acredito que foi exatamente o que aconteceu conosco. Eu ainda era amiga e companheira em qualquer situação. Eu talvez fosse para ele tudo o que desejara um dia.

Durante a vida tive um marido por poucos dias, alguns amantes viris e fogosos, e agora tinha a junção de todo o meu passado nele. A cada dia, eu sentia que em diversos momentos ele representava tudo de maravilhoso que os outros me proporcionaram. Ele era muitos homens em um só, e ainda trazia a tranquilidade de uma vida permanente e saudável. Ele, ao meu lado, nas vinte e quatro horas do dia. Era simplesmente fantástico!

Todos os homens que amei antes, de forma temporária, tinham o mesmo tipo físico, e isso me deixava à vontade para vivenciar com ele essa semelhança. Por vezes, lembrava alguns instantes de grandes arrebatamentos com os outros, e o meu subconsciente trazia essas situações de muito prazer, tornando-as presentes no meu dia a dia, ao lado dele. Cada homem do meu passado foi muito importante, em cada momento vivido. Era impossível esquecer totalmente, embora, por vezes, tentasse. O fogo da paixão e do sexo são poderosos, transcendem o nosso entender, e torna-se impossível cair no esquecimento de forma total e absoluta.

O entusiasmo que ele sentia participando da construção dava-lhe forças e coragem, e a cada dia vislumbrava um futuro promissor, abarrotado de muito amor e compreensão.

Capítulo 86

A CASA DE HÓSPEDES

Tínhamos outro projeto que deveria juntar-se a esse, para tornar a nossa vida mais completa: Trazer o barco para o Brasil. Visitamos os órgãos competentes para obter informação a respeito. E, segundo o que nos disseram, para entrar no Brasil precisaríamos pagar o valor total do barco em impostos, porque ele estava, também, em meu nome, e eu sou brasileira.

De pronto, abandonamos essa ideia. Deixaríamos o barco em Miami, juntamente com a nossa casa, e ocasionalmente usaríamos em nossas viagens, em outros lugares. "Não remar contra a maré é uma atitude sensata". Esse detalhe não poderia em nenhuma hipótese empanar a nossa euforia, mesmo porque o mundo é grande, e outros horizontes estavam à nossa disposição para serem descobertos.

Eu sempre preparava comidas diferentes, não apenas para agradá-lo, mas porque sabia que ele degustava cada surpresa, como se aquela fosse a mais saborosa e única do mundo. Sentia a satisfação do dever cumprido e a certeza de que a cada dia ele sentia fazer parte dos seres humanos que têm a felicidade de terem uma companhia que, segundo ele, completava a sua vida em todos os aspectos.

Em um domingo, fiz uma moqueca de peixe, e já passava do meio-dia quando o chamei para almoçar. Ele estava no andar superior de nossa casa. Passada mais meia hora, chamei-o novamente, e como ele não respondia, resolvi subir as escadas, correndo, para saber o que estava acontecendo.

Ele estava sentado em uma cadeira e reclamou que sentia algumas dores no abdome. Perguntei se ele queria ir ao médico.

– Não, deve ser coisa passageira! Não se preocupe – disse ele.

Depois de alguns minutos, ele desceu as escadas e sentamo-nos à mesa para almoçar. Ele comeu apenas uma pequena porção da moqueca. Estranhei aquele comportamento, mas mantive-me em alerta.

A casa de hóspedes já estava quase concluída, e coincidiu com a venda da minha saudosa casa. Um amigo próximo comprara, e me dera o tempo necessário para fazer a mudança.

Duas semanas depois, nos mudamos. Aquele dia foi um dos mais tristes da minha vida. Não pude conter as lágrimas, e ele sabia por que eu chorava. Carinhosamente, me abraçou e falou:

– Tudo passa!

Estava deixando para trás aquele lugar, que fora palco de tantos momentos de prazer. Todavia ficaria ali apenas o espaço, porque as lembranças eu levaria comigo. Acredito que nem a morte faz-nos esquecer de tudo o que vivemos neste mundo, porque a alma é eterna. É importante pensar dessa forma, assim vivenciaremos tudo de maravilhoso que a vida nos proporcionou nesta e em outras vidas.

Fizemos um churrasco com os trabalhadores da nossa construção, o engenheiro e o construtor. Com champanhe, brindamos o nosso novo lar. Nessa noite nos amamos pela primeira vez, em nossa casa, onde não havia lembranças de nenhum passado. Isso o deixava tranquilo e dono absoluto de mim. Aquela foi uma noite de renovação de nossas vidas.

Faltava construir a casa maior. Todavia o primeiro projeto fora efetivado, e isso nos dava coragem para o próximo desafio.

Capítulo 87

A DOENÇA DO HARRY E A MINHA VOLTA A MIAMI

Tínhamos pressa para que essa casa ficasse pronta, porque o tempo nos avisava que deveríamos partir, para vivenciar outras aventuras pelo mundo.

Por orientação do Harry, foram contratados mais trabalhadores, e assim, rapidamente, a casa ia tomando corpo. Enquanto isso, vivenciávamos o mar, as montanhas em volta, o luar se derramando sobre tudo, o sol marcando o seu cartão de ponto, exatamente, às seis horas da manhã. Nessa época, as chuvas nessa região são escassas, o que nos dava o direito de construir a casa sem os transtornos que ela causa em obras.

Após alguns meses, os pedreiros já estavam trabalhando no madeiramento do telhado, quando um imprevisto me deixou de sobressalto. Harry começou a sentir dores terríveis, e estava emagrecendo a olhos vistos. Consultamos um médico, meu amigo, o qual me recomendou que ele precisaria passar por uma série de exames, e como essa cidade não tinha os recursos necessários, o melhor caminho seria voltar a Miami para esse procedimento.

Conversamos durante longas horas e tomamos algumas providências. Já tínhamos um engenheiro, um construtor e nos faltava um administrador para fazer as compras de material e fiscalizar o andamento da obra. Encontramos essa pessoa, por orientação de alguns amigos. Fomos ao cartório, passamos uma procuração para ele que, dentre outras atribuições, também dava a de nos representar, em nossa ausência, junto aos órgãos públicos e no banco onde tínhamos conta conjunta.

Ele preferiu ir sozinho porque faltava pouco para que o telhado fosse concluído, e seria de bom alvitre eu acompanhar esse estágio da construção. Levei-o ao aeroporto e na despedida falei-lhe que ele me desse notícias sobre tudo o que estava acontecendo. Choramos juntos em todo o tempo em que esperávamos a chamada do seu voo. O meu coração sofreu muito com a sua ausência, porque essa era a primeira vez que nos separávamos desde que casamos. A solidão instalou-

-se ao meu lado, e ela me dizia que ficaria comigo apenas por algum tempo. Eu acreditei!

Diariamente, nos falávamos por telefone. Num desses dias, ele estava aflito e me pediu que eu voltasse a Miami, imediatamente, porque ele estava com uma doença muito séria e precisava de minha ajuda.

O telhado tinha sido concluído dois dias antes.

Telefonei para a companhia de aviação da minha passagem, e no dia seguinte embarquei. O irmão dele me aguardava no aeroporto. Ao encontrá-lo perguntei-lhe de forma aflitiva o que estava acontecendo. Ele apenas me falou:

— Harry lhe contará tudo.

Ele não quis adiantar a tragédia que, de repente, entrou em nosso caminho.

Por mais cruel que fosse a notícia que me seria dada, deveria manter a calma para não deixá-lo em uma situação de maior desconforto. Deveria revestir-me de coragem, afastar o medo, e que a minha fé na recuperação dele fosse maior que tudo.

Todos temos em algum momento nesta vida contratempos e surpresas desagradáveis, mas nunca se deve deixar se abater com o impacto das adversidades e das situações estressantes. Há, ainda, os milagres que podem acontecer na vida de cada um de nós.

Estava pronta para receber aquela notícia, por pior que ela fosse. Certamente, sobreviveria, como em tantas outras que passei. Havia em meu corpo uma couraça, que foi se solidificando pelo tempo, pelas angústias e tristezas que fizeram parte da minha vida. Agora, seria mais uma, e com certeza eu não me vergaria diante dessa, apesar de amá-lo profundamente. O meu sofrimento passaria, assim como passam todas as coisas boas ou ruins que acontecem com todos os seres humanos.

Ao descer do carro, ele me esperava à porta. Abraçamo-nos como se tivéssemos nos separado há cem anos. Sentamo-nos, ele segurou as minhas mãos como sempre procedia quando tinha alguma coisa importante para me falar. Olhou firmemente dentro dos meus olhos, e falou:

— Fui ao médico, fiz todos os exames e estou com um câncer muito agressivo na próstata.

Observei que apenas de um dos seus olhos saiu uma lágrima, que tinha toda a água dos oceanos.

Abracei-o e falei:

– Os médicos também erram. – E acrescentei: – Segundo tenho notícias, há muitos tratamentos pelos quais os pacientes ficam curados. Vamos confiar em Deus.

Pedi para que ele se deitasse porque percebi que o cansaço tomava conta do seu corpo, e numa situação mais confortável, ele me contou todos os detalhes do tratamento que iria fazer. Inclusive me falou de um novo procedimento que cura esse tipo de doença em apenas um ano. Senti-me mais confiante em sua recuperação.

Capítulo 88

A VOLTA AO BRASIL
E A CASA PRONTA

Mais do que nunca, eu precisaria, a partir de agora, "ser forte, não como uma onda que tudo destrói, mas como uma rocha que tudo suporta". Os mais duros desafios estavam à minha volta, e eu iria precisar de muita coragem para superar tudo que me avizinhava.

Dei-lhe notícias do andamento de nossa construção, e ele acrescentou:

– O dinheiro está no banco, usei-o para tudo o que for possível, a fim de que a nossa casa fique pronta.

A cada quinze dias, eu enviava dinheiro para o administrador pagar os trabalhadores e também para a compra de material de construção.

Enquanto isso, eu o levava todos os dias para o tratamento a que ele se submetia. Era um sofrimento muito terrível para nós dois. Para não desanimá-lo, eu chorava às escondidas.

A impressão que eu tinha era de que tudo o que havíamos sonhado, para o nosso futuro, de repente, despencou morro abaixo, caindo num abismo, do qual não tínhamos noção de sua profundidade.

Nove meses depois, finalmente, foram-me dadas notícias de que a casa estava pronta, inclusive com o "Habite-se".

Quando eu lhe dei essa notícia ele me abraçou, e a sua felicidade era maior do que todo o espaço do infinito. E comovido, falou:

– Obrigado. Eu sabia que desde o primeiro dia que a conheci que você era uma mulher determinada, mas desta vez, você foi além das minhas expectativas. Amo-a, amo-a muito, como nunca, em toda a minha vida amei alguém.

Até senti que ele teve uma grande melhora.

Ele foi submetido a uma cirurgia onde foram colocadas quarenta e duas sementes de radioatividade em sua próstata. Esse era o mais novo tratamento disponível, naquele momento, na medicina.

Durante o tempo em que ele esteve hospitalizado, eu chegava àquele lugar às sete horas da manhã, e só saía às onze horas da noite. E, ainda, tinha de cumprir as obrigações com os encargos da construção da casa no Brasil. Era estafante, mas pensava: pior era o que ele estava sofrendo.

O médico, depois de um mês, autorizou a sua viagem ao Brasil. Bastava, apenas, que ele continuasse com a medicação. Eu cuidava de tudo nas vinte e quatro horas do dia. Era importante para nós que essa nuvem negra e pesada que se instalou em nossa vida tomasse outro rumo e nos deixasse viver todos os sonhos que acalentavam o nosso futuro. Mas concluímos que não temos o controle de tudo que nos acontece na vida.

Partimos para o Brasil numa noite em que o luar estava iluminando a terra e os nossos corações. Da janela do avião acompanhávamos todo o trajeto da aeronave. Como viajávamos em classe executiva, ele instalou-se naquela poltrona de forma confortável. Até dormiu.

Eu olhava para ele e relembrava toda a nossa vida juntos, que já cumpria quase dez anos. Havia uma diferença muito grande daquele homem que um dia vi na praia cheio de vida, dotado de um corpo de músculos definidos, com um peito coberto por pelos, os quais me davam muito tesão quando deslizava as minhas mãos sobre eles.

Agora, ele estava esquálido e desprovido de todos os pelos e cabelos no corpo, pela quimioterapia que fizera, e ainda carregando um terrível sofrimento com as dores que sentia. Além de cuidar dele o tempo todo, ainda eu procurava animá-lo, afirmando que em breve tudo passaria. O médico falara para mim, quando ele começou o tratamento, que ele teria no máximo seis meses de vida. A dedicação diuturna que eu lhe dispensava era uma gratidão por todos os grandes momentos que vivemos, as grandes viagens e a companhia que me fizera feliz durante todos esses anos. "O que é verdadeiro o tempo não apaga. O que é verdadeiro o tempo eterniza".

Um amigo foi nos buscar no aeroporto em nosso carro.

Quando ele desceu do carro e viu o seu sonho, dentro de uma realidade prevista, ele ainda levou algum tempo para assimilar que estava no Brasil e em nossa casa. Peguei-o pelo braço, porque ele não mais tinha forças para se manter em pé sozinho. Entramos. Com a curiosidade que lhe era peculiar, percorreu todos os cômodos da casa, e em seguida me abraçou e chorando apenas disse:

– Muito Obrigado. Muito obrigado mesmo!

Deitei-o na cama e esperei que ele se recuperasse da viagem para lhe dar um banho e alimento. Aquela foi uma noite de muita paz e sossego para ele.

Pela manhã, ele acordou meio atônito, mas com a certeza de que estava no Brasil e na casa que sonhara. Foi um alívio para a sua alma e uma melhora para o seu corpo.

Trouxe um médico amigo meu para examiná-lo, porque abaixo do seu queixo começou a brotar um caroço que crescia numa velocidade imprevisível. Em apenas um dia, começou com o tamanho de um limão, e à noite já apresentava o de uma laranja. Meu amigo recomendou-me que o levasse com urgência de volta, porque ele poderia morrer ali em menos de uma semana. Conversei com Harry sobre o que o médico falara, sem, todavia mencionar o prazo que lhe fora dado para morrer. Ainda nesse dia fomos a uma cidade vizinha pegar o documento de sua residência no Brasil.

Quando ele recebeu da funcionária aquele documento, ele olhou para ela e falou:

— Infelizmente, ele chegou tarde demais. Estou pela hora da morte.

Choramos. Era impossível ficar indiferente àquelas palavras tão trágicas.

Ele morou em nossa casa apenas por quatro dias. No quinto, voltamos para Miami. Aquela foi a pior viagem de sua vida por diversas razões: Ele sabia que não mais voltaria ao Brasil. Iria deixar a casa dos seus sonhos, e me deixaria sozinha. Quando estávamos deixando a nossa casa, ele me falou:

— Eu quis voltar aqui para deixar marcado, em meus olhos, o lugar em que você vai viver depois da minha morte. Quero que você seja feliz aqui, e eu estarei ao seu lado, ainda, por toda a vida. Veja-me sempre com você, e nunca se sinta sozinha, porque o meu espírito estará ao seu lado e irá lhe proteger de todos os males desse mundo.

Capítulo 89

A VOLTA A MIAMI E O FALECIMENTO DO HARRY

Chegamos a Miami ao amanhecer, e uma ambulância já nos aguardava no aeroporto. Dali, fomos para o hospital.

Ele já estava em seus últimos dias de vida, quando a enfermeira veio me chamar dizendo que tinha alguém no telefone querendo falar comigo. Era Jeniffer, sua ex-secretária e amante. Ela me perguntou se poderia vir a Miami para vê-lo.

– Claro – disse-lhe. – Venha rápido, porque ela já está muito mal.

Ela chegou no dia seguinte, e ao se aproximar dele, notei em sua face um olhar de surpresa e espanto. Ela passou as suas mãos em seu rosto, e chorando pediu que ele não morresse. Naquele instante, percebi que o amor que ela sentia por ele era desprendido e altaneiro, porque, embora ele a tivesse abandonado, ainda assim ela não queria que ele morresse.

A emoção tomou conta de nós três. Em seguida ele olhou para mim e perguntou se eu sabia da existência dela em sua vida.

– Sim, desde que fui morar em New Jersey.

Ele uniu as nossas mãos, e pediu que nós o perdoássemos. Choramos, e choramos muito.

Dias depois ele faleceu, e certamente levou em sua alma o amor que sentia por nós duas.

Éramos, agora, duas viúvas sentindo a perda do seu amante e do seu marido.

O seu corpo foi levado naquela noite para cremação, cujo procedimento demora 48 horas.

Ao vê-lo sair, naquele carro fúnebre, senti-me sozinha como nunca antes havia sentido. Não havia mais ninguém em todo o mundo. Definitivamente, eu estava só. Sozinha, triste e desamparada.

Voltei para casa, e fiquei a noite toda passando em minha memória toda a história da nossa vida. Vi e revi muitas fotografias, que tiramos em todos os lugares do mundo para onde viajamos. Relembrei os grandes momentos de sexo e o grande prazer que ele me deu durante todos esses anos. A proteção e o carinho que me foram dispensados em todos os momentos. Sentia uma dor profunda em minha alma, e somente as lágrimas amenizavam o meu sofrimento. Ainda fiquei muitas noites sem conseguir dormir.

Quatro dias depois, as cinzas dele me foram entregues em nossa casa, pela responsável da funerária. Ao receber aquela caixa preta, tinha em minhas mãos ele de volta, mas de forma diferente e sem vida, e também sem aquele encantamento que ele tinha em usufruir de tudo de bom que a vida lhe dera;

Sem aquele sorriso alegre mostrando os dentinhos, que eram seus desde a juventude;

Sem o calor quente e fogoso de seus abraços;

Sem aqueles dois olhos azuis que se confundiam com a cor do céu em dias sem nuvens;

Sem aquela disposição para os grandes desafios da vida;

Sem aquele entusiasmo nos seus projetos de vida;

Sem os grandes momentos de aventura que fizeram parte de sua vida;

Sem os elogios que me fizeram sentir uma mulher mais calma e segura no caminhar da vida;

Sem aqueles braços que me acolhiam antes do meu adormecer;

Sem aqueles beijos que me deixavam sem fôlego;

Sem aquele olhar terno e afetuoso;

Sem aquele reconhecimento das comidas que fazia para ele, as quais ele degustava com prazer e avidez;

Sem os arrebatamentos de amor e paixão que ele demonstrava por mim;

Sem o companheirismo e a amizade do nosso cotidiano;

Sem aquele corpo nu e quentinho, ao encontro do meu, debaixo dos lençóis em nossa cama. Agora, restava-me apenas a saudade das grandes lembranças vividas ao seu lado nos últimos dez anos, mas que para mim representavam cem anos de amor e muita compreensão.

Nos Estados Unidos, as cinzas de um morto devem ser espalhadas no mar, numa distância de três milhas, por isso um amigo nosso nos levou de barco, e quando chegamos ao local que era em frente à praia de Halouver Beach, onde nos vimos pela primeira vez, ele parou o barco, fiz uma oração pela sua alma, abri a caixa, e comecei a espalhar as cinzas sobre o mar.

De repente, o vento mudou de direção, e as cinzas cobriram todo o meu corpo. Elas ficaram entranhadas nos meus cabelos, em meus poros e dentro de minha alma. Tive a certeza de que ele continuaria comigo até a eternidade. Voltei para casa, deitei-me e sentia-o vivo ao meu lado.

Capítulo 90

OUTRAS PROVIDÊNCIAS E A VOLTA AO BRASIL

Refeita das emoções, precisava agora tomar algumas providências para continuar a vida, que mesmo que não queiramos, ela deve ir em frente.

Voltei ao barco, e esse estava envolto num vazio incomensurável. Ele que tudo fizera, agora era apenas um lugar abandonado. Eu não tinha condições de mantê-lo comigo, porque além de as despesas de manutenção serem muito altas, a sua presença em cada compartimento iria me trazer lembranças que, com certeza, o meu coração não aguentaria por muito tempo. Doei-o para uma instituição de caridade ligada à cura do câncer. Acredito ter feito uma boa ação.

A nossa casa continuaria, embora eu não tivesse nenhuma disposição de voltar a morar nesse lugar. Contratei uma empresa para cuidar da manutenção e limpeza, e a casa poderia ser alugada nos meses de dezembro a março, época de alta temporada em Miami, quando os americanos fogem do frio no norte e vêm se abrigar no calor dessa cidade.

Providenciei também outras situações legais que garantiriam a minha sobrevivência sem preocupações.

Voltei ao Brasil. Ao entrar em casa, vi-o me esperando sentado no sofá, onde estivera em seu último dia ali. Conforme prometera, ele me faria companhia sempre. E fez.

Essa casa fora desenhada por mim, e ela tem tudo o que sonhei durante toda a minha vida: todos os cômodos são bem espaçosos, muitas salas, áreas externas com hidromassagem para usar no verão, no banheiro para as noites de inverno e sauna a vapor.

Há uma varanda na frente da casa, que em noites de luar ela aparece dando-me boas-vindas e trazendo grandes lembranças. O sol também dá o seu bom-dia e atravessa a casa toda, indo desmaiar nos fundos, afirmando-me que no dia seguinte voltará. Muitas janelas e portas, e uma ventilação constante que sopra de qualquer lado, dando ao vento diversas opções de entrar onde melhor lhe aprouver.

  Construção sólida e com material de boa qualidade. Não há luxo. A praticidade me dá uma manutenção viável. Aqui, cabe toda a família, e sempre nos reunimos a cada dois anos. Da última vez, estávamos em vinte e uma pessoas.

  A decisão de construir essa casa, inicialmente, foi do meu marido, para que ele me tivesse em um lugar onde coubesse apenas nós dois e que me distanciasse de lembranças do passado, das quais, com certeza, ele sentia ciúmes.

  Ele vivera aqui apenas por quatro dias, mas talvez tenha sido o suficiente para sentir que o seu sonho foi realizado. O tempo não se mede pelos dias ou anos vividos em algum lugar, mas pelos nossos sentimentos, que podem ultrapassar décadas ou centenas de anos.

  Durante muitos anos, ao deitar nua em minha cama, sentia a aproximação dele com aquele corpo quentinho, peludo e gostoso. Vivi muitos momentos de satisfação plena. Ele não havia morrido. Ele estava vivo ao meu lado, em cada segundo.

  Durante as minhas refeições, eu coloco um prato também para ele e sinto-o degustando a minha comida. Em muitas ocasiões, converso com ele, porque a sua presença é real.

  A primeira vez que eu o vi na praia, ele vestia um short de banho na cor vermelha. Esse estava comigo em meu quarto, ao lado da minha cama. Uma noite, eu sonhei que ele me pediu que levasse essa peça de roupa e devolvesse ao mar. Numa manhã, levantei-me cedinho, fui à praia com essa peça de roupa, ajoelhei-me na praia, fiz uma oração para ele, abri o short sobre as águas, e ele deslizou aberto até onde os meus olhos puderam avistar. Foi um momento de grande deleite para todo o meu ser. Acredito que ele queria vesti-lo para chegar até a praia para me encontrar.

  Em todas as minhas caminhadas nessa praia, que é próxima de nossa casa, sinto-o caminhando ao meu lado. Tenho certeza de que essa situação durará para sempre, enquanto eu estiver neste mundo.

  Certamente, quando os meus dias forem cumpridos na terra, eu voltarei a encontrá-lo, e juntos viveremos para sempre, porque o amor que sentíamos um pelo outro não acabará nunca.

Capítulo 91

OUTRAS ATIVIDADES PROFISSIONAIS. A ACADEMIA

Após tantos momentos difíceis, necessitava fazer algo para equilibrar o meu corpo e a minha mente. Procurei um médico para um *check-up* total. Feitos todos os exames, comprovou-se que a minha saúde estava quase perfeita, todavia o médico recomendou-me fazer exercícios diariamente: caminhada, aeróbicos e pilates. E acrescentou:

– Atravesse a rua, e no número 220 há uma academia.

Fui em direção àquele endereço, obtive as informações de que necessitava com a recepcionista, e ainda naquela mesma semana iniciei os exercícios.

Ao deparar-me com o professor, tive mais um susto. Ele tinha uma semelhança física com o meu grande amor, Antonio Duarte, o meu querido professor de inglês, que fora meu amante havia muitos anos. Um clone perfeito: A mesma altura, a mesma fisionomia, e aqueles olhos escuros e profundos. Até a sua voz era idêntica. O seu nome é Gustave Frederic, e a sua idade era de apenas trinta e oito anos. Soube, também, que ele era casado com uma médica com a qual dividia aquele espaço.

Depois de algum tempo, ele deixou a barba crescer, e a sua aparência tornou-se mais evidente, porque o meu amado também tinha a barba longa. Definitivamente, estava diante do Antonio Duarte. Vivo ao meu lado, falando comigo e me ensinando os exercícios de pilates.

Quando saí da academia, chorei, mas chorei muito. Pensei em desistir daquele contato, mas fugir não seria a solução mais adequada. O melhor seria vivenciar a sua presença nas duas vezes por semana que frequentava aquele lugar.

Uma vez, ensinando-me um tipo de exercício, ele encostou a sua mão em minhas costas. Fechei os olhos e senti um calafrio invadir o meu corpo. Disfarcei. Não seria prudente que ele soubesse essa minha reação.

Alguém me contou que ele se separara de sua esposa. Embora sendo ele agora um homem livre, não poderia em hipótese nenhuma deixar que ele soubesse de tudo o que cercava a minha alma. A nossa diferença de idade era de quase quarenta anos. Amor impossível e fora de qualquer possibilidade.

A academia mudou para um novo endereço. Um lugar mais confortável e acolhedor. Eu continuava os exercícios e também vivenciava a sua presença com muita paixão, como se fora o Antonio que estivesse ali. Por diversas vezes quando os seus olhos pousavam nos meus, eu tinha a impressão de que ele sentia algo estranho. Houve um instante em que eu lhe perguntei:

– Tudo bem?

Ele respondeu:

– Tudo bem.

Eu tinha uma curiosidade para saber se ele tinha pelos no corpo, e numa manhã estava sozinha com ele nos exercícios quando ungi-me de coragem e pedi-lhe que ele levantasse a camiseta porque eu queria ver o seu peito. Ele ficou meio encabulado, sem entender aquele pedido, mas o fez. Quando vi aquele corpo coberto de muitos pelos descendo até o abdome, quase desmaiei. Assim era também o meu querido Antonio.

Um dia contei-lhe que tinha conhecido um senhor e que estava apaixonada. Ele acreditou. Ainda externou o seu contentamento com esse fato, desejando-me felicidades. Diz o ditado popular: "Quem não sabe é como quem não vê". Nunca ele poderia imaginar que de fato a minha paixão era ele, vivinho ao meu lado.

O limite da minha loucura chegou a um ponto que não era mais possível vivenciar aquela presença. Na maioria das vezes, quando saía da academia, uma tristeza profunda fazia parte do meu cotidiano. Resolvi não mais continuar com os exercícios. Um dia ele me telefonou pedindo-me para voltar. Quase lhe contei tudo. Preferi todavia guardar esse sentimento apenas para o meu coração.

Eu precisava dar continuidade àqueles exercícios porque o meu corpo se acostumara com isso e me fazia muita falta. Procurei outra academia, mas o ensino não era igual ao o que ele ministrava.

Conversando com uma moça que dava aulas nesse local, falei-lhe que antes fazia exercícios com o Gustave Frederic. Ela então me falou que ele havia mudado para outro lugar bem próximo e me informou como chegar lá.

Saí correndo para vê-lo. No caminho, prometi a mim mesma usar de prudência e controlar os impulsos que poderiam me ocorrer.

Naquele endereço, havia um prédio de dois pavimentos de construção recente. Tinha o aspecto de um verdadeiro palácio. Lindo, mas lindo mesmo.

Apertei uma campainha, identifiquei-me, e uma grande porta de vidro se abriu. Localizei onde ficava a academia e subi as escadas apressadamente. Ao vê-lo, falei:

– Você me aceita de volta?

Ele olhou bem dentro dos meus olhos e falou:

– Claro, seja bem-vinda!

Na mesma semana voltei aos exercícios. Parcialmente estava curada daqueles sentimentos. Também não sei explicar o porquê. Um dia, num dos exercícios eu lhe falei que de vez em quando eu fechava os olhos para me sentir bem longe. Imediatamente, ele falou:

– Abra os olhos e sinta-se aqui.

Se ele soubesse o que se passava comigo, ele preferiria que eu continuasse de olhos fechados.

Tinha uma vontade muito grande para que ele conhecesse a minha casa, principalmente os meus trabalhos de mosaicos. Sabia que ele era vegetariano.

Milagres podem acontecer, só não sabemos quando. Depois de muita insistência, num domingo, ele veio à minha casa. Fazia-se acompanhar de uma moça, que era sua namorada. Como ele me avisara antes, eu preparei uma lasanha de legumes.

Quando avistei o seu carro, estacionado em frente à minha casa, fui ao seu encontro, cumprimentei-os e convidei-os a entrar. Sentamos, e externei o meu contentamento por ele ter vindo me visitar. Foi um momento muito prazeroso. Em algum momento eu falei para a namorada dele que se eu tivesse trinta anos eu o tomaria dela. O olhar de espanto dos dois foi a situação mais embaraçosa que pude viver.

Andamos pela casa, mostrei-lhes todas as dependências e viram os meus mosaicos. Em muitos momentos ele falou que eu era uma artista. Discordei, dizendo apenas que eu fazia essas obras para passar o tempo. Era um *hobby* que me deixava muito feliz.

Em frente a uma mandala na parede, ele tirou uma foto minha, e após conhecer a minha casa de hóspedes, afirmou:

– Eu moraria aqui. É uma casa muito confortável.

Quase que eu o convidei para se mudar naquele mesmo dia para lá. Havia a namorada que, certamente, viria junto. Calei-me e guardei essa sua vontade dentro de minha mente. O meu coração foi poupado dessa vez.

Cobri a mesa com uma tolha branquinha e servi o almoço. Enquanto almoçava olhava para ele e tinha certeza absoluta de que o meu Antonio Duarte estava ao meu lado, em minha casa, desfrutando daquele momento de grande prazer. A bebida foi champanhe. Brindamos à nossa saúde, e eu brindei à volta do meu grande amor.

Horas depois, quando eles partiram, nunca poderiam imaginar a felicidade que me proporcionaram nesse encontro. Eu os convidei para outros, mas diante do que externei no começo de nossa conversa, e ela certamente sabendo da minha afeição por ele, eles não voltaram nunca mais. Esqueceram-me.

Em menos de um ano, abriu uma academia próximo a minha casa, e por meio de e-mail comuniquei-lhe que não mais iria fazer pilates na academia dele. Agradeci as eficazes aulas que me foram dispensadas e dentro de mim agradeci a Deus o privilégio de ter voltado a conviver, por algum tempo, com aquele homem que foi, talvez, a maior e mais devastadora paixão de toda a minha vida – Antonio Duarte. "A saudade eterniza a presença de quem se foi".

Precisava, também, de alguma ocupação para distrair o meu pensar. Decidi fazer um curso de estética, que além de me dar conhecimento sobre como melhor me cuidar, ainda poderia trabalhar nessa profissão. Após ser capacitada para esse trabalho e com os meus diplomas em mãos, fui trabalhar em um salão na cidade. Durante o dia envolvia-me no trabalho, e à noite vivenciava a sua companhia. Essa atividade durou alguns anos.

Também comecei a ter uma participação direta na diretoria do nosso condomínio num trabalho voluntário, onde aplico não somente a minha experiência laboral, mas a satisfação de estar sendo útil a uma comunidade. Essa atividade continua e deverá se estender ainda por mais alguns anos, porque moro de forma permanente aqui, e isso facilita o meu entrosamento com os funcionários e prestadores de serviços.

Um dia, conversando com outra diretora, externei a minha vontade de aprender a fazer mosaico. Essa senhora era conhecedora profunda dessa arte. E num dia qualquer ela se prontificou a me ensinar essa arte milenar. Fiquei feliz por sua decisão, e um dia marcamos um encontro para a nossa primeira aula.

Achei interessante nesse primeiro dia ela ter me falado:

– Eu apenas vou lhe ensinar a técnica de cortar e juntar as peças. A criação será sempre sua. Você irá descobrir se tem ou não dom para esta arte tão antiga.

Aceitei o desafio, mesmo porque quando você quer alguma coisa e se dedica, a recompensa virá.

Comprei todas as ferramentas necessárias e as placas de vidro e iniciei, revestindo a superfície de alguns móveis que tinha em casa.

Adaptei-me rapidamente a esse trabalho, e por vezes ficava muitas horas trabalhando. As atividades de criação enchem o nosso espírito de contentamento e prazer.

Já tinha executado muitas peças: quadros, mesas, caixas, painéis, quando resolvi vender algumas porque não era possível estocá-las em casa. As pessoas gostavam do meu trabalho, e tudo que produzia, vendia. Também passei esse conhecimento para algumas amigas, e aquelas que tinham o dom transformaram essa arte em um negócio lucrativo.

Fiz painéis imensos em volta da hidromassagem no jardim e também em alguns muros da minha casa. Há sempre pessoas que ainda vêm à minha casa para comprar e fotografar os meus trabalhos. Ter a mente ocupada em um trabalho que lhe dá prazer é uma dádiva de Deus. E assim vou vivendo, produzindo arte e tendo a presença constante do grande amor da minha vida. A morte dele não nos separou. Ele continua vivo em todos os instantes do dia e da noite.

Capítulo 92

O SONHO COM HUGO, O SUECO

Costumo dormir cedo, porque gosto de levantar cedo para as minhas caminhadas na praia. Naquela noite não foi diferente.

Em algum momento sonhei com Hugo Weiss, o sueco com quem tive um relacionamento amoroso, quase quarenta anos atrás. Ele se aproximava de mim em uma sala redonda de uma casa, beijava levemente o meu rosto e me falava que estava partindo. Perguntei-lhe: "Para onde?". Não me lembro da resposta.

Ao acordar, fiquei perplexa porque eu nem me lembrava mais dele. Havia caído no meu esquecimento fazia muitos anos. Fiquei intrigada com esse sonho e pensei: Um sonho é sempre um sonho. Não deveria me preocupar com mais esse.

É fato e é verdadeiro que todas as experiências que passamos pela vida ficam dentro de nossa mente e, às vezes, mesmo sem querer, elas ressurgem em nosso consciente, fazendo com que as revivamos de forma imprevisível. Acredito que o tempo não apaga as lembranças, apenas as adormece.

O destino nos uniu e nos separou, talvez por razões alheias à nossa vontade. Mas já fora dito que nenhuma força é grande o suficiente para nos fazer esquecer pessoas que, por algum motivo, um dia nos fizeram felizes.

Não conseguia esquecer aquele sonho. Ele fazia parte do meu dia a dia.

O telefone toca em uma manhã, quando estava saindo para o meu lazer, e do outro lado da linha alguém me pergunta:

– Quem fala?

– Sou eu, Lenira.

E ele confirmou:

– É Lenira Silveira?

– Sim. O que deseja o senhor?! Quem está falando?

– Eu não posso revelar o meu nome, mas eu tenho uma mensagem para a senhora do Hugo Weiss. – E insistiu. – A senhora se lembra dele?

– Sim, me lembro.

Nesse instante, o sonho daquela noite fez-se presente, e a curiosidade me fez companhia.

E essa pessoa continuou falando.

– O Hugo morreu faz pouco tempo, e ele me pediu que quando isso acontecesse, eu deveria telefonar para a senhora, contando-lhe o seguinte: "Que ele a amou durante todos esses anos e que acompanhou a sua vida detalhe por detalhe. Ele sabia de tudo o que lhe acontecia. Ainda, que quando a senhora construiu essa casa em que mora hoje, ele passou, muitas vezes, em frente e a viu em alguns momentos. E acrescentou: Que ele esperava que o seu filho tivesse sido muito feliz."

Sentei-me, porque as minhas pernas tremiam diante daquela revelação.

Instalou-se em minha mente todo aquele passado em seus mínimos detalhes. Realmente a causa de não ter ido para Suécia e casado com ele foi a sua recusa de não querer levar o meu filho conosco. Eu não poderia abandonar o único filho que tinha, a minha família e o meu curso na faculdade para arriscar o que eu não tinha como certo. Era um risco que não estava disposta a correr.

Quando ele voltou, dois anos depois, eu estava apaixonada por outro homem, e isso fez eu me afastar dele, definitivamente.

Agradeci o telefonema, e desligamos.

Em menos de uma semana, pela manhã, ao abrir a janela do meu quarto em frente à varanda da entrada da minha casa, vi um papel sobre a mesa. Abri a porta e fiquei surpresa com o que encontrara: Era uma cópia do quadro que ele tinha na sala de sua casa da praia, o qual fora testemunha de muitos dias de prazer que passamos ali. Essa foto fora tirada do mar, de onde se avistava o seu barco, a praia e sua casa. Essa casa fica num condomínio ao lado do meu. Eram as circunstâncias da vida me trazendo de volta essa lembrança que eu gostaria de não mais vivenciar.

Seria uma atitude mesquinha não ficar emocionada diante dessa revelação. Era necessário respeitar os seus sentimentos, e até me senti orgulhosa por alguém que viveu toda a sua vida em função da minha, esquecendo-se de que a vida é apenas essa que conhecemos, e deixar de vivê-la por um amor que não se prolongara pelo tempo era, ao meu ver, uma atitude das mais inoperantes. Nada podia fazer. Foi uma opção única e exclusiva dele.

Para homenagear esse amor sofrido que ele viveu, resolvi fazer um quadro, em mosaico, dessa foto e pendurei-o ao lado da minha cama. Rezei pela alma dele, e quem sabe em uma outra vida nós nos encontraremos, embora eu gostaria mesmo era de reencontrar o grande amor de minha vida: o meu marido Harry.

Em vista disso, decidi fazer outros quadros em mosaico, dos outros amores que tive. Era uma forma de trazê-los de volta para uma convivência diária, e não deixá-los no esquecimento, porque todos esses momentos foram muito importantes, cada um em sua época devida.

Capítulo 93

MOSAICOS

Por uma questão de princípios e respeito a mim mesma, eu nunca vivi romances paralelos. Saía à procura do próximo quando o último já tomara o caminho oposto. Agora eu poderia reviver essas memórias homenageando-os, mesmo porque todos já morreram, e essa será uma forma de lembrá-los, em cada época que vivi, todas aquelas emoções de euforia. Cada um tinha as suas características especiais. Todos me amaram, e eu os amei perdidamente. Alguns me fizeram sofrer, mesmo independente de suas vontades, também reconheço que causei alguns sofrimentos para outros.

Como todos somos seres humanos, muitas vezes as circunstâncias da vida conduzem-nos a desfechos inesperados. Eu não me sinto com grandes culpas.

Para Antonio Duarte, o meu delicioso professor de Literatura Inglesa, cuja paixão atingiu os píncaros mais altos do universo e desmantelou uma cidade e sua família, retratei a humilde casa onde nascera, numa cidade do interior de São Paulo. Ele me dera essa foto afirmando que somente eu, no mundo, merecia ser portadora dessa relíquia que fora a sua origem. Esse quadro está do outro lado da minha cama. Portanto, quando estou deitada, fica do lado esquerdo o do Antonio, e do lado direito a paisagem da casa, do barco e da praia do Hugo.

Para Albertino, teria mil lugares fantásticos para fazer nesse quadro, mas optei por uma imagem do jardim de sua fazenda, onde fora o primeiro lugar que nos amamos e descobrimos que nascemos um para o outro. Há a imagem de uma mulher vestida como no século dezoito, porque aquela propriedade retratava aquela época de forma peculiar.

Para Harry, o meu adorado e inesquecível marido, fiz um quadro de um barco: o dele. Essa minha escolha é uma homenagem especial aos seus vinte anos de trabalho duro e à sua persistência de enfrentar com coragem todos os obstáculos que surgiram em seu labor diário. E a gratidão de me proteger e me amar com paixão e ternura. Esse fica bem à frente dos meus olhos, ao acordar, pela manhã.

Há outro em que retratei uma casa simples, com uma entrada, onde há uma menina varrendo esse lugar com uma vassoura poderosa. Essa casa foi a da minha infância. Essa menina varre a poeira que iria deixar a minha passagem, pela vida, limpa das impurezas que muitos tentaram colocar em minha estrada.

Um outro que tem uma igreja, que representa a fé e a certeza de que Deus nunca iria me desamparar em minha caminhada pelo mundo, livrando-me das crueldades e dos desafetos que, normalmente, são alvo as pessoas sozinhas, como eu fui durante grande parte da vida.

E, finalmente, há dois pequenos quadros bordados em ponto de cruz, onde está escrito em um deles. *"There's no Place like home"*[4] e no outro *"Tomorrow Will be another Day"*[5].

Todas essas lembranças estão abrigadas na casa que o meu marido sonhou um dia e a construiu para mim.

Sentirei saudades de todos, e o pior é saber que eles não voltarão nunca mais.

---

[4] Não há lugar como a sua casa.
[5] Amanhã será sempre um novo dia.

Capítulo 94

A VISITA DA FAMÍLIA DO VIVALDO O PRIMEIRO MARIDO

Havia um planejamento naquele ano de a família do meu filho vir passar o Natal e o Ano Novo comigo. A viagem de Miami ao Brasil aconteceria na metade do mês de dezembro. Tudo certo e combinado.

Dias antes de sua chegada, o meu filho avisou-me que a família do seu pai: a mulher e quatro filhos, também viriam.

Quando assimilei essa notícia, senti o meu corpo elevar-se ao espaço, e olhando ao redor percebi que não tinha asas para voar e nenhum suporte sob os meus pés. E, agora, o que fazer? Fiquei nessa situação um tempo infinito, até que me veio a ideia de respirar fundo, e a cada ar que soltava dos meus pulmões, ia descendo, devagarzinho no mesmo compasso da saída do ar e, finalmente, cheguei em terra firme. Ainda levei dias para me recuperar do choque, mas consegui.

Achei estranha essa decisão deles porque, durante longos anos, eu mendigava a pensão do meu filho, e todos faziam pouco caso de nós dois. Por vezes, tinha de viajar muitos quilômetros de ônibus para ir buscar um cheque de valores vencidos dessa pensão.

Em uma dessas ocasiões, eu lhe perguntei por que esses valores não me eram enviados para o meu endereço, e ele de maneira sarcástica, falou:

– A minha filha tem aulas de balé, a outra estuda piano, e os outros estão em escolas particulares que demandam muitas despesas. Pensei: "Aquele dinheirinho era para comprar comida para o meu filho". Lá, o dinheiro era para o luxo e as extravagâncias.

Essa era a primeira vez que os receberia em minha casa. Nunca, em nenhum momento, tivemos relações estreitas de amizade. Quando o meu ex-marido ainda era vivo, o meu filho sempre passava férias com o pai. Em alguns períodos dessa estada do meu filho na casa deles, sempre havia momentos de muita tensão e desafetos, segundo era informada. Mas pai é pai, e os outros membros da família são outras pessoas distintas.

Nesses períodos aconteceram fatos de muita relevância: Um dia, o meu filho externou o desejo de, ao terminar o seu curso de engenharia, morar próximo a eles, inclusive para ajudá-lo em seu comércio de calçados. Quando a sua esposa soube dessa notícia, desaprovou essa ideia, afirmando que na casa dela não haveria lugar para ele.

Em outra ocasião, ao voltar da casa deles, trouxe-me uma notícia aterradora: O meu ex-marido passara todos os seus bens para o nome da mulher e dos outros filhos, cujos valores somavam alguns milhões de reais, deixando-o fora dessa herança.

Quando meu filho me contou esse fato, acalmei-o e disse:

– O Brasil tem leis que o protegem. Fique calmo. Ademais, nunca sabemos o que o futuro nos reserva. Deixe-os em paz, porque existe um Deus que sabe de tudo e que poderá nos ajudar.

Nessa época, eu tinha apenas uma casinha e um salário de professora.

O tempo passou. Um dia recebi uma notícia que me deixou sem chão debaixo dos meus pés. Era véspera de Natal, o meu filho já morava em Miami quando ele me deu a notícia de que o meu ex-marido, junto com a esposa e dois filhos estavam morando em uma casinha, em outra cidade, e que naquele dia a Companhia de eletricidade cortou a luz de sua casa, e que não havia nada para comerem. Nesse telefonema, ele pediu para que o meu filho lhe enviasse algum dinheiro. Situação vexatória! Até hoje não sei se esse seu pedido foi atendido.

Encarei essa situação com um sentimento de perplexidade. Aquele homem que me abandonara um dia com um filho em meu ventre e que por toda a vida me humilhou, estava agora abandonado à própria sorte e sem nenhum meio de sobrevivência.

Fiquei estarrecida! Como poderia tudo ter acontecido em um tempo relativamente curto! A resposta me foi dada. O Sr. Vivaldo Silva não pagava impostos para o governo havia muitos anos, estava doente havia mais de dez. Ele gastou parte de sua fortuna no seu tratamento de saúde e também com advogados, sobre alguns problemas de um de seus filhos. O restante do dinheiro, esses profissionais, surrupiaram dele.

Os seus descendentes não podiam ter contas bancárias, porque como os bens estavam em nome deles, eram responsáveis pelos impostos devedores ao governo. Qualquer valor em disponibilidade destinava-se ao pagamento dessas dívidas.

Mais uma vez, Deus foi magnânimo comigo e com o meu filho. Aquela atitude de passar todos os seus bens em nome apenas de seus outros filhos e de sua mulher livrou o meu filho de muitos pesadelos. "Há males que vêm para bem". É verdade.

Deitei-me em minha cama para ter um relaxamento total, quando veio-me à mente, como um filme: o primeiro dia que o conheci, e o favor que ele nos fazia em nos acompanhar até a nossa casa, porque um louco achava que eu fosse mulher dele. Eu corria risco de vida naquela situação incomum.

Lembrei-me do primeiro beijo que ele me deu, próximo à nossa casa, quando senti o calor ardente de um vulcão a me consumir. Naquela noite, virei cinzas. Felizmente, no dia seguinte, estava novamente inteira. Virei cinzas em muitos outros momentos da minha vida, mas sempre renascia mais forte do que antes. Só tinha medo era de que um temporal levasse essas cinzas para bem longe, e que eu não conseguisse juntá-las. Felizmente, isso não aconteceu.

O domínio que ele exercia sobre mim, e em todos os momentos me proibindo de muitas coisas que faziam parte da minha vida. Não posso me esquecer de que, apesar de tudo, eu o amava, e por isso casamos. Vinte e nove dias depois, ele partiu, e somente depois de sua saída descobri que estava grávida. Trocamos muitas cartas, mas o tempo incumbiu-se de nos separar definitivamente.

Ele faleceu depois de muitos anos, sofrendo com um câncer que se espalhava, de milímetro em milímetro, em todo o seu corpo, deixando-o desesperado de tanta dor. Apesar de seguir uma medicação própria, essa doença ignorava esses remédios, como que querendo que o seu sofrimento ultrapassasse os limites de sua tolerância.

A família chegou. Cumprimentamo-nos como se fôssemos velhos amigos que se reencontravam. Abriguei-os em minha mansão de 400 metros quadrados, e fiz o melhor que pude, em todo o tempo. Mostrei-lhes os meus trabalhos de mosaico e recebi muitos elogios, como também da minha casa e da minha aparência, que segundo eles o tempo se recusava a caminhar.

Na noite de Réveillon, distribuí mesas pela grande sala de jantar, e à luz de velas jantamos e tomamos champanhe. Foi um congraçamento inusitado, porque o que eu queria mesmo era que eles não estivessem comigo nessa noite. Mas "a gente beija as pedras por causa dos santos". O convite partira do meu filho, e não poderia decepcioná-lo.

Ninguém mencionou, em nenhum momento, o passado deles ou o meu. Era como se tivéssemos nos conhecido recentemente, e que esse passado nunca tivesse existido. Os assuntos de nossas conversas giravam em torno de assuntos da atualidade e do mundo. Somente ela revelou que ficara cega de um olho por causa de uma intervenção cirúrgica.

Via-se o sofrimento estampado em seus semblantes e a surpresa de me encontrarem em um patamar da vida que eles jamais supunham imaginar.

Depois de uma semana partiram. Despedimo-nos, só que eu não ofereci a casa para um possível retorno. E nesse momento pensei: "Fazer o bem é o mais suave prazer que se pode experimentar". Nunca mais os vi ou tive notícias. Felizmente.

Capítulo 95

CONSIDERAÇÕES SOBRE A FAMÍLIA

O meu filho foi um baiano e brasileiro que deu certo nos Estados Unidos. O seu diploma de engenheiro civil abriu-lhe as portas para um trabalho em uma grande universidade. Ele irá se aposentar daqui a poucos anos. Como o tempo passa rápido!

A esposa o ama e tem quatro filhos bem-sucedidos. O caçula, de vinte anos, joga futebol desde os três anos de idade. O mais velho faz doutorado em Artes Cênicas. Todos passaram pela universidade e conseguiram os seus diplomas e trabalham em suas profissões.

Os Estados Unidos foram e serão um país onde as oportunidades são efetivamente concretas. Não basta apenas ter sonhos. É preciso trabalhar, ser honesto, estudar e obedecer às leis, para que se tenha sucesso. Lá, todos são iguais perante a Constituição, e todos têm os mesmos direitos. É um lugar sensacional para se viver e que lhes dá a garantia de se ter uma vida feliz. Por isso, a minha tranquilidade com a família é soberana.

É importante lembrar que sempre dei ao meu filho o maior galardão que uma mãe que foi sozinha por muitos na vida pode dar: o exemplo, a lisura, a transparência de meus atos, o valor do trabalho, a coragem e determinação. Esses ingredientes são sumamente importantes para se ter sucesso na vida.

Ele é um grande homem, responsável, um marido dedicado e um pai extremoso. E um filho que não há igual em todo o mundo. Sempre fomos amigos e confidentes, e isso nos ajudou mutuamente.

Os meus irmãos, aqueles que eu criei, quando adultos, cada um tomou o seu próprio rumo e constituíram família, e todos vivem felizes. De vez em quando, dão notícias de que estão bem. Isso me deixa tranquila e com o dever cumprido.

Os meus descendentes terão pela vida afora as melhores lembranças de todos os meus dias aqui vividos e, certamente, "serão como árvores de raízes profundas que nenhum vento, por mais forte que seja, conseguirá arrancá-las", porque os nutrientes que as fizeram crescer foram de boa qualidade e sempre colocados na época própria num respeito absoluto pela natureza.

Capítulo 96

FINAL

Ainda na adolescência, decidi traçar a minha estrada e tudo o que eu queria que a vida me oferecesse. Joguei todos os meus sonhos para o meu subconsciente na certeza de que, em cada momento, o meu consciente me desse a orientação de como proceder. Dessa forma, sempre que uma situação se apresentava, em qualquer área da vida, era como se eu vivenciasse o começo, o meio e o fim antes mesmo de ela acontecer. Eu tinha uma premonição muito efetiva, e isso me ajudou muito a tomar decisões acertadas.

Estava sempre preparada para enfrentar os grandes problemas, como também vivenciar grandes emoções.

A vida me deu o privilégio de realizar todos os meus sonhos. Outros que nem sonhei chegaram à minha vida por acréscimo. Eu os acolhi com paixão.

O meu subconsciente esteve à minha disposição em todas as escolhas que nortearam a minha vida. Ele não falhou, nunca.

Reconheço que não foi fácil, não foi simples, mas convenço-me de que foi fantástico viver. Foi um tesão dos mais prazerosos.

E agora, com quase um centenário de vida, e com experiências de duzentos, saio desta vida na certeza de que tudo valeu à pena.

E ASSIM FOI A VIDA.
Lenira Silveira.